改訂版

図説

やさしい建築材料

松本 進 著
MATSUMOTO Susumu

Building Materials

学芸出版社

はじめに

　建築がどのような材料でできているのか？　その材料はどういう歴史をたどってきたのか？　その材料はどんな特徴があるのか？　また、その材料はこれからどうなっていくのか？　そういったことを勉強するためにつくられたのが「建築材料」という科目です。

　私は専門学校で建築を教えるようになって12年目を迎えています。当初から「建築材料」の科目を担当しています。住宅会社での勤務経験をもとに体験談や失敗談などをとりいれながら授業展開をしてきました。

　私は常々「建築材料」の授業の進め方を五感に訴えて行いたいと思っています。「見て、触って、臭いを嗅いで、聴いて……」。そのために、自分で集めた資料を授業中に頻繁に回覧しています。その材料を印象に残してもらいたいと思ってのことです。

　そのようなことを考えながら、私は一コマの授業を展開するためにシナリオを作るようになりました。今日一日の授業で何を語り、何を板書し、教科書をどう利用し、何の資料を回覧し、どう印象づけるか？　という授業展開するための段取り表を作りました。

　そうした授業展開の段取り表をもとにまとめたものがこの本です。実際に使っているものを文章化し、その文章をできるだけイラスト化し、授業で話している内容などを盛り込み、体験談や失敗談をもとにコラムやエピソードにしてみました。建築のことがよくわからない人にとってもなんとなく読み進めることができるようなものにしたいと思いました。できるだけやさしい表現を心がけたつもりです。

　特徴としては、

- ・できるだけ長い文章は避けるようにしました
- ・支障のない範囲で箇条書きにまとめました
- ・イラスト、写真、表を多く取り入れて本文と対応できるようにしました
- ・各材料に関するコラム、エピソードを多く取り入れ、興味を誘うようにしました
- ・できるだけ各材料の歴史と特徴（長所と短所など）を説明するようにまとめました

　一人で執筆したために、項目によっては内容の濃いところや薄いところがあると思います。私自身の知識の深浅や経験によっての想いが異なるためです。しかも、「建築材料」のすべての項目を網羅したものではないかもしれません。あくまでも、初めて建築の分野に入ってきた人たちの入門書として役に立てばよいと思ってまとめたものです。この本が将来建築を志す人にとって何かのヒントになれば幸いと思います。

　本書作成に当たりまして、イラストを担当していただきました野村彰様、執筆中ご尽力いただきました学芸出版社知念靖広様、執筆のきっかけを与えて下さいました学芸出版社村井明男様、写真掲載を快くお許しいただいた方々、参考文献の関係者の皆様、この場をもって厚く御礼申し上げます。

平成 19 年 11 月 1 日

改訂にあたって

　本書は、初めて建築の分野に入ってきた人たちの入門書として役に立つことを願ってまとめたものです。十数年に渡り、思いのほか多くの人に利用され、執筆者として感謝に堪えません。この間、多くの利用者の方から数々のご意見をいただき、増刷のたびに訂正を繰り返して参りました。このたび、新しく改訂版を出すことになり、いただいたご意見などにお答えするとともに新しい項目を追加いたしました。

　この改訂版が、前書にも増して皆様のお役に立てることを切に願っております。

令和元年 10 月吉日
松本　進

もくじ

自然の材料

縄文杉（屋久島）

人は太古の時代より、雨・風・外敵などから身を守るためのシェルター（避難所）を必要としてきた。その空間を組み立てるために建築材料が必要になる。

その材料は、当然身近にある自然の材料が利用された。すなわち、木、草、竹、石、土、木皮などである。

気候や風土によって利用できる材料は当然異なる。日本では主に木、草、土、木皮などが利用され、西洋では、主に石、土などが利用された。

今後とも、エコロジーや CO_2 削減問題などに対応して、環境負荷の少ない自然の材料は重要な建築材料である。

竹（東屋の棟・縮景園）

石（広島城の石垣）

妻木晩田遺跡

鳥取県西部の弓ケ浜半島を見下ろす位置に弥生時代の妻木晩田遺跡がある。

そこでは、竪穴式住居や高床式倉庫を復元したものを見ることができる。

土間に掘立て柱を立て、木で小屋組をし、屋根に草や木皮を葺く。

身近にある自然の材料（土、木、草、木皮）が利用されていることが分かる。

木（小屋組）

土と木（土間に掘立て柱）

木皮（屋根）

草（屋根）

木と草（高床式倉庫）

木材

　日本の建築は、木材を中心につくられてきた。柱や梁といった軸組で支える木造軸組工法というもので建築されてきた。

　身近に木材が豊富にあったことにもよるが、高温多湿の気候のため、窓を大きく取り通風をよくする必要があった。そのためには木材が適していた。

　また、地震国のため、地震対策が比較的取りやすい木造軸組工法が選ばれてきた。多くの歴史的木造建築物が今もなお存在していることがその証である。

　木材は構造材料であり、そのまま仕上材料でもある。日本の建築はできるだけ木を美しく見せるようにつくられてきた。

　現在は、コンクリートや鋼材といった構造材料が多くなりつつあるが、依然として木材は、日本になくてはならない重要な構造材料のひとつである。

柱と梁（飛騨高山・吉島家住宅）

赤身と白太

木づくりのまち並み（妻籠宿）

エンジニアリングウッド

　木材は、原木を製材して有効な材料を取り出すことを目標とする。逆に、小さな木材を接着剤で張り合わせて、有効な材料を作り出そうとするのがエンジニアリングウッドである。その普及は、木造建築物の可能性を広げるとともに、わが国の森林資源の有効活用や循環型社会の実現に向けての役割も担っている。

集成材（妻木晩田遺跡・遺構展示館）

木の柱（三徳山三佛寺投入堂）

CLT（公衆トイレ・外観）

CLT（公衆トイレ・軒先）

OSB（内装材として）

広島平和記念資料館

古代のコンクリート（パンテオン）

打放しの表情（広島平和記念資料館）　▶ P25

コンクリート（セメント系）

　コンクリートそのものは、古代から存在していた。古代ローマの遺跡や歴史的建造物などにその面影を残している。

　コンクリートの原材料は、主としてセメントと骨材（砂・砂利）に水を混ぜ合わせたもので、全てが比較的安く手に入るものである。

　コンクリートが飛躍的に発展したのは、鉄筋で補強することで頑強な鉄筋コンクリート構造ができることが発見されたことによる。

　現在では、コンクリートは木質構造や鋼構造の基礎にも利用され、あらゆる建築物になくてはならない構造材料である。

世界平和記念聖堂

コンクリート打放し仕上げ

コンクリート小たたき仕上げ

コンクリートとモルタルれんが（世界平和記念聖堂）

鋼　材

　鋼材が建築の主要構造部材である柱や梁に使用され始めるのは、西洋において産業革命以降のことである。

　それまでの石やれんがを使った組積造とは異なるデザインが好まれるようになり、登場したのが鋼材を使ったラーメン構造である。

　鋼材は引張強度が大きいため、薄い肉厚（軽量化）の構造物をつくることができる。鋼材のお陰で、超高層建築が可能になった。

　鋼材は、高度な品質管理のもとに生産される工業製品のため、木材やコンクリートと比較して、最も品質が安定した構造材料である。

鉄骨の柱（広島市西消防署）　► P81

銅葺きの屋根（世界平和記念聖堂）　► P22

銅製の樋　► P89

アルミニウムの天井　► P88

金　属

　建築に最も多く使われている金属は鋼材である。鋼材は、鋼板が外部回りの板金として、ロートアイアンや鋳鉄などが建築金物として使われることがある。

　鋼板以外の板金として、ステンレス、アルミニウム、銅板などが選択されることがある。建築・装飾金物に、しんちゅうやブロンズなどが選ばれることがある。

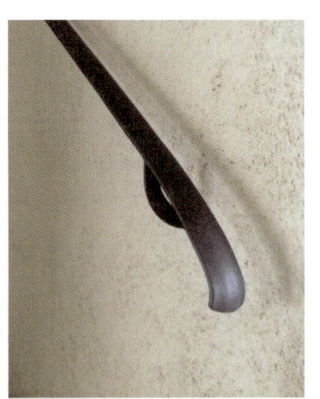

ロートアイアンの手すり

鉄製の取手（世界平和記念聖堂）

銅製の扉（世界平和記念聖堂）

ステンレスの柱　► P87

ブロンズの取手（世界平和記念聖堂）

しんちゅうの取手

れんが・タイル

れんがは、人類のつくりだした最古の人工材料である。粘土を水で練って型にはめて成形し、乾燥させて、焼くことで硬くなり強度を発揮する。

れんがの建築は、どこか懐古的な雰囲気を持っていて、昔の景観として保存されているものも多い。

タイルは、初めはれんがの形状を基本にして寸法が決められた。二丁掛などの呼称がそれを物語っている。釉薬を除けば、れんがによく似た材料である。

タイルの素地には、陶器質・せっき質・磁器質とあり、それぞれ硬さや吸水率が異なり用途によって使い分けされている。

れんがの外壁（大阪市中央公会堂）

れんが積みの表情　▶ P96

れんがの倉庫群（舞鶴れんがパーク）

ハンドメイドタイル（提供：タイルギャラリー京都）

モザイクタイル（提供：タイルギャラリー京都）

タイルの表情（日本銀行広島支店）　▶ P95

タイルの外壁（日本銀行広島支店）

瓦

中国から日本に仏教伝来に伴って粘土瓦が伝わった。瓦が日本で初めての人工材料である。

はじめは、寺院など一部の建築物に使用が限られていたが、一般の家屋に使われるようになり瓦が普及する。

不燃材料である瓦を使用することで、屋根からの延焼の恐れが少なくなり都市の防火に役立った。

瓦には産地により地方性があり、その場所の風土にあった独特の景観をつくりあげてきた。

甍の波（鞆の浦）

姫路城（白く見える屋根は新しい漆喰、黒く見える屋根は古い漆喰）

漆喰の新旧（姫路城）

大阪城の巨石

大阪城の石垣には多くの巨石が使われている。その中に小豆島から運ばれてきたものがある。遠くの場所からどのようにして運んできたのだろうか？

小豆島は花崗岩の産地で今でも石切り場の跡が残っている。中には切り出された後運ばれずに、残念石と名付けられて島内に残っているものも多くある。

西洋において石造建築が発展した理由のひとつを「石の産地から都市への輸送が可能であった：大きな、流れの緩やかな河川の利用」とした。▶ P115

石切り場から巨石を切り出し、陸路を海岸まで運び、筏や舟で瀬戸内海や川を使って大阪城まで運んだ。すなわち、水を利用して運んだ訳である。

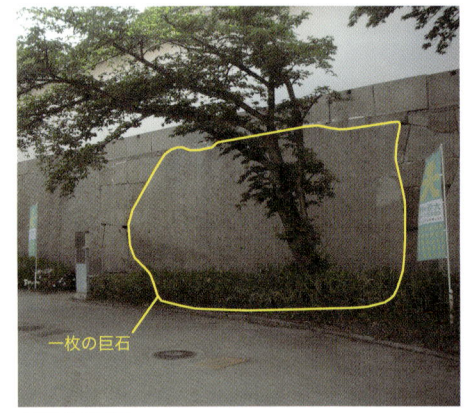

一枚の巨石

大阪城の巨石

石切り場（小豆島）

陸上の運搬（小豆島）

海上の運搬（小豆島）

ガラス

建築に始めてガラスが使われたのは、ステンドグラスである。

高級品で、教会や宮殿といった資金力のある建築に限られて使用されてきた。

フロート法が開発され大量生産が可能になり、一般の建築に使用され始める。 ► P106

今では、高層建築をはじめとするあらゆる建築に欠かせない建築材料である。

広島市西消防署　► P107

ステンドグラス（ミラノ大聖堂）

ガラスのルーバー（広島市西消防署）　► P112

石

石の歴史は、西洋と日本では大きく異なっている。

西洋では、歴史的建築物の多くのものが大理石などの石でつくられてきた。

日本では、城の石垣など、建物と地盤をつなぐ材料として利用されてきた。

現代では、西洋と日本ともに、床・壁などの仕上材として利用されている。

石積み（広島城）　► P116

大理石の外壁（サンタ・マリア・デル・フィオーレ大聖堂）

石張りの外壁（旧日本銀行広島支店）

石張りの表情（旧日本銀行広島支店）

左官ほか

　左官とは、原材料に水を加えて練ったものを、様々な下地に塗りつけて仕上げることである。

　原材料によって、いろいろな種類があり、仕上げる道具により様々な表現ができる。

　水を使用するため湿式工法と呼ばれ、固まるのに時間がかかり工事期間が長くなりやすい。

　天然素材のため調湿機能を持つなど、左官の持つ独特なテクスチャーは他の材料と比べて優るとも劣らないものである。

木ごて仕上げ　▶ P127

くし引き仕上げ　▶ P127

吹付スタッコ　▶ P127

漆喰（竹原）　▶ P129

エポキシ樹脂（原爆ドームの補修）　▶ P143

ベンガラ仕上げ（祇園花見小路）

改訂版 図説 やさしい建築材料

01 建築材料の概要

1 建築材料の歴史

　建築とは何であろうか？　それは人がなかに入って生活するための器であり、そのなかで活動できる空間を持つものであろう。

　その空間を確保するためには、いろいろな部材を組み合わせ、組み立てていく必要がある。そこに使われる材料、それが「建築材料」というものである。

　人は太古の時代より、雨、風、外敵などから身を守るためにシェルター（避難所）を必要としてきた。そこでつくられた建築は、まずは住居であった。各家族を中心に住居でくらしてきた。

　次に、人が集まる場所としての用途が必要となり、建築の範囲が拡大してくる。そこでできた建築が集会所のようなものであり、また、神を祭るための宗教的な空間を持つ神殿などといったものであった。

　そして、さらに社会的な活動をしていくためにいろいろな建築が必要となり、今の時代に至ったといえる。

　今から、その時代時代につくられてきた建築に使用されてきた材料の大まかな流れを「建築材料の歴史」という視点で整理してみることにする。

■1 石器時代

　この時代は、横穴式住居（図1・1）で暮らしていた。山の中腹あたりに洞穴を開け、そこの空間を利用して生活をしていた。しかしそれは建築とは言え

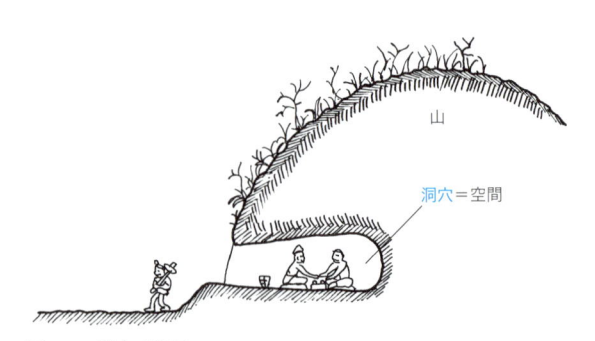

図1・1　横穴式住居

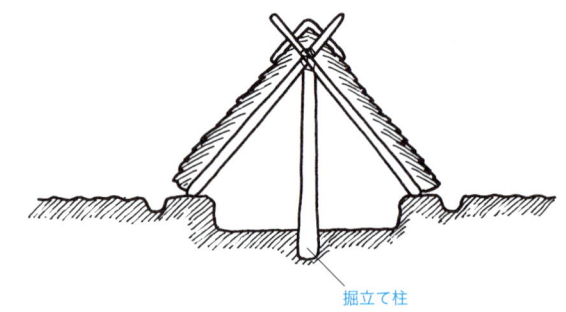

図1・2　竪穴式住居

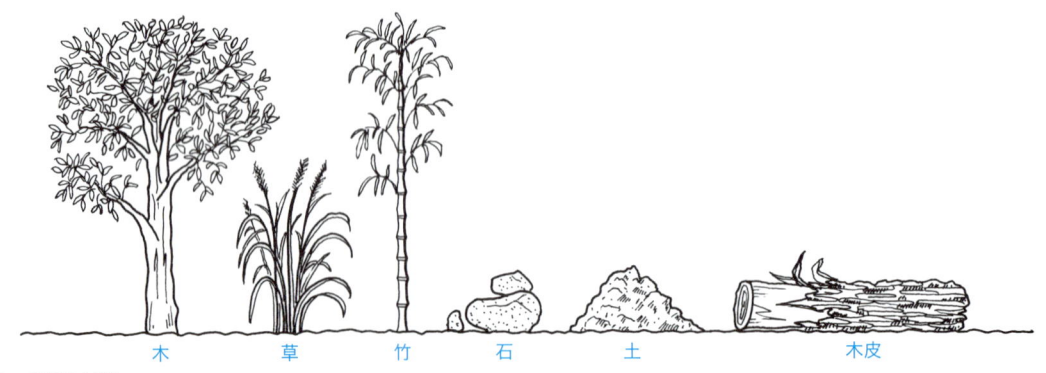

図1・3　自然の材料

ないものであろう。なぜなら空間を持つものには違いないが、「空間を組み立てること」が建築の定義とすればその範囲の中には入らない。

2 縄文・弥生時代

この時代は、竪穴式住居（図1・2）で暮らすようになる。農耕文化の生活になり、平地に建物をつくるようになる。これが初めての建築というものである。

この建築をつくるための材料、それが最初の「建築材料」というものになる。その材料は、当然身近にある自然の材料が利用された。すなわち、木、草、竹、石、土、木皮……など（図1・3）。生活している周辺に存在している材料が使われた。

また、それ以降風通しなどを考慮してつくられた高床式住居（図1・4）においても、その材料自身は大きくは変わらない。

3 飛鳥・奈良時代〜江戸時代

この時代に入ると、中国から日本に仏教建築（図1・5）が伝えられた。この時に同時に伝えられた材料が粘土瓦（図1・6）である。これはそれまで日本にあった材料とは異なり、初めての人工材料と言えるものであった。

粘土瓦は寺院など一部の建築物に限られていたが、やがて時代とともに多く取り入れられるようになってきた。

その間に建築様式（図1・7、8）が様々に変わっていく中、また様々な建築部品（畳、ふすま、障子など）（図1・9、10）が出現してくるが、材料そのものは自然の材料に少し手を加える程度の違いで、基本的には変わりがなかった。すなわち、木、草、竹、石、土、木皮など（図1・3）が相変わらず建築材料の中心であった。

図1・4　高床式住居

図1・7　江戸時代の建築（桂離宮）

図1・5　仏教建築（唐招提寺金堂）

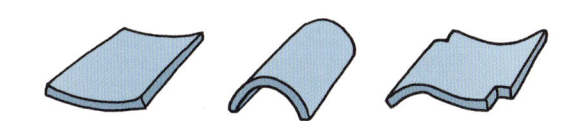

図1・6　初めての人工材料（瓦）

図1・8　江戸時代の建築（姫路城）

4 明治時代以降

　明治維新により西洋の文化が導入されてくる。近代工業技術とともに、新しい建築技術や建築材料が取り入れられるようになる。

　これらの建築材料には、それまでわが国にはなかったような人工材料があった。産業革命によってもたらされたセメント、鉄、ガラス（図1・11）などがその代表的なものである。

　これらの建築材料の登場により、建築物の構造・デザイン（図1・12）に大きな影響をもたらすようになった。わが国では、それまでの人工材料といえば瓦くらいしかなかった。

　西洋からもたらされた建築の構造とは、石造、れんが造、鉄筋コンクリート造、鋼構造などである。それまでのわが国の建築の構造は、ほとんどが木構造であった。その木構造になじむ材種として、ほとんど自然の材料が使用されていた。

　この時代から、わが国独自の建築手法から世界共通の建築手法へと展開されていく。

5 現代

　現代では、科学（化学）技術の進歩および国際化の流れなどにより様々な特殊材料が発明・開発され、それまで自然にはなかったような建築材料が製造され使用されている。

　すなわち、集成材、合板、繊維板、合金、プラスチック、塗料、接着剤、防水材料（図1・13）などがそれである。これらの材料は規格化・標準化・国際化され、そして大量生産のもとに世界各国で共通に建築材料として使用されている（図1・14、15）。

6 これから

　安くて便利な建築材料が開発され普及していく中で、いろいろな問題も起き上がっている。そのうちの大きなものが、地球の環境に関する問題である。石油化学を中心とした大量の「建築材料」が、地球環境、資源枯渇などの問題に大きく影響しているということである。

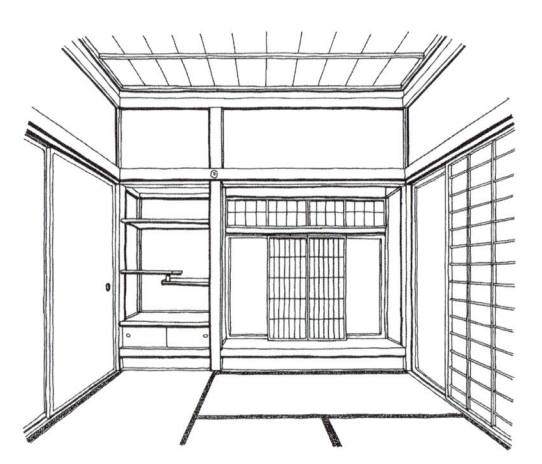

図1・9　畳・ふすま・障子（慈照寺東求堂）

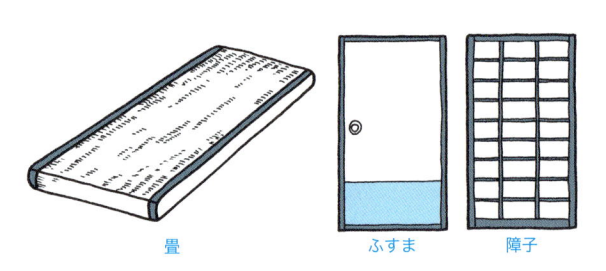

畳　　　　　　ふすま　　障子

図1・10　建築部品

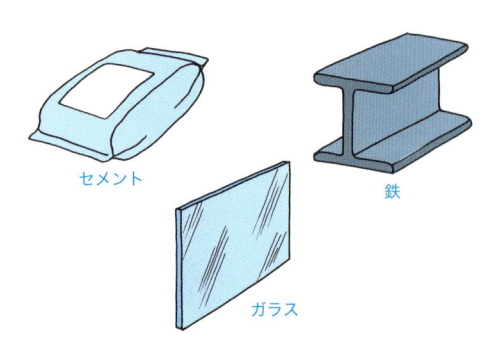

セメント　　　鉄

ガラス

図1・11　産業革命によってもたらされた材料

図1・12　明治時代以後の建物（グラバー邸）

今後、建築材料は、地球温暖化対策、省エネルギー・リサイクル・自然材料の見直し（図1・16、写真1・1）など、地球全体の規模で考えていく必要に迫られているといえる。

以上ここまで、「建築材料の歴史」を大まかに説明してきた。「建築材料」がどういった歴史をたどって今存在し、これからどういう方向に進んでいこうとしているのか？　見守っていく必要がある。

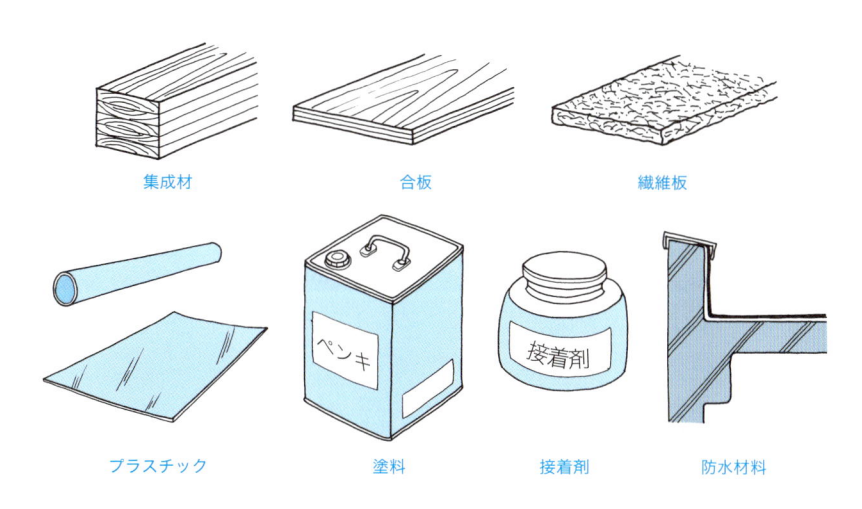

集成材　　　　合板　　　　繊維板

プラスチック　　塗料　　接着剤　　防水材料

図1・13　現代の建築材料

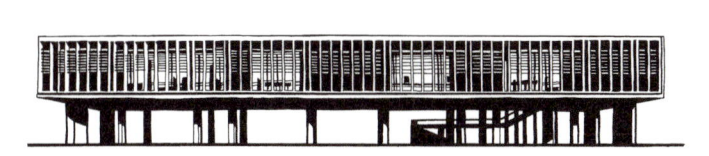

図1・14　近代の建物（広島平和記念資料館）

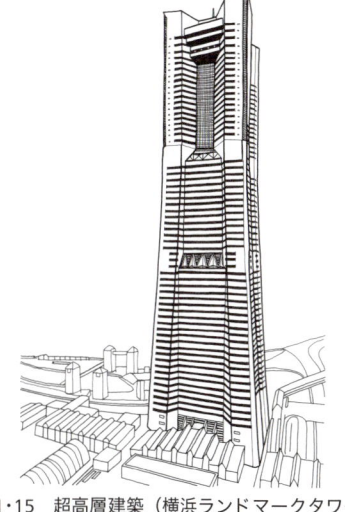

図1・15　超高層建築（横浜ランドマークタワー）

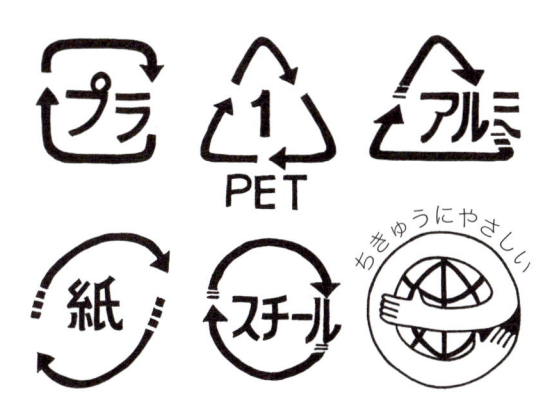

図1・16　エコマーク、リサイクルマーク

写真1・1　屋上緑化

2　建築材料と規格

材料を建築に使用するためには、一般的に自然にあるものをそのままの状態で利用することはできない。生産する上でも使用する上でも、寸法、品質、等級……などに分けて扱う必要がある。そのためには、ある基準・規格が必要になってくる。そこで登場したのが、以下のような規格・標準である。

■1 日本産業規格（JIS）（図1・17）

産業標準化法にもとづき制定される国家規格で、主として工業製品である。JIS は Japanese Industrial Standards の略である。例としては、セメント、コンクリート、鋼材、ガラス、瓦、繊維板、パーティクルボードなどがある。

■2 日本農林規格（JAS）（図1・18）

農林物質の規格化及び品質表示の適正化に関する規格で、主として生物からとれる製品である。JAS は Japanese Agricultural Standards の略である。例としては、木材、集成材、合板などがある。

■3 日本建築学会建築工事標準仕様書（JASS）

これは建築材料の規格ではないが、日本国内において建築をするためにひとつの指標とするためにできた規準である。JASS は、Japanese Architectural Standard Specification の略である。日本建築学会で制定した、建築材料・同施工規準に関する仕様書である。工事種類別にまとめてある。

■4 国際標準化機構（ISO）（図1・19）

国際的に通用する規格や標準などを制定するための機関で、建築材料を含む物質やサービスなどの流通が国際的になってきたことから、規格や標準などを制定するために生まれた。ISO は、International Organization for Standardization の略である。

建築系では ISO9000 シリーズ（品質管理及び品質保証に関する国際規格）と ISO14000 シリーズ（環境マネジメントに関する国際規格）があげられる。

今後、JIS 規格は ISO 規格に統合される方向に向かうものと思える。

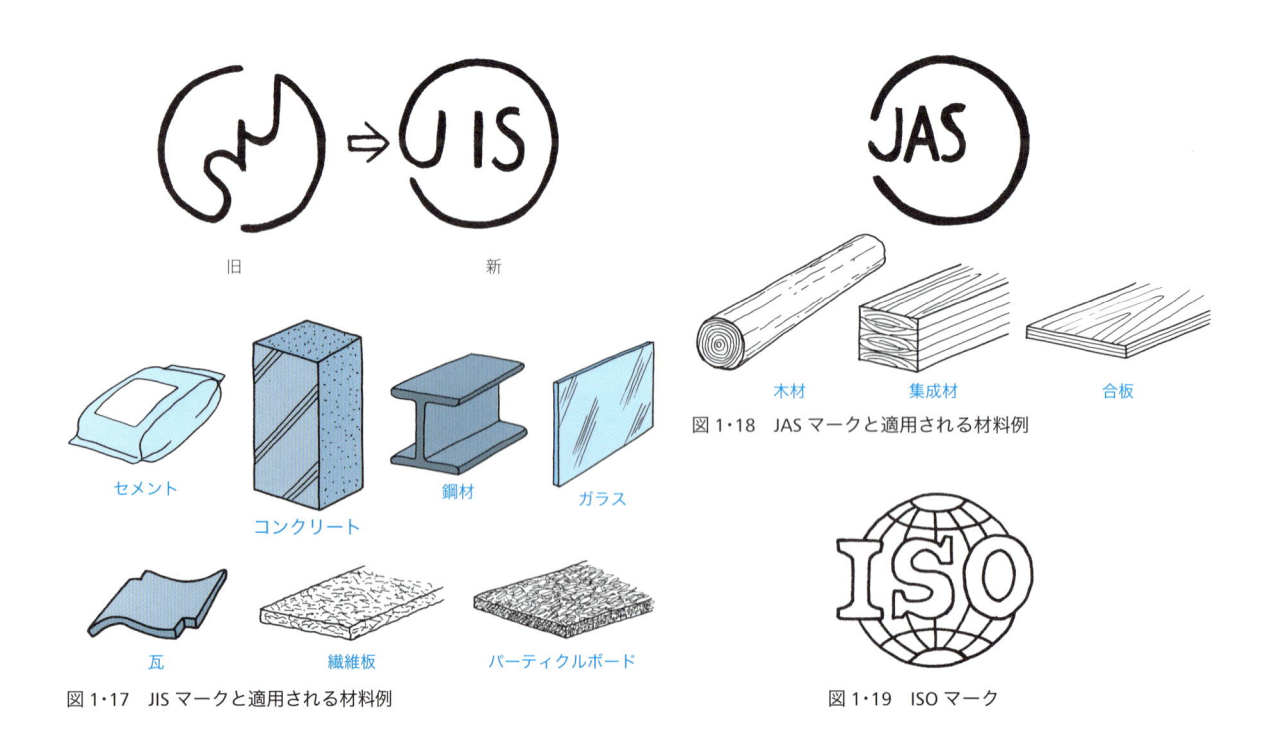

旧　　　新

セメント　コンクリート　鋼材　ガラス

瓦　繊維板　パーティクルボード

図1・17　JIS マークと適用される材料例

木材　集成材　合板

図1・18　JAS マークと適用される材料例

図1・19　ISO マーク

3　建築材料と環境

　木や土といった、自然の材料をそのまま用いた場合は問題が少なかったが、新建材といわれる化学製品（石油化学）などを用いて製造された材料には、後になって問題があることがわかってきた。

　すなわち、プラスチック、塗料、接着剤などの中には、人体に悪い影響を与えるものがあることが指摘されるようになってきた。例えば、シックハウス症候群や環境ホルモンなどは、社会問題にもなってきている。安くて便利な新建材を使うことに、いろいろな規制が加えられているのが現状である。

　また、資源の枯渇問題も取りざたされている。建築の材料は大量かつ多岐にわたり、その量が不足している状況である。

　例えば、初期のコンクリートは、理想とされていた川の骨材が使用されていたが、現在では環境破壊につながるため採取はできない。代わりに使われた海の骨材も同様の問題におちいり、全面採取禁止の状態である。今は人工的な骨材が使用されているが、岩場を削って採取されるという意味では、これまた同じような運命をたどるような気がしてくる。

　そこで今、見直されてきているのがリサイクル（資源の再利用）（図1・20）である。建設リサイクル法などの法律もでき、既存の建築物を分別して解体することにより、それを資源として扱うようになってきている。

　さらに、エコロジー（環境共生）といった地球環境にやさしい建築づくりも、盛んに提案されるようになってきている。そこではCO_2削減問題などに対応して、環境負荷が少ない自然の材料への見直しや、緑の植物を建築の周辺に積極的に利用すること（例えば屋上緑化、図1・21）などが提案されてきている。

　これらの環境問題については、建築材料の調達から最終処分までに関して、国際標準化機構（ISO）のISO14000シリーズによって環境マネジメントシステムが制定されている。

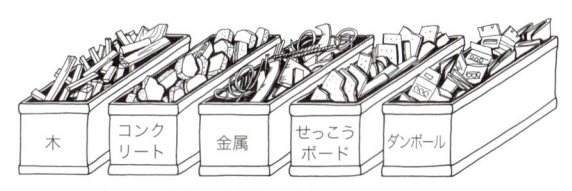

図1・20　分ければ資源、混ぜればゴミ

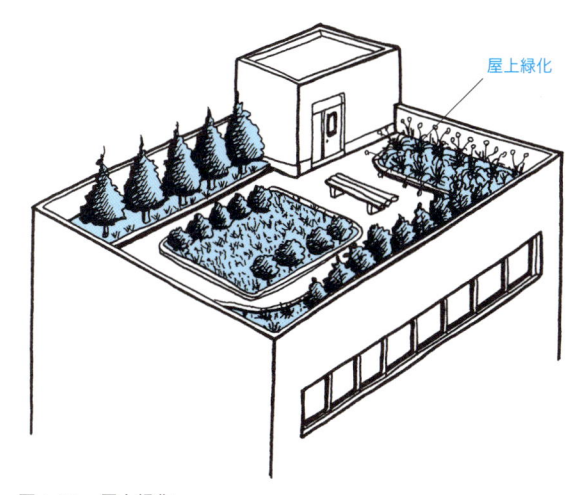

図1・21　屋上緑化

▶▶▶昔のお城はリサイクル材でつくられた

　大河ドラマなどを見ていると、全国各地にたくさんのお城が築かれていたことがわかる。それらのお城は、修理・修復を重ねて現在でも残っているものも多い。

　中には、再建されたものでは、鉄筋コンクリートでできているものもあるが、創建当初の多くのものは木造でできている。

　ところで、戦国時代に戦いに勝利すると領土が手に入った。そして、その新しい領土にお城を築く必要ができた場合、新しい材料で建築することもあったが、戦利品としての相手方のお城を解体して新しいお城の材料として使われることも多かった。特に、木材・かわら・壁土などは再利用しやすい材料であったと思える。

　戦国時代の昔から、日本においては「建築材料のリサイクル」ということが当たり前のように行われていた。

▶▶▶ミンチ解体と分別解体

以前の既存建物の解体は、大型の機械で一気に壊し、木材もコンクリートも金属もいっしょにしてトラックに載せ、処分場まで運び、処理されていた。

これをミンチ解体といい、解体費用は安くつくが、処分する費用が高くついた。すなわち、解体後の材料は捨てるゴミとして扱われていた。

一方、最近の既存建物の解体は、一部を人の手などで部材ごとに別々に解体し、木材、コンクリート、金属類を分離して運搬され、リサイクルしやすいように処理されている。

これを分別解体といい、解体費用は少し高くつくが、処分費用は安くなるように設定されている。

これは建設リサイクル法という法律により決められたもので、分別して解体することで既存建物を資源として扱うようになってきた結果である。

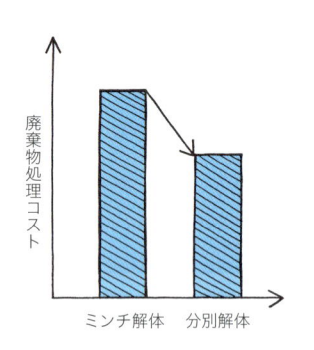

▶▶▶新しいものが美しい？

現在の日本の建築は新築したときが最も美しくて、価値が高くて、良いものと判断されている。建築後、時間が経つに従ってその価値は落ちるものとして考えられている。不動産取引の世界では、それが当たり前のこととして扱われている。

欧米諸国では逆で、古くて歴史を持ち付加価値の付いたものの方が美しくて、価値が高くて、良いものとして扱われている。使用している材料のせいなのか？　または価値観が異なるせいなのか？　文化の異なるせいなのか？　それぞれ事情が異なるのであろう。

ただ、建築に使用される材料は、必ず経年変化によって古くなるものである。それを防ぐことはできない。問題は、古くなったら醜くなるものなのか？　古くなったら美しくなるものなのか？　という判断の違いであろう。

長く使用する建築が古くなるに従って、より美しくなり、新しい時よりも味わい深くなるような材料の選択および使い方を心がけたいものである。

古くなって味わい深くなる一例（世界平和記念聖堂）。屋根：銅板、壁：モルタルれんが

▶▶▶ライフサイクル・マネジメントとは？

ひとつの建築を、企画・設計・生産・維持・解体という一連の流れで見たときに、そこに使う建築材料のあり方を考えておく必要がある。

すなわち、建築が生まれて、使用され、その用を終わった後、そこに使われた建築材料をどう扱うか？

それは、次の世代の建築へとスムーズに移行ができるように配慮しておく必要があるということである。

建築をつくる当初から、その材料をリサイクルに回せる工夫がなされているかどうか？　地球環境の面からすると、今後の建築には欠かせない問題であるといえる。

こういう考え方に基づいて建築を管理していく方法を、ライフサイクル・マネジメントという。

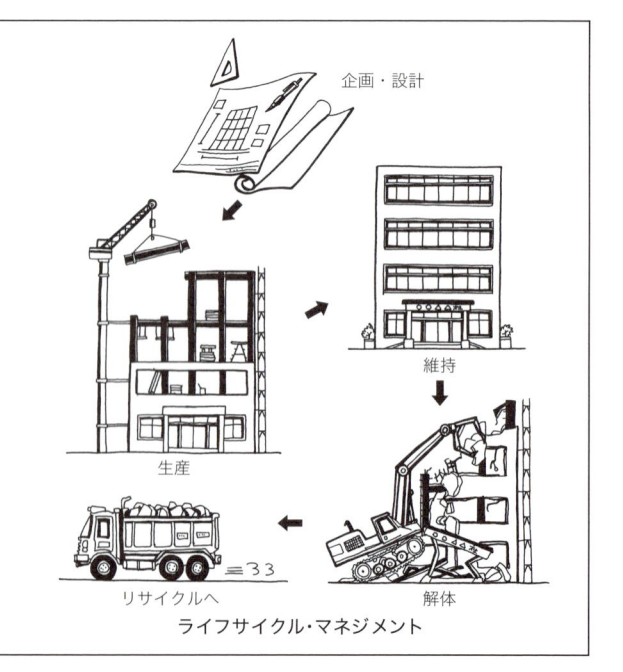

ライフサイクル・マネジメント

4 建築材料の分類

多くの建築材料は、その視点を変えることによっていろいろな分類の仕方が出来る。その分類をしてみる（図1・22）。

❶用途別分類

建築の構造部分に使用されている材料を構造材料といい、建築の仕上および下地などに使用される材料を仕上材料という（表1・1）。

❷天然・人工別分類

材料が天然の素材そのままを使用しているものと、人間の手で加工されたものにより分類される（表1・2）。

❸化学的分類

材料の生まれ方が元々生物であったものと、生物でなかったものによる分類（表1・3）。

❹建築部位別分類

建築物のいろいろな場所での使われ方による分類（表1・4）。

▶▶▶「適材適所」ということ

「適材適所」という言葉を広辞苑で調べると次のようにでている。「人を、その才能に適した地位・任務につけること」と。

現在は、人に関して使われることが多くなってきた言葉であるが、元々は、材料を扱うときに用いられていたことが想像される。

すなわち、「適切な材料を適切な場所」に使ってあげることを意味していたと思われる。

あらゆる材料の使い方に共通する言葉である。

建築材料の使用に関しても同じことが言える。建築材料の特徴（長所・短所など）を良く理解し、その材料を最も効果的に使用してあげることが、「適材適所」ということである。

表1・1　用途別分類

分類	内容	材料
構造材料	建築物の柱・梁・屋根などの構造を構成する材料。強度・耐久性が要求される。	木材、コンクリート、鋼材など。
仕上材料	建築物の内・外装の仕上・下地に使用される材料。建築の保護・美しさが要求される。構造材料が見えている状態ではそのまま仕上材料となる。	木材、コンクリート、タイル、瓦、ガラス、石、モルタル、畳、クロス、塗料など。

表1・2　天然・人工別分類

分類	内容	材料
天然材料	天然の素材をそのまま使用。	木材、草、竹、石、土、木皮など。
人工材料	天然の素材を加工し新しい材料として出来上がったもの。	セメント、鋼材、タイル、れんが、瓦、ガラス、プラスチック、塗料など。

表1・3　化学的分類

分類	内容	材料
有機材料	元々が生物であった材料。	木材、竹、プラスチック、アスファルトなど。
無機材料	元々が生物でなかった材料。	セメント、コンクリート、鋼材、アルミニウム、タイル、れんが、瓦、ガラス、石など。

表1・4　建築部位別分類

分類	内容	材料
屋根材料	雨、雪、日射などを防ぐ材料。	瓦、住宅屋根用化粧スレートなど。
外装材料	建築物の外部に使用する材料。屋根、軒裏、外壁、基礎、玄関ポーチなど。	タイル、瓦、石、モルタル、吹付材、窯業系サイディングなど。
内装材料	建築物の内部に使用する材料。床、壁、天井など。	フローリング、畳、クロス、化粧合板、せっこうボードなど。

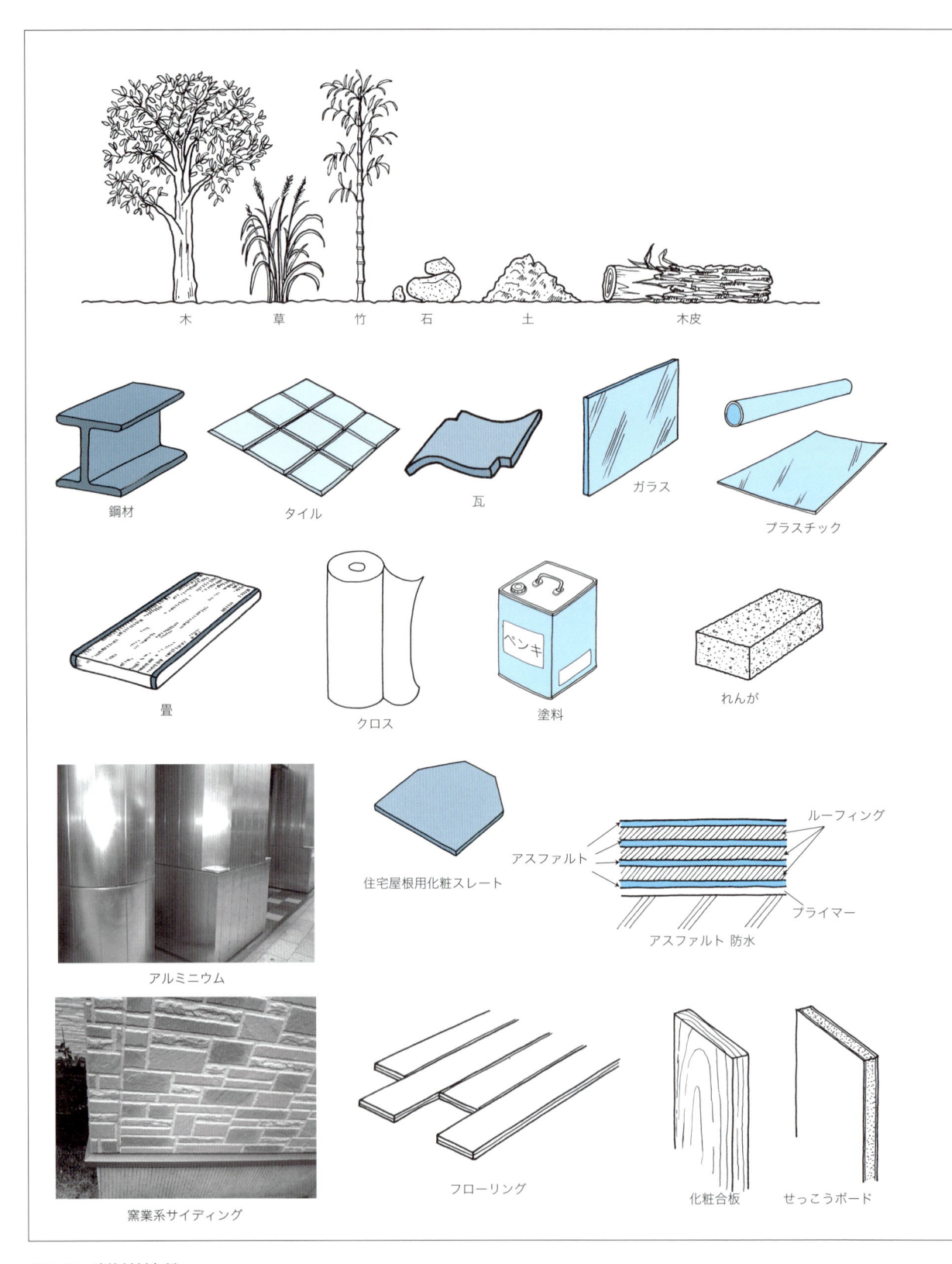

木　草　竹　石　土　木皮

鋼材　タイル　瓦　ガラス　プラスチック

畳　クロス　塗料　れんが

アルミニウム

住宅屋根用化粧スレート

ルーフィング
アスファルト
プライマー
アスファルト 防水

窯業系サイディング

フローリング　化粧合板　せっこうボード

図 1·22　建築材料各種

コンクリート

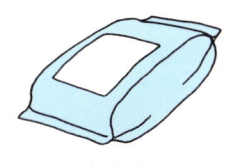

セメント

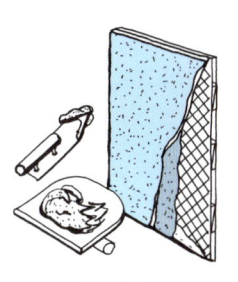

モルタル

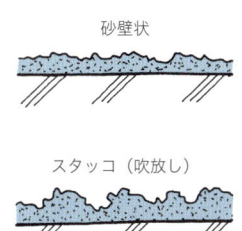

砂壁状

スタッコ（吹放し）

吹付材

5　建築材料と性能

　建築材料には、さまざまな性能が要求されている。例えば、屋根から雨漏りしないこと。外壁から騒音や外気温が伝わらないこと。窓から十分な光が採れること。内部で快適な生活ができること。火災に対して燃えにくいことなど。

　これに対する性能として、例えば、屋根材料には防水性・止水性など。外壁材料に対しては防音性・断熱性など。窓材料としては透過性・遮光性など。内部材料としては感触性・不燃性など。それぞれの要求に対してその性能を持つ材料が必要となる。そして、その材料の性能をよく理解して建築に使用していくという視点が重要となってくる。

|02| 木　材

1　日本建築と木材

日本の建築は、縄文の時代より木材を中心につくられてきた。その時代により様式はそれぞれ異なってくるが、江戸時代まではほとんど木造軸組工法というもので建築されてきた。

身近に木材が豊富にあったことにもよるが、そこには日本の持つ独特な風土および文化の影響が大きくかかわっていると思われる。

ひとつは、高温多湿の気候のため、快適に生活するためには窓を大きく開けて通風をよくする必要がある。そのためには線状の材料である木材を使うことによって、柱・梁といった軸組で構成するほうが有利である。

また、木材は断熱性も有し、しかも水分を吸ったり吐いたりする性質をもっている。そのことが高温多湿の気候には有効であった。

もうひとつの理由は、日本は地震国であるということである。西洋によくみられる石やれんがといった組積造は、地震に対して非常に弱い構造となる。明治以降、西洋より導入された組積造が関東大震災によって大きな被害を受け、日本の建築には不向きであることが実証された。

それに対して木造軸組工法は、地震対策が比較的とりやすく、うまく対応すれば耐震的な構造にしやすい。多くの古い木造建造物が今もなお存在していることがその証である。

現代は、構造材料にコンクリート・鉄といった材料が多くなりつつあるが、それでも、新築住宅の約70%は木造建築である。木材は、日本にはなくてはならない重要な建築材料であるといえる。

▶▶▶木材の柱を隠す必要があるか？
　　木造・鋼構造・コンクリート造の違いは？

木材の特徴は、なんといってもその肌触りや木目の美しさや調湿作用などにある。それをうまく生かしてやるためには、木材を見せるように使うべきであろう。

以前の日本の家屋はそのほとんどが真壁造りであり、柱は見えていた。また、大きな丸太の梁なども見えるものも多かった。

ところが現在の木造軸組工法と呼ばれる建築は、木造という名前はついているが、主な部屋は和室を除いて柱を見せてはいない。いわゆる大壁造りで、木の柱を隠し、天井を張って木の梁を隠して部屋を仕上げているものが多い。

これで本当に木造建築と呼べるのだろうか？　たまたま骨組みに木材を使用したに過ぎない。鋼構造、コンクリート造などと骨組みは異なるが、内外装はどれもこれもみな同じである。見た目では、何の構造かも見分けがつかないものも多い。

木材を見せて納める建築を、もう一度見直して欲しいと思う。少々器量の悪い木材であってもその方が、木材自身も使用する我々にとっても好ましいことではないだろうか？

木材の柱・梁が見える

▶▶▶ 日本の住まいは夏をむねとすべし！

吉田兼好の随筆「徒然草」によると、「日本の住まいは夏をむねとすべし！」と説明している。

これは、「日本の住宅をつくる基本は夏に快適に過ごせるようにしなさい！」ということである。

冬の寒さには何とか対応ができるが、夏の蒸し暑さは非常に厳しい、という日本の気候に即したものである。

できるだけ風通しを良くし、隙間だらけの住宅とすることで、夏の蒸し暑さを回避する工夫が大切だということである。

そういえば、外国からやってくるプロ野球選手が日本の梅雨時期に体調を狂わせる人が多いと聞くが、日本の夏の蒸し暑さは彼らにとって異常ともいえる環境なのであろう。

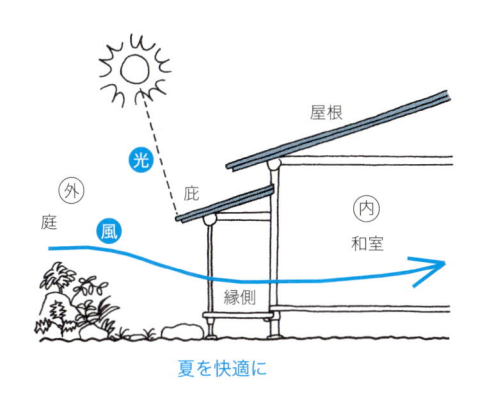

夏を快適に

▶▶▶ 「やかんと魔法瓶」どちらが良い？

家のつくりを考えると、昔の家は「やかん」のようなつくりであった。それは、風通しの良いつくりとすることが家づくりの条件であったからである。いわゆる、隙間だらけで熱や湿気を外に逃がすことが求められていた。

最近の家のつくりは、魔法瓶のようなつくりである。これは、気密性を高め、外との空気の流通を遮断して、内部で空気のコントロールを行うような考え方のつくりである。

生活習慣や、エネルギー対策や、設備機器の普及など、いろいろな条件からこういう環境になってきたと考えられる。

どちらが良いか？　建築材料だけの範囲では結論がだしにくい問題である。

やかん　　　　　魔法瓶

やかんと魔法瓶

▶▶▶ 日本と西洋の風土の違い

日本の風土として、居住空間と外部が一体となって生活する習慣があった。内部と外部は極端に分離しないという風土であった。

島国のために治安が比較的良く、おだやかな気候であり、外の景色を内部に取り入れる手法などが好まれた。その空間をつくるためには「木材」が適していたといえる。

それに対して、西洋では外部は危険なため遮断するという風土であった。いつ異民族が攻めてくるともわからず、いつ砂嵐が吹き荒れるとも限らず。

そこでは、できるだけ居住空間と外部を遮断する方法がとられた。その代わり、中庭をつくり外の空気を取り入れる。その空間をつくるためには「石やれんが」が適していたといえる。

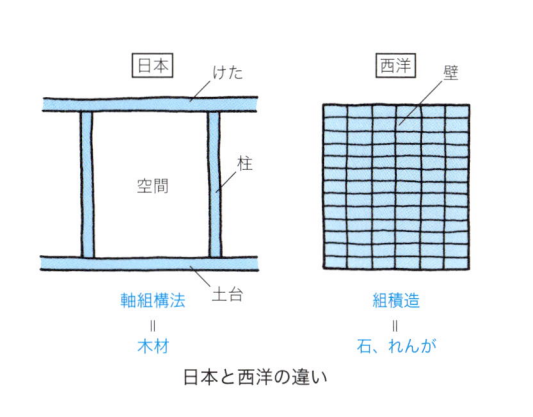

日本と西洋の違い

2 木材の種類

木材には、国内で産出される国産材と海外から輸入される輸入材がある。

国産材には、それぞれの地方により地場に供給されているものもあるが、全国的に有名な産地としては次のようなところがある。すなわち、青森のヒバ、秋田のスギ、木曾のヒノキは日本の三大美林と呼ばれ、昔から良質な木材として重宝されている。また、屋久スギ、北山スギなども銘木として使用されている。

輸入材には、米国およびカナダから輸入される北米材、ロシアから輸入される北洋材、インドネシアおよびマレーシアなどから輸入される南洋材がある。

木材の利用状況は、輸入材に頼っており国産材の利用は一部に限られていたが、最近では国の施策などにより積極的に国産材の利用を推奨しているのが実情である。

木材の種類は、針葉樹と広葉樹に大きく分かれる。

1 針葉樹（図2・1）

- 一般に常緑で、葉は細長く、樹形は円錐形のものが多く、幹は比較的まっすぐ伸びる
- 長大材が得やすい
- 材質は軟らかい
- 軽量で加工性が良い
- 構造材および造作材として利用される
- 材種：マツ、ヒノキ、ツガ、スギ、ベイマツ、ベイツガなど

2 広葉樹（図2・2）

- 葉は幅広の扁平な形をしており、樹形は全体に丸みを帯び、枝が横に伸びる
- 長大材が得にくい
- 材種は硬く、針葉樹に比べ比重が大きい
- 模様に面白いものがある
- 家具、建具、床の間材など、主に造作材として利用される

- 材種：ケヤキ、サクラ、クリ、ラワン、ナラ、タモ、オーク、アピトンなど

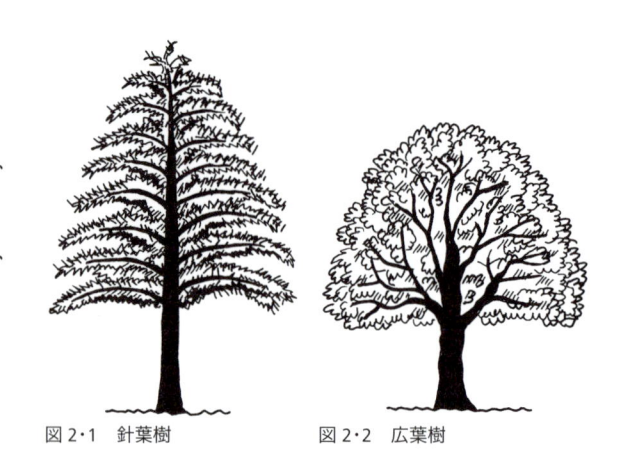

図2・1　針葉樹　　　　図2・2　広葉樹

▶▶▶ 柱の傷はおととしの5月5日

「柱の傷は　おととしの　5月5日の　背比べ　チマキ食べ食べ　兄さんが　計ってくれた　背の丈　昨日くらべりゃ　何のこと　やっと羽織の　紐の丈」

童謡「背比べ」の歌詞である。今の若い人には馴染みが少ないかもしれないが、我々の年代の者は小さい頃によく歌った歌である。

真壁の柱に子供の背の高さを傷つけていって、その成長の過程が住宅の一部にカタチとして残っていく。そのことを題材に歌った歌である。

大壁の納まりばかりでつくられた現代の住宅に育った若者たちに、この感覚が分かるだろうか？　子供の成長する姿が刻み込まれていき、大きくなって帰ってきた時に、その歴史が残っているような心温まる住宅を提案していきたいものである。

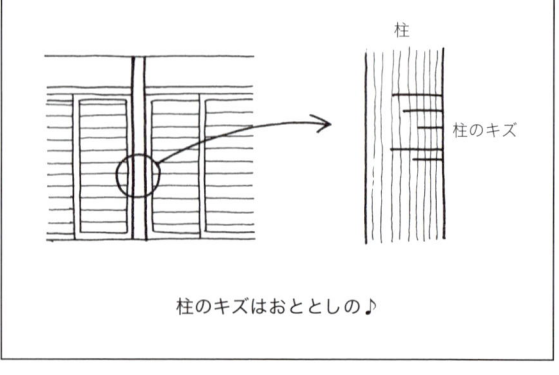

柱のキズはおととしの♪

3 木材の特徴

● 長所

①比較的、粘り（じん性）がある

②軽くて強い（比強度大*）

③原材料として入手しやすい

④切る・削るなどの加工がしやすい

⑤熱伝導率が小さい（熱が伝わりにくく断熱効果が高い）

⑥素材としての色艶、木目、木肌などが美しく、感触もよい

● 短所

①可燃性である（約 260℃ で口火があれば発火）。小さな断面のものは燃えやすい（図2・3）

②高温高湿の環境のもとでは腐朽しやすい

③節・割れが生じやすく材質が均一でない

④生育に時間がかかり、長大材が得にくい

⑤木材中の水分の量により、変形を起こしやすい

⑥菌や虫におかされやすい

＊比強度：強度を比重で割った値。p.30 のコラム参照

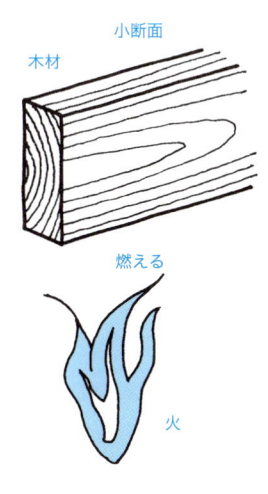

図2・3　小断面は燃えやすい

▶▶▶木造建築と鋼構造建築はどっちが火災に強い？

　ある国では火災発生の報告が消防署に入ると、その報告を受けた担当者は建築の構造を確認するようにしているそうだ。その時に木造であると少し時間に余裕があるが、鋼構造である場合は時間に余裕がないとのことである。

　これは何を意味しているかというと、木造建築は鋼構造建築に比べて火災に強いということを表わしている。

　木材は火災が発生して燃え続けると、確かに最後には燃え尽きる。しかし、大きな断面の木材は表面が炭化して保護する役割を果たし、内部まで燃え尽きるには相当の時間がかかる。日本で使われる木材の断面は、必ず力学的に必要な断面以上のものが使用されている。

　それに比べて鋼材は、燃えないけれど耐火被覆が十分に施されていない場合は、短時間で強度を失い崩れ落ちてしまう（鋼材の「温度による影響」（p.80）を参照）。

　火災発生から消防隊が現場に駆けつけて消火するまでの時間を考慮に入れると、消防の組織が整っている場合は、木造建築のほうが鋼構造建築より火災に強いということは十分に納得のいく話である。

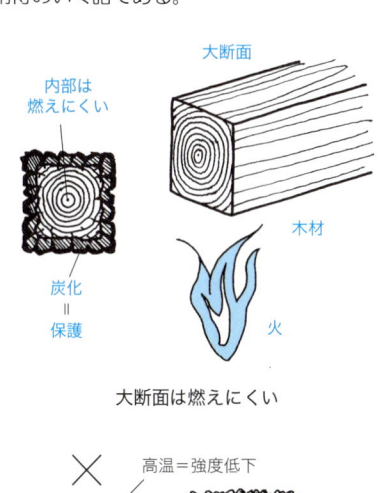

大断面は燃えにくい

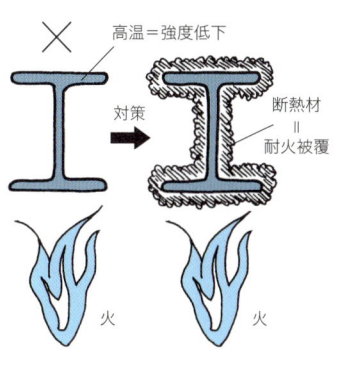

鋼材は熱に弱い

4 木材の強度

　一般に比重の大きいものほど強度がある。したがって広葉樹のほうが、針葉樹よりも強度の高いものが多い。

　針葉樹の中でも年輪の幅などといった条件を一定にして比較すると、

　　ベイマツ ＞ ヒノキ ＞ ベイツガ ＞ スギ

の順に強度に差がある。

　また木材の繊維方向を基準に各種の強度試験を行うと、

　　曲げ ＞ 圧縮 ＞ 引張 ＞ せん断

の順に強度に差が出る。

　このように、材種および力のかかり方によって、その木材の強度に差が出てくる（表2・1）。

　そこで、柱か梁・桁か土台といった軸組の、どの部位にどんな材種の木材を選択するのが効果的か、の判断が重要になってくる。

表2・1　基準強度（材料強度）　単位 N／mm²

	圧縮	引張	曲げ	せん断
ベイマツ	22.2	17.7	28.2	2.4
ヒノキ	20.7	16.2	26.7	2.1
ベイツガ	19.2	14.7	25.2	2.1
スギ	17.7	13.5	22.2	1.8

（国土交通省告示より）

▶▶▶木材は比強度ナンバーワン！

　構造材料に使われている材料には、①木材、②コンクリート、③鉄、が挙げられる。そのうち木材は比重が約0.5程度で、非常に軽量な材料である。同様にコンクリートは2.3程度、鉄は7.8程度である。

　強度を比重で割った値を比強度といい、木材は、圧縮強度ではコンクリートの約5倍、引張強度では鉄の約3倍の比強度を持っている。

　これはすなわち、木材はコンクリート、鉄に比べて非常に軽くて強い材料であるということである。

　建築材料では、軽くて強い材料がバランス的に良い材料とされている。そういう意味では木材は、建築材料としてはナンバーワンの材料といえる。

▶▶▶「地産地消」ということ

　今の日本で使われている木材は、そのほとんどが輸入材料に頼っている。貿易の均衡などの政治的・経済的理由によることもあるが、日本の林業の実情によるところも多い。

　それは、素材生産が採算のとれない事業になってしまったためである。すなわち、小さな経営規模、労働者不足および高齢化、複雑な流通経路、安い輸入材との競合などがその理由である。大手の木造住宅会社が使っている木材のほとんどは、輸入材か集成材である。

　元々、日本は木材の豊富な国であった。そして、その国産の木材を利用して優れた建築をつくり、木材が身近なものとして扱われ、日本の文化を築いてきた。外国から輸入された木材を利用しだした歴史はそれほど古くはない。

　ところで、「地産地消」という言葉がある。「地元で取れた産物を地元で消費する」という意味で使われる言葉である。主には、野菜や魚介類といったスーパーマーケットの生鮮食品の流通に関して使われることが多い。

　最近、木材に関してもこの「地産地消」という言葉が新聞紙上でも使われるようになってきた。できるだけ地元で取れる国産材を使って家をつくろう、という取り組みである。

　流通経路を開示し、木材の素性を情報化し、ネットワークを組むことで、利用する消費者側に使われる木材の内容を理解してもらう。しかも、現地にその木材を実際に見に行って自分の家に使うものを確認してもらう。それはまた同時に、山に注目をしてもらうことで地元の林業の活性化にもつなげようという取り組みである。

　昔は当たり前であったように、同じ風土で育った木材で家を建てることができれば、消費する側と生産する側の両者とも良好な関係になると思われる。

　日本各地にこういった取り組みが次第に根付きつつある。この流れに注目していきたい。

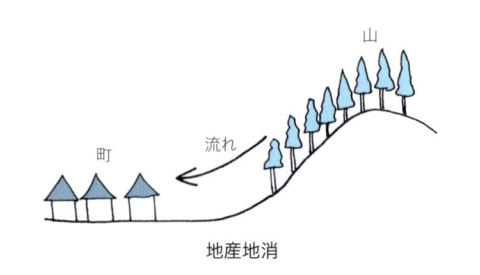

地産地消

5　木材の構造

　木材の樹幹を横に切断してみると、樹皮と木質部と樹心などから成り立っていることが分かる（図2・4）。木材の成長は四季をもつ風土か否かで木質部の組織が異なる。

　すなわち、四季をもつ地方では成長の活動が分かれ、暖かい季節には早く成長し、寒い季節にはゆっくり成長する。それによって年輪が形成されるのである（図2・5）。一方、四季のハッキリしない地方に育つ木材には年輪といった模様は形成されない。

　日本での木材は、使用するときにこの年輪というものが大きな影響を与える。一般に年輪の間隔の狭いものほど高級な材料とされている。すなわち、ゆっくり育って大きくなった木材が高級品とされているのである。年輪の区分として、暖かい季節に成長した部分を春材（早材）といい、寒い季節に成長した部分を秋材（晩材）と呼んでいる（図2・5）。

　木材は生き物であるため組織が一定ではない。部位によって性質が異なり、そこに名前を付け、うまく利用するように工夫がなされてきた。

1 心材と辺材（図2・4）

❶心材

　樹心に近い木部で、色は淡紅色であるため、赤身材ともいう。

- ・耐久性がある
- ・腐朽に対して強い
- ・削ると光沢がでる
- ・硬い
- ・乾燥による変形は少ない
- ・割れに対して注意が必要である

❷辺材

　樹皮に近い木部で、色は白または淡黄色であるため、白太材ともいう。

- ・耐久性・美しさの点で心材よりも劣る
- ・細胞が新しく、水分を多く含んでいる
- ・軟らかい
- ・乾燥すると収縮が大きい
- ・変形・虫害・腐朽に注意が必要である
- ・節・その他の外観上の欠点が多い

　木材として好まれるのは耐久性・美しさの点で優れている心材である。

2 心持ち材と心去り材（図2・6）

❶心持ち材

- ・樹心を持つ木材
- ・耐久性があり構造材に適している

❷心去り材

- ・樹心を持たない木材
- ・どちらかというと造作材に利用される

3 元口と末口（図2・7）

❶元口

　樹木が自生している時の根元側。

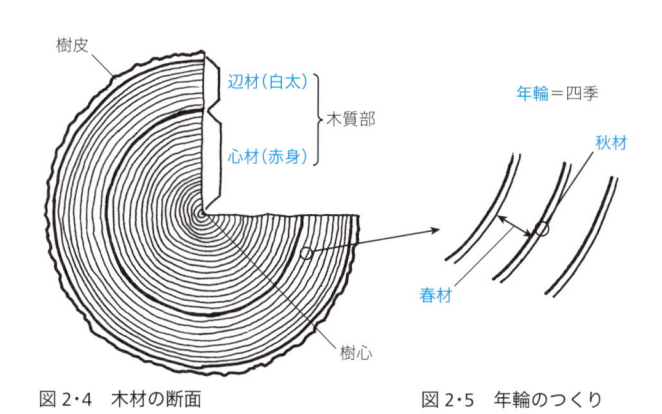

図2・4　木材の断面　　図2・5　年輪のつくり　　図2・6　心持ち材と心去り材

・柱は立木と同じ状態で元口を下にして立てる

・継手を作る場合は女木側を元口とする

❷末口

樹木が自生している時の梢側。

・丸太の場合、木口の小さいほうの直径を末口という（図2・8）

・丸太の断面サイズは末口寸法で表す

4 背と腹（図2・9）

❶背

反りのある部材の場合、凸側をさす。

・年輪の幅が狭い

・傾斜地に生える立木では谷側を、平地では北の日陰側を背という

❷腹

反りのある部材の場合、凹側をさす。

・年輪の幅が広い

・傾斜地に生える立木では山側を、平地では日が当たる側を腹という

背側は木目が硬く、腹側にいくらか反り気味に育つため、この性質を利用して、梁やまぐさなどの横架材は木材の背を上向きに腹を下向きに使用する（図2・8）。大引や軒の出の大きい垂木では、大引は床束を持ち上げないように、垂木は垂れを防ぐために逆に背を下側に向けて使用する

5 木表と木裏（図2・10、11）

❶木表

板目材の材面において、樹皮側の面をいう。

・外観が美しく、かんながけがしやすいため仕上面（見え掛かり）に使われる

❷木裏

板目材の材面において、樹心側の面をいう。

・木目が悪く、逆目が立ちやすいので、見え隠れする部分に使われる

一般に木裏は木表よりも硬質で収縮が少ないため、乾燥すると木裏側に凸形にむくれる（木表側には反る）。また、長手方向でも木裏側に凸形にむくれる。

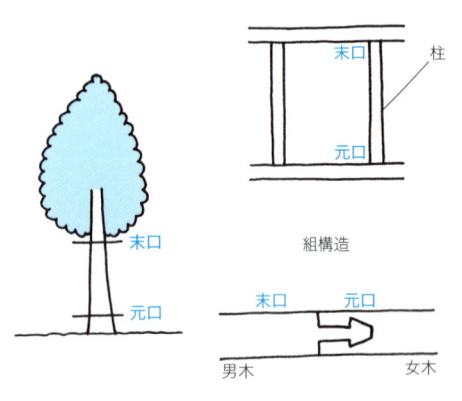

図2・7 元口と末口

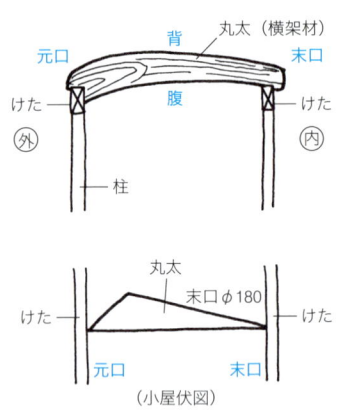

図2・8 丸太の使い方

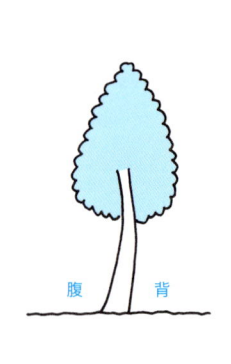

図2・9 背と腹

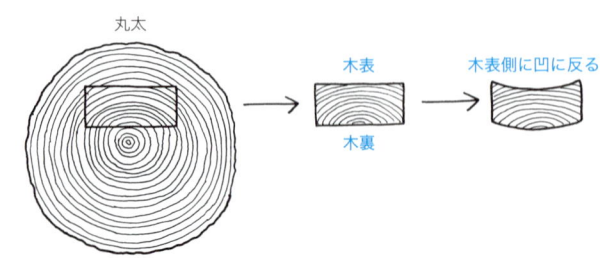

図2・10 木表と木裏

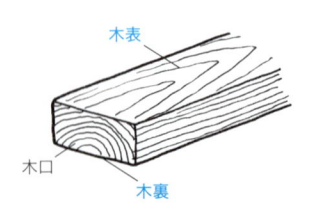

図2・11 木表と木裏と木口

敷居・鴨居などの内法材では、内法側に反ることを考慮して（建具の建付け上有利なため）、表側を木表とする。すなわち、木表側に溝を彫る（図2·12、13）。

また、フローリング、縁甲板、地板、テーブルの天板なども、木表を表側にして用いるのが普通である。

逆に、雨にさらされる下見板や雨戸などに使う場合はその表側には木裏を使う。

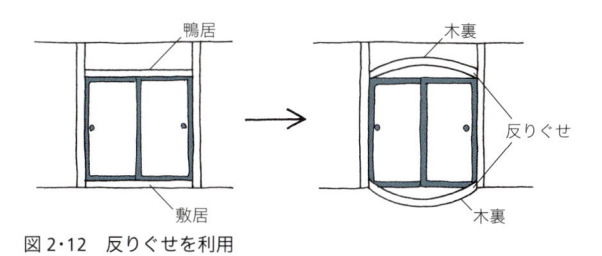

図2·12　反りぐせを利用

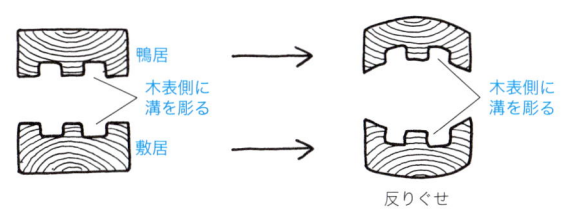

図2·13　木表側に溝

▶▶▶材木屋の立地条件

昔から、日本の木材は、山から伐り出されたものを急流の河川を利用していかだで流し、下流の町まで運ばれた。

したがって、木材を営む人たちの多くは、木材を集積する場所として河川の河口付近を選んだ。材木屋の多くはその近くに店を構えて商いを営んでいた。いろいろな町でその名残を証明するものが残っている。

最近は、日本の木材の多くは輸入材に頼っており、その運搬は主に船によって行われている。したがって、木材は海の近くの港に集積してくる。

もともと河口付近で木材業を始めた会社は、最近では海の近くの港付近に店を移転しているのが実情である。

東京における木場および新木場などの立地がそれを物語っているといえる。

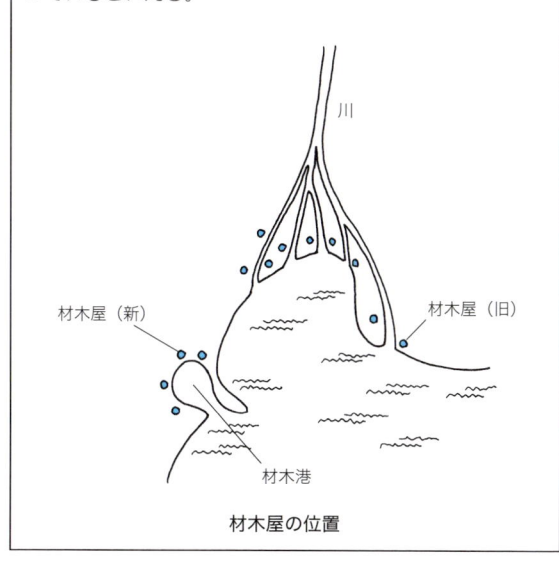

材木屋の位置

episode ❖ 木材はどこで加工する？

私の母方の祖父は大工であった。私が幼稚園に通っているころに亡くなったが、生前大工の仕事をしていたころの話を記憶している。

確か、私の通っている幼稚園とは別の幼稚園を建築する話になり、「現場に下小屋をつくって木材を搬入し、今木材の加工をしている」という話を祖父から聞いた記憶がある。自分が幼稚園に通っていたこともあり「おじいちゃんも僕と同じ幼稚園生だ！」などと話したことを覚えている。

当時は木造の建築をする場合、現場の一角に下小屋という作業場を建てて、そこに木材を搬入し墨付けから加工まで全て現場で行っていた。敷地に余裕があったということも理由のひとつかもしれないが、すべてが現場施工ということが当たり前の時代であった。

それから時が経ち、現場から下小屋が消え、木材の加工はもっぱら木材業者の材木置き場の近くに準備された加工場で行われるようになる。そこは、木材を扱う機械なども準備されて作業効率も上がってくる。私が住宅会社に勤務していた頃は、大工との事前打ち合わせをこの場所で行ったものである。

今では、できるだけ工場で機械によるプレカットを行い、それを現場に運んで組み立てるという方法が主流となっている。これは木材に限らず、建築の合理化策として現場の作業をできるだけ減らそうとすることが求められていることによる。

下小屋

6 木材と水分

■1 木材の乾燥

　一般に物質は、温度の変化によって収縮・膨張の変形を起こすが、木材ではその中に含まれる水分によってより大きな変形が起こる。

　木材は、乾燥すれば収縮し、吸湿すれば膨張するという組織の変化を起こす（図2・14）。これは元々が生物である材質の特徴である。

　しかも木材は、組織の方向によってその変形の大きさに違いが見られる。年輪に対して接線方向の変形が最も大きく、年輪に対して半径方向の変形が次に続く。最も変形が少ないのは、繊維側に伸びる方向である（図2・15）。

　すなわち、柱・梁の断面が変形することが多く、柱の長さが伸びたり縮んだりすることはあまり見かけられない。

　木材を乾燥させるといろいろな利点がある。以下にまとめてみることにする。

●乾燥させる利点

　①重量が軽くなる

　②強度が増大する（図2・16）

　③使用後に収縮による変形が起きにくい

　④加工がしやすくなる

　⑤菌の発生や虫害・腐食が防げる

　⑥塗料や薬剤の使用効果が大きくなる

■2 木材の含水率（図2・16、17）

　木材の含水率とは木材に含まれる水分の重さを絶乾状態（水分0）の木材の重さで割算をして求める。

　一般に、木を伐採してしばらく放置した状態（生材状態）での含水率は40%くらいといわれている。木材はその後、乾燥して水分を失っていく。

　やがて、木材は含水率により3つの段階に区分されるようになる。

　①繊維飽和点：含水率が約30%の状態。繊維細胞壁にのみ水分が飽和の状態

　②気乾状態：含水率が約15%の状態。大気中の湿気と平衡状態。気乾材という

　③絶乾状態：含水率が0%の状態。水分0の乾燥釜の中。絶乾材という

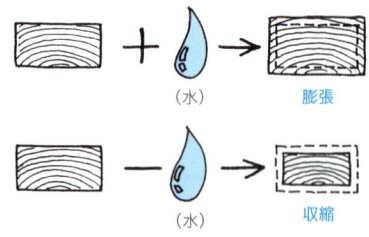

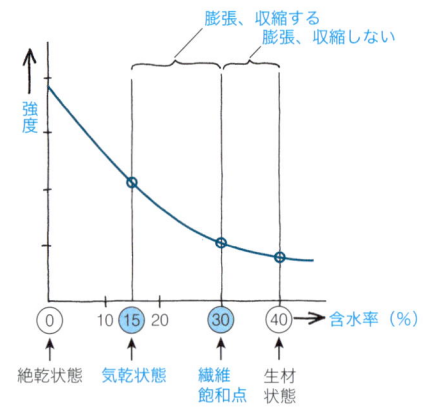

図2・16　含水率と強度・変形

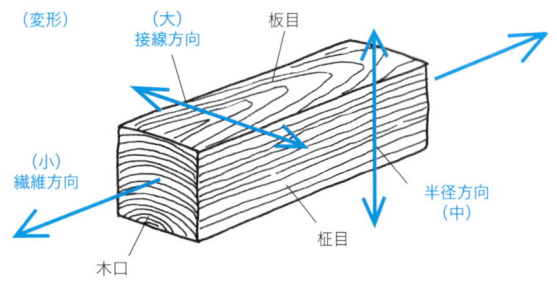

図2・14　水分と変形

図2・15　組織の方向と変形

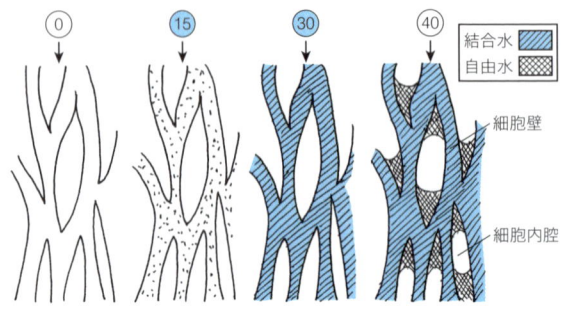

図2・17　木材の繊維と水分

木材はできるだけ乾燥したものを使用するのがよい。理想的には以下の状態である。

- ・構造材：含水率15%以下で使用
- ・造作材：含水率10%以下で使用

3 木材の乾燥方法

木材の乾燥方法には大きく分けて3つの方法があ

るが、それぞれを併用することが多い。

①浸水乾燥：原木を水に浸して、樹液を溶出させる。以降の乾燥を促進させる目的（図2・18、19）

②自然乾燥：木材を天日により乾燥させる。ゆっくり時間をかけて乾燥させる（図2・20）

③人工乾燥：乾燥釜に入れて強制的に短期間で行

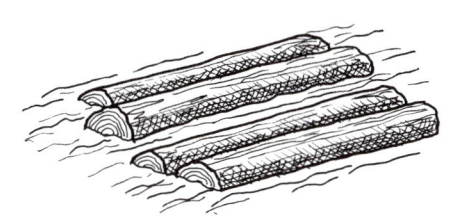

図2・18　浸水乾燥

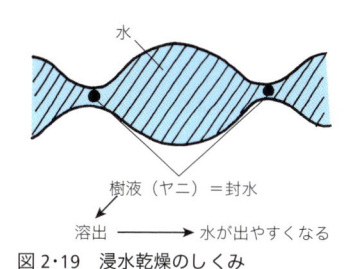

樹液（ヤニ）＝封水

溶出 ⟶ 水が出やすくなる

図2・19　浸水乾燥のしくみ

▶▶▶木材に含まれる水の推移

木材は生材状態で、含水率が40%くらいといわれている。すなわち、水分0の状態の木材の重さを100とすると生材状態では重さにして40くらいの水分が含まれていることになる（図2・16）。

木材に含まれる水分は、細胞内腔や細胞間隙などの空隙に存在する自由水と、細胞壁に存在する結合水とに分けられる（図2・17）。

この水は乾燥後徐々に抜けていき、やがては大気中の湿度と平衡状態である気乾状態となって安定する。木材中の水はどのような動きで大気中に抜けていくのであろうか？

生材状態から乾燥していくと、まず自由水が抜けていく。自由水は比較的簡単に出入りして木材の重量に直接関係するが、膨張・収縮には関係しない。

やがて、細胞壁が結合水で完全に飽和され、自由水が存在しない状態となる。この状態を繊維飽和点という。このときの含水率が約30%くらいである。

繊維飽和点までの水分移動では木材に狂いは起こらず、ここを境に乾燥が進む中で狂いが発生する。

その後、結合水が抜けていく。結合水の増減は膨張・収縮を伴うため、木材の性質に大きな影響を与える。すなわち、木材の変形を繰り返す。

やがて気乾状態に達する。このときの含水率が約15%くらいである。この状態は大気中の湿度が上がると木材は水分を吸収し、大気中の湿度が下がると木材は水分を吐き出す。いわゆる、木材が大気中の水分を呼吸しているような状態となる。

---

episode ❖ 高価な完全乾燥材

私は以前、住宅会社に勤務している時、木材の柱や梁を前面に見せることをテーマにした木造住宅を担当したことがある。その物件は「木の家」と命名され、ある住宅祭に参加するものであった。その住宅祭は全部で50棟ほど参加するような規模の大きなものであった。

会社の名誉をかけた物件であったため、使用する木材には「ヤニを発生しないもの、節の無いもの、割れの無いもの、施工後変形を起こさないもの」などの条件をつけて材料の選択を行った。

そこで出会ったのが、特殊なノウハウを持つ木材会社の「完全乾燥材」というものであった。ヤニと水分を一度完全に抜いてしまうことのできる乾燥釜を持つ会社で、実際にそこの所有する工場に見学に行き、木材の交渉を行った。

その材料は木材の単価が通常のものの約4倍もするものであった。例えば、当時梁材に使用する一般のベイマツ材の単価は10万円/m³位であったが、その「完全乾燥材」は確か38万円/m³であったと記憶している。見える場所に使用する木材だけという選択であったが一般のベイマツ材と比べてかなり高価なものについたことを覚えている（図2・22）。

しかし、仕上がった「木の家」は我々の予想どおり、木の温もりが十分に伝わってくる雰囲気のものとなり、住宅祭に参加する物件としては満足できる結果を出せたと思う。

自分が担当したことを家族に見せようと思い、妻と二人の娘を連れて住宅祭を見学に行ったことが昨日のように思い出される。

う。手間・お金がかかる（図2・21）。

よく乾燥した木材を使用することが理想であるが、現実的には乾燥材は、上記のように手間と時間がかかり、高価な木材として流通している（図2・22）。

しかも、乾燥材と未乾燥材とは目で見ただけでは区別がつきにくい（含水率計で計ることはできる）。

木材単価を抑えるために安価な未乾燥材が使用され、建築後に変形その他の問題が発生しトラブルの原因になっていることもあり、注意が必要である。

4 木材の腐朽

木材は元々が生物であるために、「腐朽し、土に戻る」といった宿命を持っている。すなわち、腐朽菌にとって木材は食べ物のひとつである。

ところが我々人間にとっては建築物を支えてくれる大切な材料のひとつである。

そこで、木材の腐朽についてのメカニズムを知り、その対策を考え、対応することが非常に重要となってくる。

腐朽の条件（すなわち、腐朽菌が育ちやすい条件）とは以下のようなことである。

①水分（多湿）

②温度（高温）

③空中の酸素（空気）

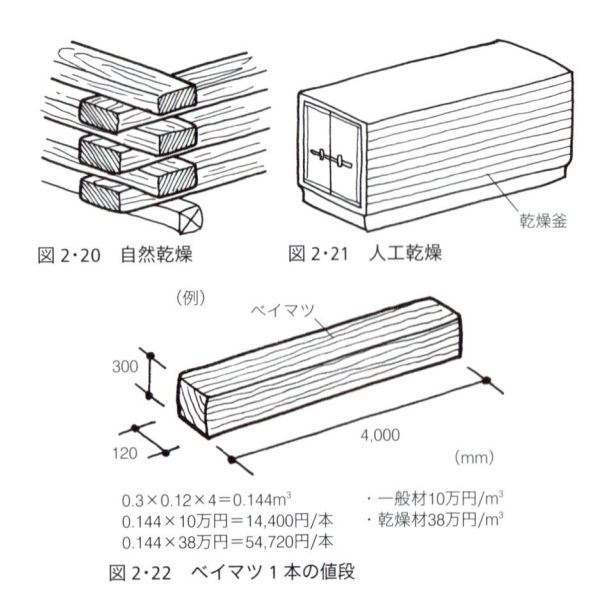

図2・20　自然乾燥　　　図2・21　人工乾燥

（例）

ベイマツ

300
120
4,000
(mm)

0.3×0.12×4＝0.144m³　・一般材10万円/m³
0.144×10万円＝14,400円/本　・乾燥材38万円/m³
0.144×38万円＝54,720円/本

図2・22　ベイマツ1本の値段

④栄養素（養分）

以上の4つの要因がすべて満足された時に、腐朽菌が育ちやすくなる。

腐朽対策としては、これら4つの要因の1つを除外してやることである。すなわち、

①水分（多湿）：乾燥してやる（通風、換気をよくする）

②温度（高温）：木材の温度を下げる（一般的には無理）

③空中の酸素（空気）：空気を与えない（地球上では無理）

④栄養素（養分）：防腐処理（腐朽菌にとって食べ物とさせない）

以上のことから考えると、①の通風、換気をよくして木材を常に乾燥した状態に保てば、木材は腐朽しにくい。それが難しい場合は、④の防腐処理をした材料を使用することである。

木材は常に乾燥状態にあるか、または、水中にあ

▶▶▶木材はよく乾燥させて使う！

木材を組み合わせる場合、その仕口は隙間なくぴったりとくっつけて接合させるのが一般的である。

その時、よく乾燥していない材料を使用すると、組み合わせ後に木材が乾燥して仕口がやせ、開く方向に変形するため隙間ができてしまい、見た目に綺麗にはならない。

逆に、よく乾燥した材料を使用すると、組み合わせ後に木材が水分を吸収して膨張する状態になり、隙間が閉じる方向に変形するため綺麗に納まる。

したがって、「木材をよく乾燥させて使う！」と、組み合わせ後のトラブルが起きにくく、仕上がりも美しくなるというわけである。

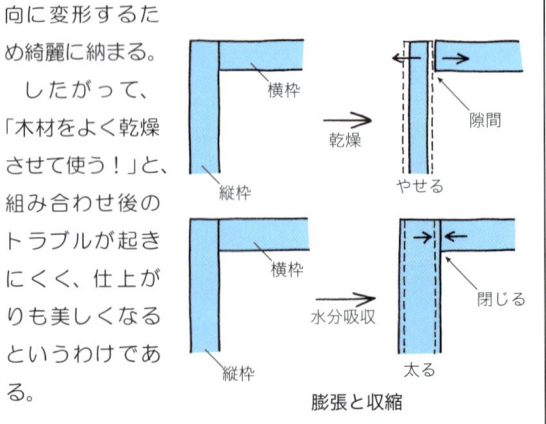

膨張と収縮

る状態では腐朽しない。土の中に打ち込む木杭は地下水の水面以下に打ち込むことが原則とされている（図2・23）。これは地下水の水面以下の状況では空中の酸素（空気）が供給できないため、腐朽菌が生息できないからである。

5 木造住宅で腐朽しやすい場所

高温多湿の状態を繰り返す場所が腐朽しやすい場所である。すなわち、

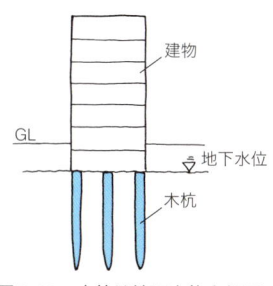

図2・23　木杭は地下水位より下へ

①土台・大引・根太（換気不充分の1階床下）
②浴室―脱衣室の出入り口の床
③雨漏りを繰り返す屋根下地
④浴室の壁内（現場施工の浴室）

以上、木材と水分ということについて説明してきたが、木材は水分によって大きな影響を受ける材料である。結論として、「木材は使用する前も使用した後もよく乾燥させてやること」が非常に大切である、ということがわかる。

▶▶▶留めが笑う

造作材の仕口の中に「留め」という名称のものがある。建具枠などに利用され、水平部材と垂直部材の端部を互いに45度に加工して付き合わせる。するとちょうど水平部材と垂直部材が90度に納まるという仕口である。互いの材料の木口を見せないという工夫がされた仕口で、多くの場所で使用されている。

当然、大工は材料を45度に加工して付き合わせる。45度になっていなければそれは大工の腕が悪いのである。

ところが、大工は確かに45度に加工してしっかりと突き合わせたにもかかわらず、時間が経過した後で調べてみると、突合せ部分が開いていることがある。口が開いたように見えるため、このことを一般に「留めが笑う」という。

大工の腕が悪いせいであるように思われがちだが、これは使用した造作材がよく乾燥していないものであったために、取り付け後に乾燥収縮して仕口が開いたために起きる現象である。大工になり代わり弁解しておく。

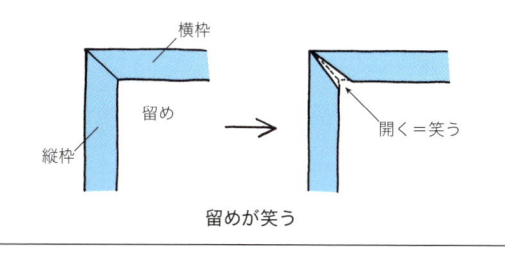

留めが笑う

▶▶▶柱の文字が逆さまに！

材木にとって重要なことは、使用する前に十分に乾燥させることである。

生物である木は、元々水を吸い上げるようにできている。生きている時に根から水を吸って上へ持ち上げている。

材木になってからも立木の時に下側にあった部分（元口）を床に接して置いた場合、床から水を吸い上げてしまう。これを避けるために、材木置き場では末口を下にして立てかけている。

そのため、柱材に書かれた文字は、貯蔵している時に読みやすいように元口から末口にかけて縦書きされる。

木は生えていた時の状態で使用するのが望ましい。したがって、現場では柱は元口を下に末口を上にして建てられるので文字は逆さまになってしまう。そのときまで文字が残っていればの話だが。

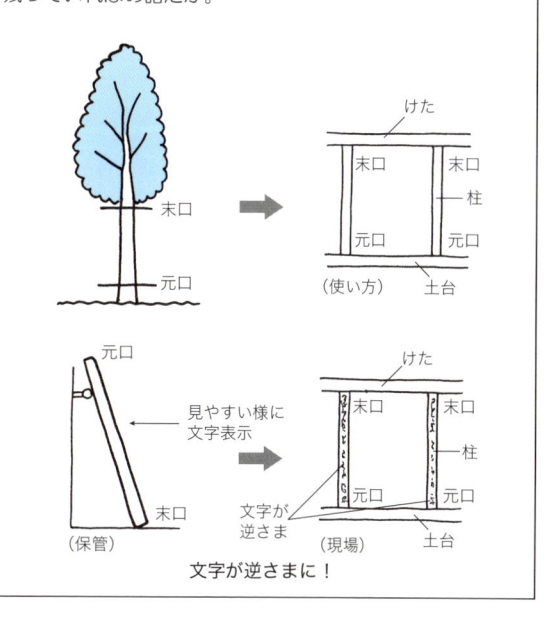

文字が逆さまに！

7 木取り、規格、等級

1 木取り

木取りとは、原木を角材や板材などに加工するために分割する計画のこと（図2·24）。以下のことに気を付ける。

- ・歩留り(使用した素材量に対する製品量の割合)を良くする
- ・欠点を避ける
- ・収縮や変形を予測する
- ・品質、等級の高い製品を取る

2 木理

木理とは、木材を製材する位置と方向により、年輪が描く文様のこと（図2·25）。柾目と板目に大別できる。

❶ 柾目

柾目は、年輪に対して直角に切断した時に縦方向に縞模様が平行に現れる木理のこと（図2·26、27）。

- ・幅の収縮やねじれが少ない
- ・割れが少ない
- ・無節・無傷で外観の美しいものが多い

- ・歩留りが悪い
- ・値段が高い

❷ 板目

板目は、年輪に対して接線方向に切断した時に、たけのこ状または山形状に現れる木理のこと（図2·28）。

- ・膨張・収縮による狂いが大きい
- ・材の中央で割れが起きやすい
- ・幅の広い材を取ることができる
- ・歩留りが良い
- ・値段が安い

❸ 杢目

杢目は、板目のうち文様が美しく珍しいもの（図2·28）。観賞用で貴重品であり高価である。

3 木材の材種の見分け方

木材の材種が何であるかは表面および断面の色、光沢、木理、香り、重さなどを観察して行うが、実際は経験をもとにして見分けるのが一般的である。長年の勘がものをいう。

4 製材の規格

市場で用いられている木材は、日本農林規格

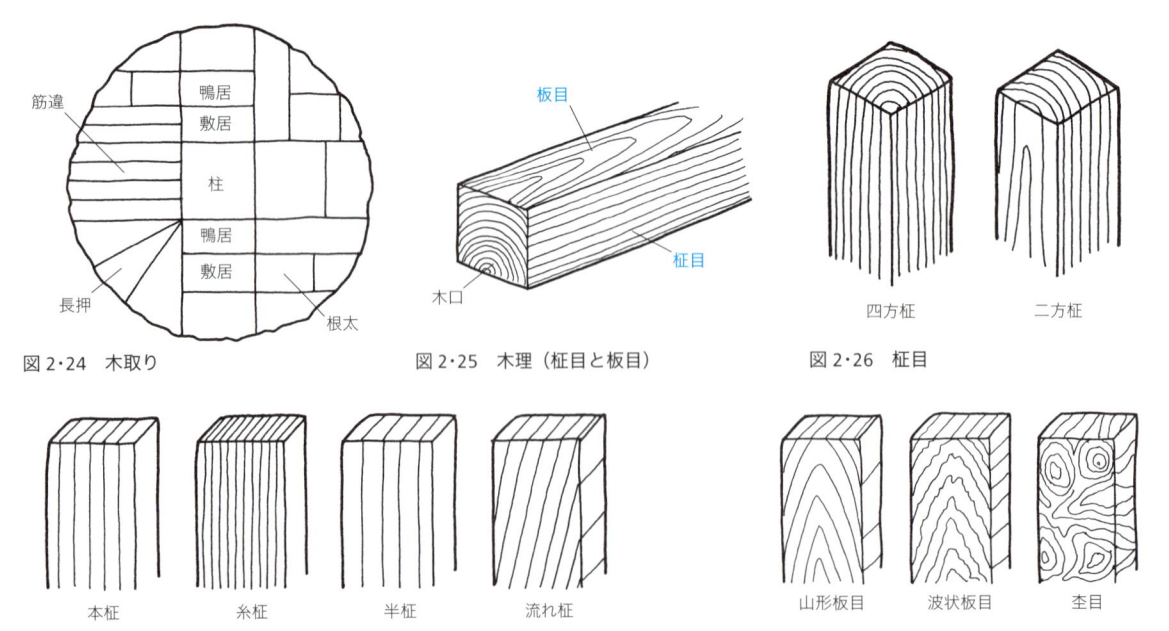

図2·24　木取り

図2·25　木理（柾目と板目）

図2·26　柾目

図2·27　柾目の種類

図2·28　板目の種類

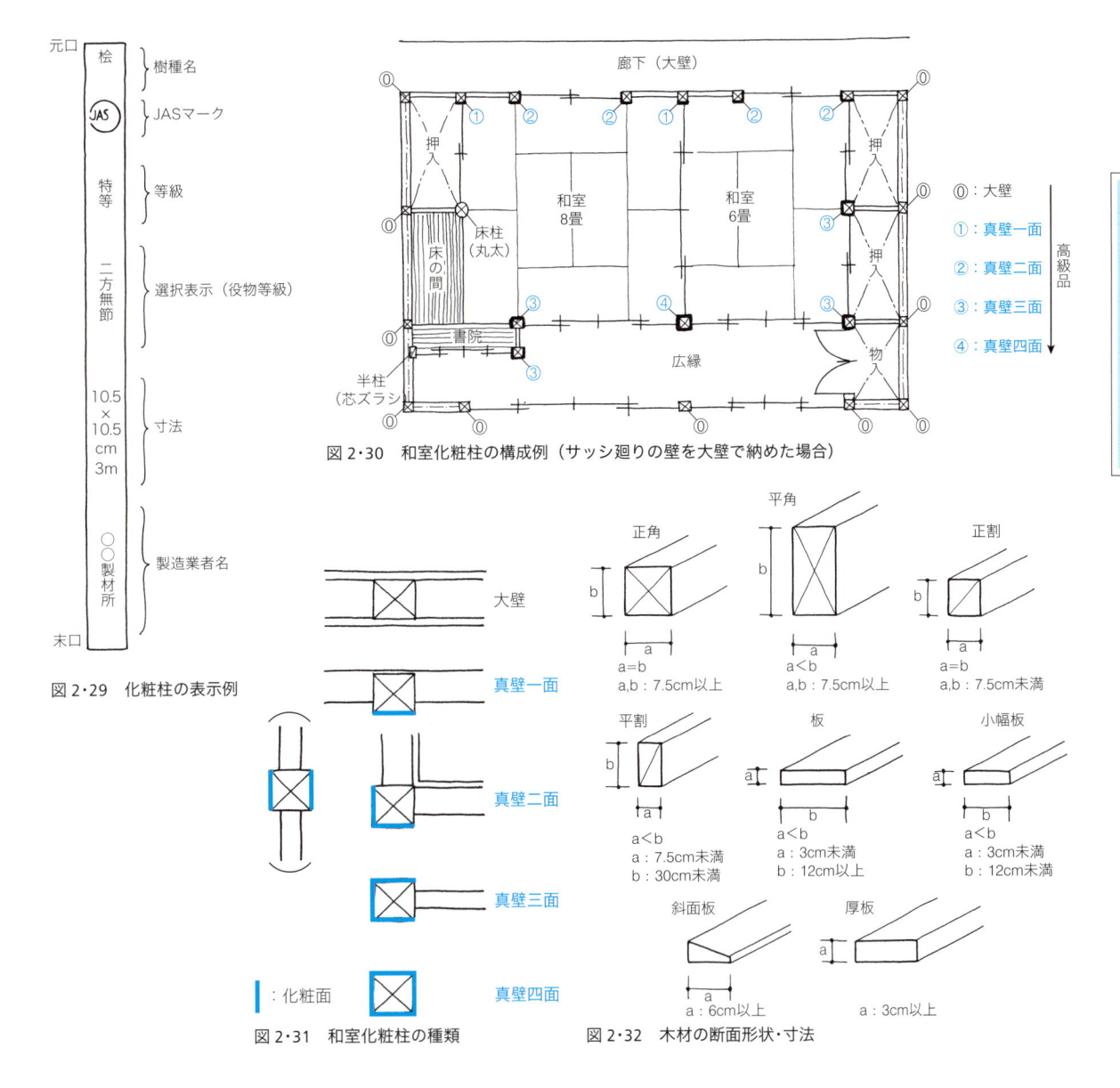

図 2・29　化粧柱の表示例

図 2・30　和室化粧柱の構成例（サッシ廻りの壁を大壁で納めた場合）

⓪：大壁
①：真壁一面
②：真壁二面
③：真壁三面
④：真壁四面

↓ 高級品

図 2・31　和室化粧柱の種類

▮：化粧面

図 2・32　木材の断面形状・寸法

正角
a=b
a,b：7.5cm以上

平角
a<b
a,b：7.5cm以上

正割
a=b
a,b：7.5cm未満

平割
a<b
a：7.5cm未満
b：30cm未満

板
a<b
a：3cm未満
b：12cm以上

小幅板
a<b
a：3cm未満
b：12cm未満

斜面板
a：6cm以上

厚板
a：3cm以上

表 2・2　木材の強度等級

等級	基準
特等	1等の 4/3 倍程度の強度をもつもの。
1等	建築基準法の許容応力度を満たすもの。普通構造材。
2等	強度保証がなく、切り使いされる用途に使用されるもの。

表 2・3　木材の役物等級（節の程度による）

区分	基準	長さ2mに対する節の数
無節	節が材面に全くない。	0
上小節	生節の長径 ≦ 10mm、死節の長径 ≦ 5mm。	3
小節	生節の長径 ≦ 20mm、死節の長径 ≦ 10mm。	6

表 2・4　製材の形状と用途

名称	断面形状	寸法の例	用途
正角	正方形	105×105	柱、土台、母屋、束、棟木、大引
平角	長方形	120×300	梁、桁、上り框
正割	正方形	50×50	根太、垂木、廻り縁、さお縁
平割	長方形	45×105	敷居、鴨居、間柱、根太、垂木、窓枠、筋違
板	長方形	15×150	野地板、下見板、天井板、床板
小幅板	長方形	15×45	貫、胴縁、木ずり、根太掛け、幅木
斜面板	台形	6×30×90	長押、広小舞、登よど、幅木
厚板	長方形	30×270	棚板、足場板、段板、側板

（JAS）によって強度・化粧区分・断面形状・寸法などが、図2・29〜32、表2・2〜2・4のように規定されている。

5 木材の欠点

　木材は天然素材のため、その成育条件によって個々に品質が異なり、また製品後の環境によって、いろいろな欠点が現れてくることがある。

　木材の欠点には、許されるものと許されないものがある。そこをよく理解して木材を扱ってやる必要がある。

　①構造上の欠点：強度や耐久性に影響がある。許されない欠点となる

　②美観上の欠点：見た目の問題。強度や耐久性には影響のない欠点である

❶割れ

　割れは、木材の乾燥収縮に伴って起こり、成育中にできる割れと伐採後にできる割れとがある。

　①成育中にできる割れ（図2・33）

・心割れ：中心部から外側へ放射状に入った割れ
　外周部まで達することはない

・目回り：年輪に沿って生じる円形の割れ

　これらの欠点は「木取り」のときに避けて製品化される。

　②伐採後にできる割れ（図2・34）

・木口割れ：乾燥収縮により木口から生じる割れ
　木口に接着剤を塗って防ぐこともある

・肌割れ：外側から内側へ向かって起こる割れ
　心持ち材に多い

・背割り：あらかじめ樹心に達する割れを入れて、ひび割れを集中させる。そうすることでひび割れが表面に出にくいようにする（図2・35、写真2・1）

　建物を建てた後、柱や梁の木材にひび割れが発生した場合、それが乾燥収縮によるひび割れならば美観上の問題となる。それが、荷重による割れの場合は構造上の問題となり、必ず取り替える必要がある。

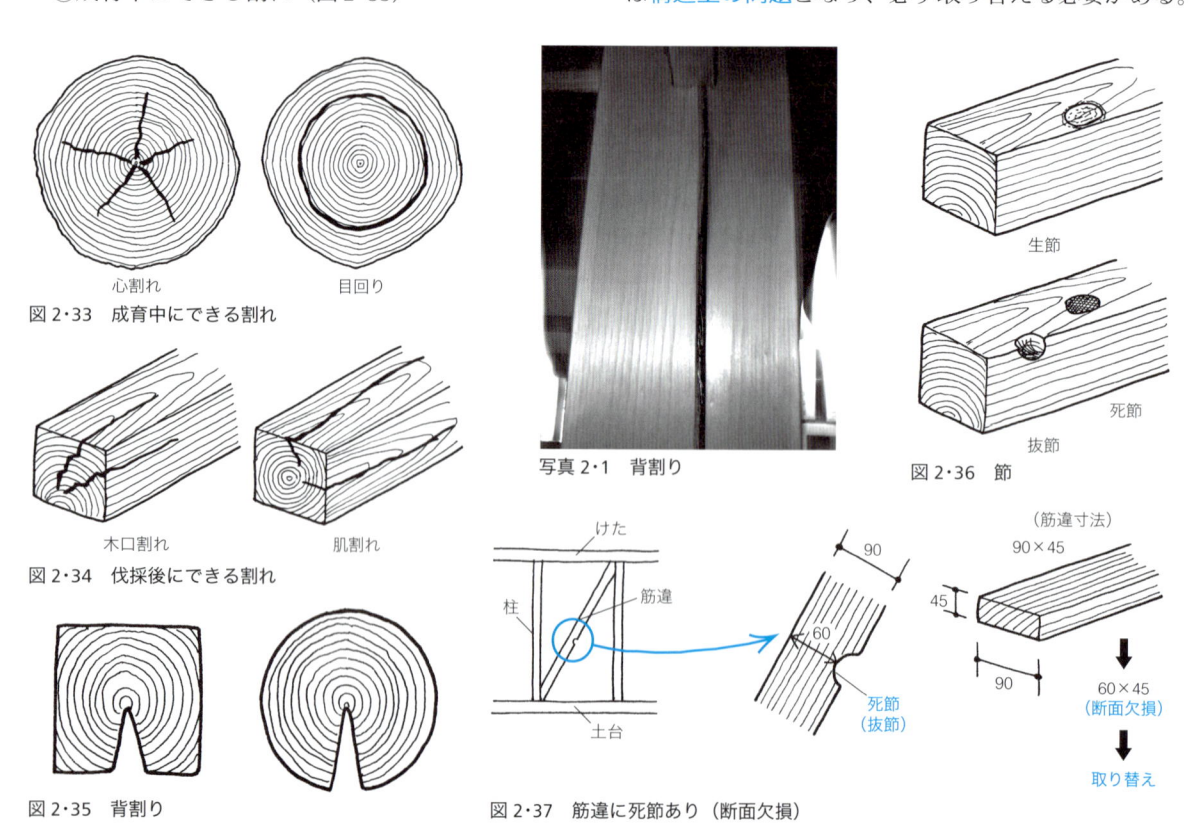

図2・33　成育中にできる割れ

図2・34　伐採後にできる割れ

写真2・1　背割り

図2・35　背割り

図2・36　節

図2・37　筋違に死節あり（断面欠損）

❷節

節は、樹木が生長する過程で、樹幹内に枝が巻き込まれてできるもの（図2・36）。大きさや形状、個数によって製材品の品等区分がなされている（表2・3）。

- 生節^{いきぶし}：周囲の組織ともつながっていて、抜け落ちないもの。美観上の問題
- 死節^{しにぶし}：枯死した枝が樹幹に取り込まれ、周囲の組織と密着してない。構造上の問題
- 抜節^{ぬけぶし}：死節が乾燥収縮して抜け落ちたもの。構造上の問題

死節、抜節は木材の断面欠損となり、構造上問題となる欠点である（図2・37）。

❸その他の欠点

表2・5を参照。

表2・5　その他の欠点

欠点	特徴
入り皮	外皮の一部が木質部に入り込んだもの。
あて	木材の一部が発育不十分のため年輪が変質したもの。木質が硬く、加工が困難。
胴打ち	木を切り倒すとき、または運搬中にできた打ち傷。
やにつぼ	年輪の間にやにがたまったもの。
かなすじ	やにが線状に太く入ったもの。
こぶ	バクテリアにより膨張したもの。

---

episode ❖ 節も割れも自然の贈り物？

私は以前、長野県の南木曽というところに木曾のヒノキを見学に行ったことがある。

木曾地方はヒノキの産地で優良な材料を産出してきた。その特徴は山の斜面が北に向いており、成長するのに年月がかかり年輪が緻密になる。そのため以前は、非常に高級品として扱われ神社仏閣などの特殊な木造建築に使用されることがほとんどであった。最近は流通が可能になり、一般の木造住宅でも使用することができるようになってきた。

その見学途中に製材所の責任者の人が次のように話していた。「木材は所々に節があります。また、時にして割れが生じます。しかし、それは仕方のないことです。無垢の木材を使用する場合は、そのことを理解して使っていただきたい」と。

節も割れも自然の材料であることの証明である。それを欠点ととらえるか、当たり前のこととととらえるか、利用する人の気持ち次第ではなかろうか？

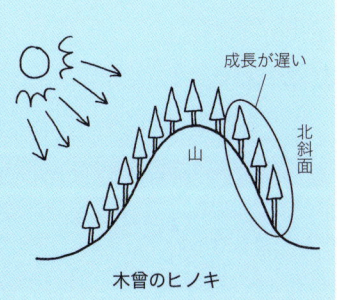

木曾のヒノキ

▶▶▶造作は面内^{めんうち}で納める

木材を造作材として使うときに、できるだけ美しく見せるためには一定の決まりがあるようだ。

木材の表面の模様は柾目と板目とに大きく分かれるが、一般に柾目のほうが板目より美しいとされている。したがって、できるだけ柾目を見せるように工夫がされる。止むを得ない場合には板目の木表側をみせるようにする。

木材の表面で一番美しくないとされるのは木口の面である。そこで、一般に木材の木口の面は表に出さないように工夫がされている。

例えば、縦枠と横枠が直角にぶつかるところなどは、縦枠の角を軽く45度に削って面取りし、横枠を少し小さくしてその面の内側で納めるようにする。こうすると横枠の木口の面が表に出ることはない。

このような納めを「面内納め」という。木材の造作材をできるだけ美しく見せるための工夫の一つである。ちなみに、仕口の留め加工も同様に木口を見せないための工夫である。

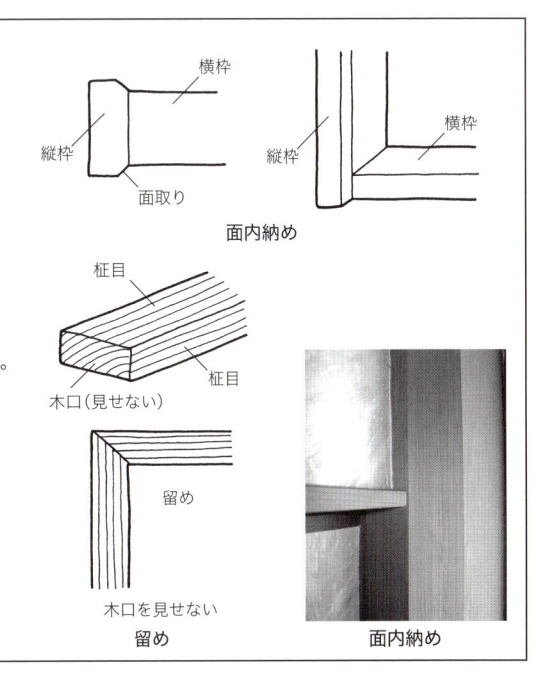

8 エンジニアリングウッド

今まで説明してきた木材は、原木から木取りをしていかに有効な製材をとりだすかということに視点を置いて扱われるものであった（図2·38）。

逆に、小さな木材と木材を接着剤で張り合わせることによって有効な材料を作り出そうという視点でできたものがエンジニアリングウッド（加工木材）というものである（図2·39）。

またそれは、今までは捨てられるか燃やされていた木片が再利用されるようになる、いわゆる資源の再利用といった意味合いを持つものである。

エンジニアリングウッドの普及は、木造建築物の可能性を広げるとともに、わが国の森林資源の有効活用や循環型社会の実現に向けての役割も担っている。

1 集成材

集成材とは、ラミナ（ひき板）や小角材を繊維方向を平行にして、幅および厚さ方向に集成·接着したもの（図2·40）。構造用集成材と造作用集成材に分けられる。

● 特徴

① 同じ材種の木材より強度が大きい

② 長大材をつくることができる

③ 自由な形状の材料が得られる（図2·41）

④ 狂いや伸縮·割れなどが少ない

⑤ 化粧板を表面に張ることで、外観の美しい材料を安くつくることができる（図2·42）

⑥ 異なった樹種を組合せて有利な材料をつくることができる

● 接着の方法

構造用集成材と造作用集成材とでは、接着剤の種類が異なる。長さ方向の接合には、一般にフィンガージョイント（図2·43）が用いられる。

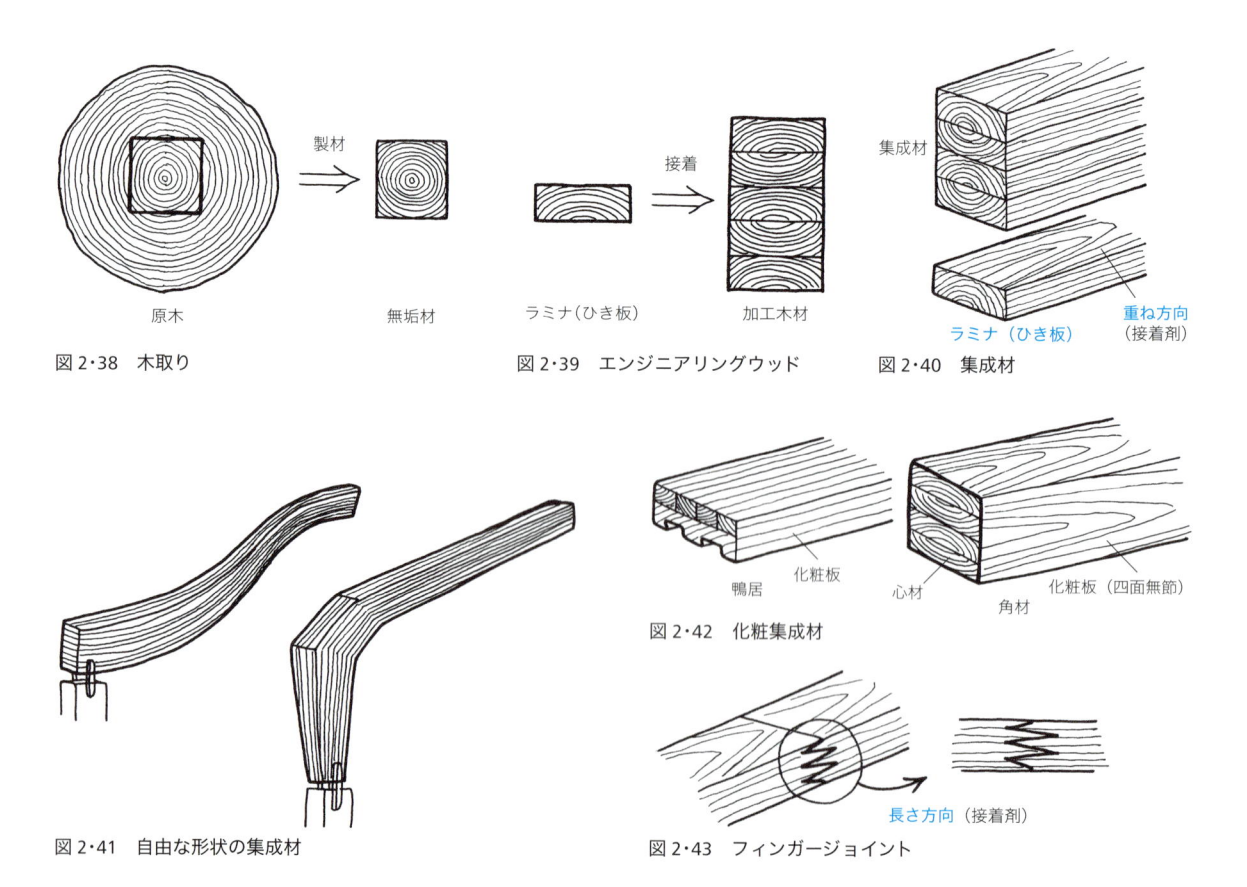

図2·38 木取り

原木 → 製材 → 無垢材

図2·39 エンジニアリングウッド

ラミナ（ひき板） → 接着 → 加工木材

図2·40 集成材

集成材　ラミナ（ひき板）　重ね方向（接着剤）

図2·41 自由な形状の集成材

図2·42 化粧集成材

鴨居　化粧板　心材　角材　化粧板（四面無節）

図2·43 フィンガージョイント

長さ方向（接着剤）

2 LVL（単板積層材）

　LVL とは、ベニヤ（薄板）を繊維方向を平行にして、幅および長さ方向に集成・接着したもの（図 2・44）。

　　Laminated　Veneer　Lumber
　　　積層の　　薄板の　ひき板

3 PSL

　PSL とは、ストランド（細長い木片）を繊維方向を平行にして、幅および長さ方向に集成・接着したもの（図 2・45）。

　　Parallel　Strand　Lumber
　　同方向の　細長い木片　ひき板

　以上、集成材のラミナ→LVL のベニヤ→PSL のストランドと、構成される要素が細かくなっていくに従って元々の木が持つバラツキが均質化され、同じ材質ならば強度が大きくなり、変形性は小さくなり、安定性は増大していく（図 2・46）。

4 CLT（直交集成板）

　CLT とは、ラミナ（ひき板）を並べた層を板の方向が層ごとに直交するように重ねて接着した大型パネル（図 2・47）。欧米を中心に発展してきたもので、構造材料として JAS でも認められた。

　　Cross　Laminated　Timber
　　直交した　積層の　　木材

●特徴
①集成材（柱・梁）と異なり、大きな面として利用できる構造材料
②直交積層につき寸法安定性が高い
③多層階の木造建築が可能
④施工が容易
⑤工期短縮が可能
⑥コンクリートパネルに比べて軽量化ができる

5 合板

　合板とは、奇数枚（3 枚以上）のベニヤ（薄板）を互いに繊維方向が直交するように接着剤で貼り合わせたもの（図 2・48）。表と裏は必ず繊維方向が同じとなる。

図 2・44　LVL

ベニヤ（薄板）

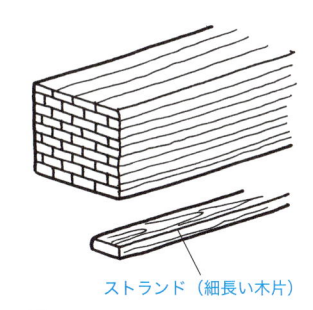

図 2・45　PSL

ストランド（細長い木片）

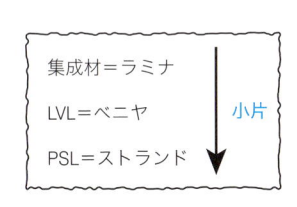

集成材＝ラミナ
LVL＝ベニヤ　　　小片
PSL＝ストランド

図 2・46　均質化

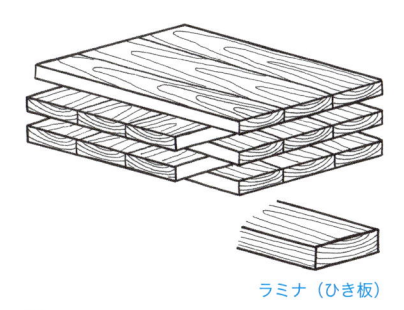

図 2・47　CLT

ラミナ（ひき板）

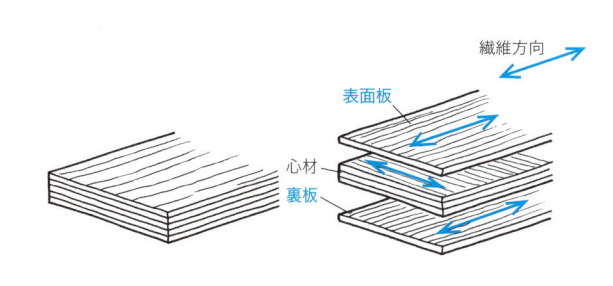

図 2・48　合板

繊維方向
表面板
心材
裏板

● 特徴

①伸縮や狂いが少なく、厚さの割に強度が大きい

②施工が容易で工費も安い

③特殊な性能を持つものなど種類が豊富で自由に適材が選べる

④節、その他の欠点がない

⑤小径木から幅広材がとれ、資源の保護になる

● 普通合板

耐水性により3つの種類に分類され、使用される。

①1類（タイプ1）：断続的に湿潤状態となる場所（水回り）

②2類（タイプ2）：時々湿潤状態となる場所（一般の部屋）

③3類（タイプ3）：極めてまれに湿潤状態となる場所（押入）

使用しているベニヤ（薄板）自身は変わらないが接着剤の種類が異なる。

● 化粧合板

化粧合板は、普通合板の表面に化粧された材料を貼り付けることによって仕上材として用いる。

化粧された材料には、化粧単板・合成樹脂・プリント紙・塗装などがある。

● 構造用合板

構造用合板は、構造耐力上主要な場所（床、耐力壁、屋根など）に使用する合板である。

強度に1級、2級、耐水性に特類、1類があり、

常時湿潤状態となる場所では特類のものを使用する。

6 OSB ＝合板

OSB は、平たい木片を繊維方向がそろうように配列した層を3層または5層に直交させ、樹脂接着剤で圧縮・成形した面材（図2・49）。

　Oriented　　　　　Strand　　　　Board
　方向を合わせた　平たい木片　　板

以上、1〜6までの材料は原材料が木材であることがハッキリしているため、日本農林規格（JAS）が規定しているものである。

7 繊維板（ファイバーボード）

　Fiber　Board
　繊維　　板

繊維板とは、木材チップを繊維レベルまでほぐし、合成樹脂を加えて成型した面材（図2・50）。その密度によって3種類に分類される。

・軟質繊維板（インシュレーションボード：IB）

・中質繊維板（ミディアム・デンシティー・ファイバーボード：MDF）

・硬質繊維板（ハードボード：HB）

8 パーティクルボード

　Particle　Board
　小片　　板

パーティクルボードとは、木材を切削または破砕した小片に、合成樹脂接着剤を塗布して熱圧成型したもの（図2・51）。比較的厚く、異方性のない面材。

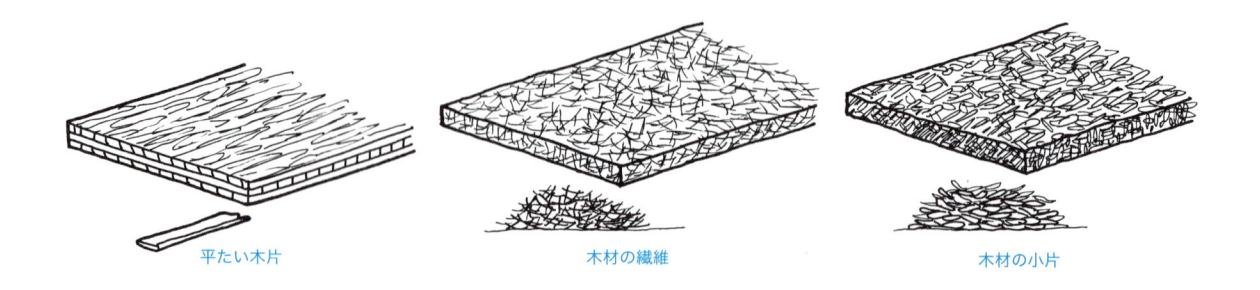

平たい木片　　　　　　　木材の繊維　　　　　　　木材の小片

図 2・49　OSB　　　　　　図 2・50　繊維板　　　　　図 2・51　パーティクルボード

繊維板に比べて構成要素が大きいため、木の性質を残している。特に吸水・吸湿によって厚さや幅の膨張、強度の低下が起こる。壁・床の下張り、家具・建具の芯材、電化製品のキャビネットに使用される。

以上、**7**、**8**の材料は原材料が木材であることがハッキリとはわからないため、日本産業規格(JIS)が規定しているものである。

▶▶▶木材 or プラスチック？

最近の新しい素材として、木材の粉（パウダー）と合成樹脂とを合わせて、木とプラスチックの中間的な材料が開発され市場に出回っているものがある。

かんなで表面を削ることができるものもある。いろいろな形状に作り上げることもできる。木材のようには腐らない。

材種の違う木材の粉を使えばその材種に近い色とか光沢を出すことも可能となる。

木材の長所とプラスチックの長所を組み合わせたような新しい材料である。どこまでが木材でどこまでがプラスチックなのか判断することが難しくなる。

木材の粉＋プラスチック

episode ❖ 発注から１日で木材を届ける！

私が住宅会社に勤務していた頃、住宅金融公庫関係の会議に出席したことがある。その会議には各種建築関係の代表者が集まっていた。

夕方、懇親会となり私の前の席に木材を商いにしている業者の社長が座っていた。お互いの名刺を交換し、和気あいあいと懇談をしていた。

すると、その社長が私に「午前中に平面図と立面図をFAX で送ってくれたら、あくる日の朝には木造住宅の軸組構造材を一式現場に搬入してみせます！」と豪語した。その会社は島根県の東部にあり、ここは広島市である。運搬時間がおよそ４時間はかかる。

話をよく聞いてみると、その会社は集成材を中心に木材を扱っているとのこと。一般の木造軸組工法とは少し異なり、継手・仕口に構造用金物を使用して工法を簡素化している。柱や主な桁類はすでにプレカットして倉庫に保管してある。図面を見て足りない部材のみをプレカットしさえすればその日のうちにすべての軸組構造材を準備することができる。それからトラックに積み込んで運搬すれば、あくる日の朝には広島市に配送可能だという。

一般の木材で木造軸組工法を行う場合、加工してから組み立てるまでの期間が長すぎると仕口や継手が変形してしまい、役に立たないことになってしまう場合が多い。そのため上棟時期を逆算して加工し始めるものである。加工した木材を長い間ストックしておくことは考えられない。

工法の簡素化と、集成材は変形しにくいという長所を利用して、「事前に加工して倉庫にストックしておくことができる」ことが、その社長が豪語できた大きな理由である。

episode ❖ 化粧の集成柱の補修にアイロン掛け？

和室の柱に化粧材を張った集成柱がよく使われている。実際に使われているものを見ても集成材か無垢の木材か判断することが難しいことがある。

ある現場で集成柱の表面に張った化粧材がはがれているのを発見して、手直しするよう指示した。

すると現場にアイロンのような工具を持って来て表面を補修していた。化粧表面材と心材である集成材の間の接着剤を加熱することではがれた箇所をくっつけて、表面をきれいに仕上げていたのである。

木材を補修するのにアイロンを使用するとは何か奇妙な気持ちがした。

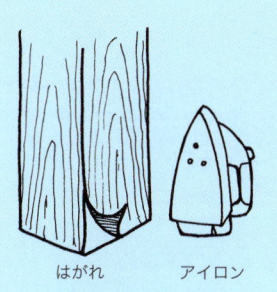

はがれ　アイロン

化粧集成柱の補修

03 コンクリート

1 コンクリートとは

コンクリートは鉄やガラスと並んで、現代建築ではなくてはならない建築材料のうちのひとつである。それは、木材、鉄と同様に建築の構造を支える構造材料として利用されている。コンクリートを使わない建築はないといってよいくらい普及しているのが実情である。

建築材料としての「コンクリート」とは、何からできているのか、原材料は何なのか。それを説明すると、図3・1のようになる。

すなわち、コンクリートとは砂と砂利といった骨材をセメントペーストといった糊で固めてできた硬化体のことを示すのである。

■ 古代のコンクリート

❶ 紀元前7000年前後

・今のイスラエルの要塞都市でコンクリートの床が発見された
・消石灰が空気中の炭酸ガスを吸収して硬化する気硬性（p.128「白壁」参照）のコンクリート

❷ 紀元1世紀

・古代ローマ時代に普通の建材として大量に使用される
・パンテオン（図3・2）のドーム、コロッセオ（図3・3）の基礎部分など
・セメントを使用した水と反応して硬化する水硬

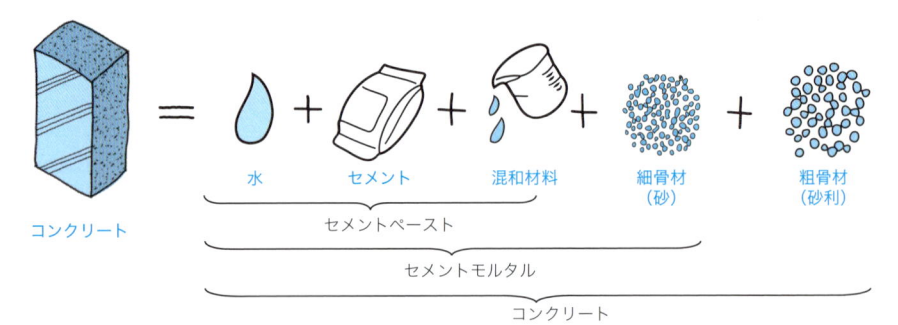

図3・1　コンクリートとは

図3・2　パンテオン

図3・3　コロッセオ

性（p.128「白壁」参照）のコンクリート

　この時代のコンクリートは耐久性に優れ、今でも当時のままで残っているものが多い。

②コンクリートの特徴

●長所

①圧縮強度大

②流動性がある（自由な形）（図3・4）

③耐久性大

④耐火性大

⑤アルカリ性：鉄筋がさびにくい

●短所

①引張強度小

②重い（比重：2.3）

③強度がでるのに時間がかかる（図3・5）

④有害ガスによりもろくなる

⑤き裂を生じやすい

　コンクリートの最大の特徴は、なんといっても現代の構造の基本である鉄筋コンクリートがつくれることである。それにより、コンクリートの普及につながったといえる。

③鉄筋コンクリート構造（RC構造）

Reinforced　Concrete　Construction
補強された　コンクリート　　　構造

　すなわち、「鉄筋コンクリート構造」とは、「鉄筋によって補強されたコンクリート構造」という意味である。そして、コンクリートと鉄筋は、表3・1に

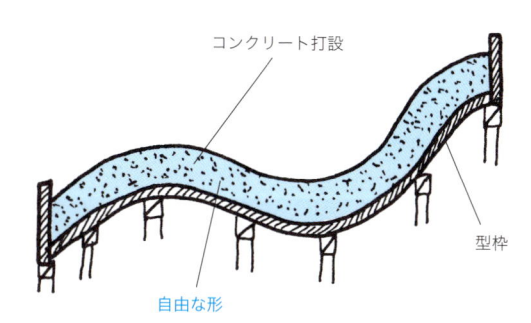

図3・4　自由な形

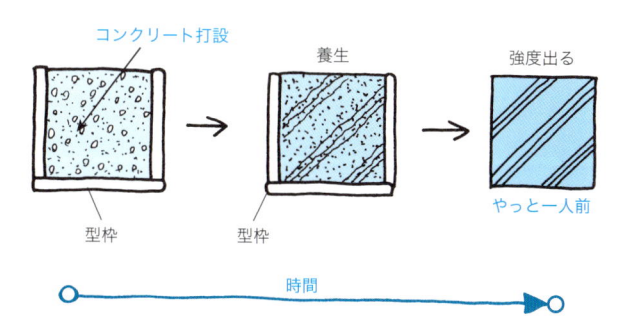

図3・5　時間をかけて一人前

表3・1　RC構造の特徴

材料＼条件	圧縮力	引張力	火災	さび（腐食）	線膨張係数＊
コンクリート	強い	弱い	強い	さびを防ぐ（アルカリ性）	ほぼ同じ
鉄筋	弱い（座屈）	強い	弱い	さびやすい	ほぼ同じ

＊線膨張係数：熱による変形に影響する

示すようにお互いの短所を補い合い、しかもある面では同じ性質をしているという、非常に相性の良い関係なのである。

これから、コンクリートを構成している原材料すなわち、セメント・骨材・水・混和材料についてそれぞれ説明をしていく。

▶▶▶鉄筋コンクリートは誰が発明したか？

コンクリートそのものは古代の時代から存在していた。古代ローマの遺跡などにその面影を残している。

そのコンクリートに鉄筋を入れて補強してやると、頑強な鉄筋コンクリート構造が出来上がる。

1867 年、フランスのジョセフ・モニエという造園家が植木鉢をつくる際に、鉄筋とコンクリートを使ってつくったら非常に強いものができた。これが最初の鉄筋コンクリート構造であるとされている。これによってモニエは特許を取った。その後、技術的に改良が重ねられて現在のような構造に至った。

今では建築・土木構造の主流を成している鉄筋コンクリート構造が、その専門外の人物からのアイデアだったことは少し意外な気がする。

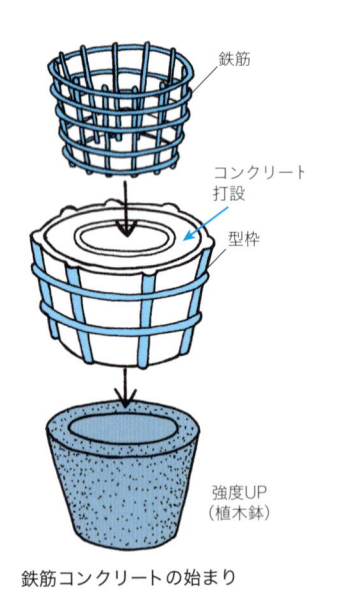

鉄筋

コンクリート打設

型枠

強度UP（植木鉢）

鉄筋コンクリートの始まり

---

episode ❖ コンクリートとは？

コンクリートとはどういう意味であろうか？　英語の辞書を調べてみると「Concrete ＝固体の、固結した」と出ている。すなわち、コンクリートとは物が固まった状態を表す言葉である。

そういえば、私が住宅会社に勤務していた頃、ある大きな住宅団地で住宅建設のための会議に出席したことがある。各会社の代表がいろいろな意見を出し合い、盛んに論議が行われていた。

その席で外国に勤務していた経験のある司会者が「そろそろ意見をコンクリートしましょう！」と発言したことがあった。普段聞きなれない何か不思議な使い方であると思ったが、その時の意味は通じた。

その司会者は「そろそろ意見を固めましょう！」と言いたかったのだ。「コンクリートとは固めること」を意味するのである。

コンクリートとは固めること

▶▶▶建築材料学とはコンクリート学のこと？

現在、日本で建築の構造材料として使用できるものは、基本的には①木材②コンクリート③鉄鋼の 3 種類である。

この内、木材を研究対象にしているのは、農林業関係に携わっている人たちが中心である。また、鉄鋼を研究対象にしているのは、金属学および物性を専門にしている人たちが中心である。その人たちは建築分野の専門外の人たちがほとんどである。我々建築に携わる者は、その研究成果を利用させていただいているということになる。

一方、コンクリートの分野を研究対象にしているのは、建築・土木を専攻している人たちである。唯一の研究対象と専門が一致している建築材料が、コンクリートということになる。

そういう訳で、建築の研究者の間などでは建築材料学＝コンクリート学といっても過言ではない扱いがされているのが現状である。

2 セメント

セメントの歴史は古く、古代エジプト・ギリシャ・ローマ時代から使われていたとされている。はじめは、焼せっこうや消石灰を用いたモルタルが石材やれんがの目地に使用されていた。

その後、ローマ人が、水と反応することで硬化するセメントを肌触りから「Cementus」（ざらざらした）といった。それが「セメント」の語源になったといわれている。このセメントを用いることにより、コンクリートの可能性が非常に大きくなった。

1824 年イギリス人のアスプディンがセメントの製造法で特許を取り、工業的にセメントの生産を開始した。このセメントの硬化物がイギリスのポルトランド島で産出される石材に良く似ていたため、「ポルトランドセメント」と呼ばれるようになる。

これ以降、原料や製造方法などに改良が加えられ、現在のポルトランドセメントとなり、世界各地でコンクリートの主要な原料として使用されている。

セメントは、鉄鋼・ガラスと並んで、現代ではなくてはならない建築材料のひとつとなっている。

■1 ポルトランドセメントの製法

ポルトランドセメントは、図 3·6 のような工程で製造されている。

■2 セメントの種類

セメントには大きく分けると 2 種類のものがある。

すなわち、上記の製法で説明したポルトランドセメント（表 3·2）と、ポルトランドセメントの製造過程で混和材を混入させた混合セメント（表 3·3）である。

また特殊なものとして、都市ごみ焼却灰を主原料としたエコセメントがある。

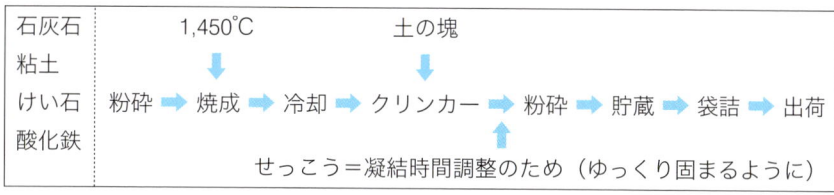

図 3·6　ポルトランドセメントの製造工程

表 3·2　ポルトランドセメント（主なもの）

名称	特徴	用途
普通ポルトランドセメント	最も基本となるもの。一般のコンクリート工事に用いる。	一般的な建築工事
普通ポルトランドセメント（低アルカリ形）	アルカリ量を低くしてアルカリシリカ反応を抑える。	アルカリシリカ反応対策
早強ポルトランドセメント	初期強度の発現に優れる。水和熱が大きく、乾燥収縮も大きい。	寒中コンクリート　工期短い工事
中庸熱ポルトランドセメント	水和熱の発生が少ない。	マスコンクリート

表 3·3　混合セメント

名称	特徴	用途
高炉セメント	水密性、化学抵抗性に優れる。	マスコンクリート　ダム・海岸工事
シリカセメント	流動性が良く、水密性が高い。	水密コンクリート
フライアッシュセメント	単位水量を少なくできる。水和熱を低くし乾燥収縮を低減。	ダム・舗装工法

混和材は、本来コンクリートを製造する時に加えられるために準備されているものである。混合セメントは混和材を事前にセメントの中に加えておくことでその手間を省くために製造されたものである。

3 セメントの物理的性質

セメントの物理的性質については JIS によって次のような項目について規定している（表3・4）。

①比重：3.15 程度（図3・7）
・風化を知る目安：低下すると固まらなくなる
②粉末度：セメントの細かさを示す値。細かいほど、
・セメントの色が薄くなる
・ブリーディング（p.57）が少なくなる
・水和反応が早くなる
・早期強度が大きい
・乾燥収縮が増大する
③凝結：「水とセメントが反応＝水和反応」→「固化＝こわばり」
・水和反応時に水和熱発生（図3・8）
・凝結のはじまり：始発、凝結の終わり：終結

・コンクリートの運搬や打ち込み、締固めを行う上での重要な指標となる
④安定性：硬化後体積変化しないこと
・悪いとひび割れ：コンクリートの耐久性低下
⑤強さ：標準砂（ISO 規準砂）を使ったモルタルを水中養生後に圧縮強度試験
・コンクリートの強度に影響

ルシャテリエ比重びん

図3・7　セメントの比重測定

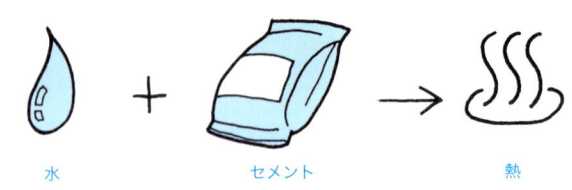

水　　　　　セメント　　　　熱

図3・8　水和熱

表3・4　セメント試験成績表（例）

年　月度		生産者名	株式会社		
	種類	普通ポルトランドセメント			
			試験成績		
品質		JIS 規格値	平均値	標準偏差	最大値 （最小値）
密度　g/cm³		—	—	—	—
比表面積　cm²/g		2500 以上	—	—	—
凝結	水量　％	—	—	—	—
	始発　min	60 以上	—	—	（最小値）
	終結　h	10 以下	—	—	最大値
安定性	パット法	良	—	—	—
	ルシャテリエ法　mm	10 以下	—	—	最大値
圧縮強さ N/mm²	3d	12.5 以上	—	—	—
	7d	22.5 以上	—	—	—
	28d	42.5 以上	—	—	—
水和熱 J/g	7d	—	—	—	—
	28d	—	—	—	—
化学成分 ％	酸化マグネシウム	5.0 以下	—	—	最大値
	三酸化硫黄	3.0 以下	—	—	最大値
	強熱減量	3.0 以下	—	—	最大値
	全アルカリ	0.75 以下	—	—	最大値
	塩化物イオン	0.035 以下	—	—	最大値

（JIS R 5210 より）

3 骨材

コンクリートは、砂と砂利といった骨材をセメントペーストといった糊で固めたものである。したがって、コンクリート容積の 65 ～ 80％程度を占める骨材はコンクリートの品質に大きく影響を与えるものである。

■1 骨材として必要な性質

①セメントペーストが硬化したもの以上の強度・耐久性があること（図3・9）

②コンクリートに有害な影響を与えないこと

③粒形が球か立方体に近いこと（図3・10）

④セメントペーストと付着しやすい表面であること

⑤粒度（p.53）分布が適当で、実積率（p.53）が高いこと（図3・11）

⑥適当な重量があること

⑦品質にバラツキがないこと

■2 骨材の分類

骨材は大きさと比重によってそれぞれ分類されている。

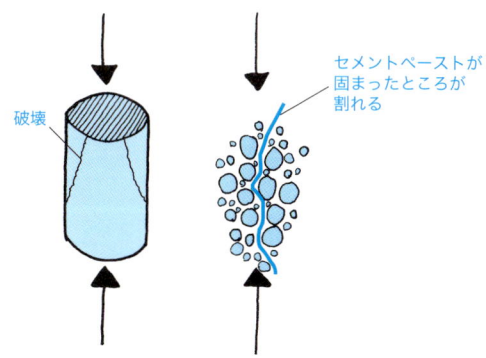

破壊

セメントペーストが固まったところが割れる

図3・9 コンクリートの破壊

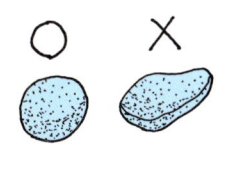
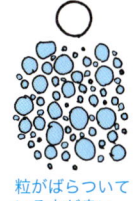

球形　へん平　　粒がばらついている方が良い　粒ぞろいはダメ！

図3・10 粒形　　　図3・11 粒度

❶大きさ（図3・12）

・細骨材：5mm のふるいに重量で 85％以上通過する骨材

・粗骨材：5mm のふるいに重量で 85％以上とどまる骨材

❷比重

・重量骨材：比重が 3 以上。磁鉄鉱、かっ鉄鉱、重晶石、鉄片などを含む骨材。放射線遮蔽を目的として使用される骨材

・普通骨材：比重が 2.4 ～ 2.6 程度。自然から採取される砂、砂利、砕砂、砕石および高炉スラグ砕石、スラグ砂などの骨材。一般に使用される骨材

・軽量骨材：比重が 2 以下。火山礫などの天然骨材、副産物などから採れる人工骨材。コンクリートの軽量化を目的として使用される骨材

■3 骨材の種類

骨材を生産の面から区分すると、天然のものと人工のものに大きく分かれる（p.53 コラム参照）。

❶天然骨材：川、海、山でとれるもの

①川

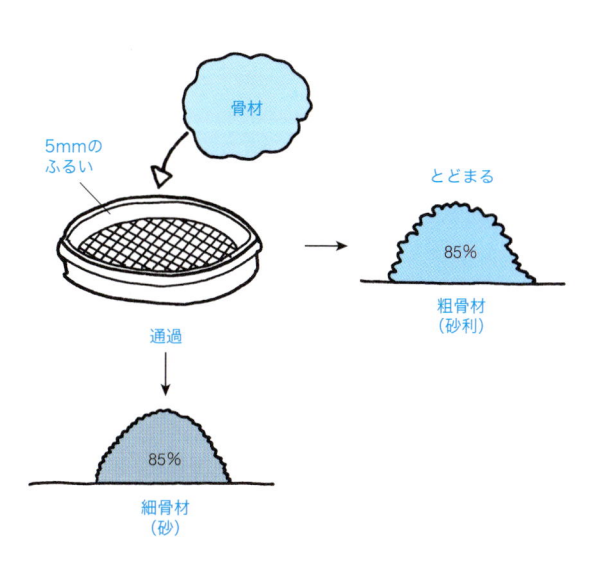

骨材

5mmのふるい

とどまる

85%

粗骨材（砂利）

通過

85%

細骨材（砂）

図3・12 細骨材と粗骨材の違い

・粒形および有害物質を含まない点では最も優秀な骨材

②海

・粒形は良いが塩分を含むため、除塩して使用する必要がある（海砂の塩分含有量0.04%以下にして使用する）

・塩分→鉄筋がさびる→RC構造耐久性低下となるため

③山

・有機物などの不純物を含む可能性があるため注意が必要

・コンクリートの割れや硬化不良につながる

天然の骨材は最近環境問題などから採取が困難となってきている

❷人工骨材：砕石・砕砂

・山にある砕石場から切り出して骨材に使用している

・現在ほとんど、この方法のものが使用されている

❸再生骨材

・コンクリート構造物の解体によって発生したコンクリート塊を破砕・処理を行い製造した骨材

・最近、環境問題から見直されているものである

4 骨材の品質

❶比重

・骨材の質量を骨材内部の空隙を含む見かけの容

積で除した、見かけ比重で表す

・大きい方が良い

❷吸水率

・吸水量を絶乾状態の骨材の質量で除したときの百分率（図3・13）

・吸水率を3%以下とするようJISでは規定している。表乾状態がベスト

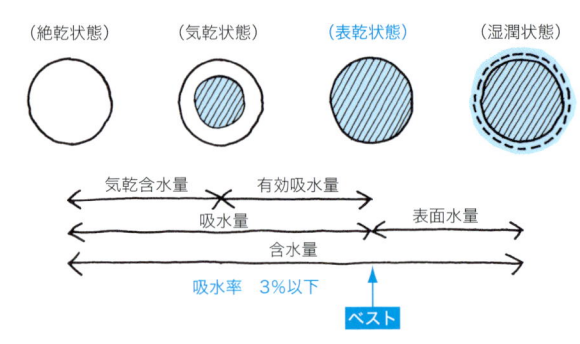

図3・13　骨材の含水状態

---

❸実積率

・$1m^3$ 当たりに占める骨材正味の容積割合の百分率

・骨材のつまり具合。大きい方が良い

❹粒度

・骨材の大小粒の混合している割合（図3・11）

・骨材間の空隙が少なくなるため、ばらついている方が良い

❺粗骨材の最大寸法

・できれば大きい方が良い

・鉄筋のあきの 4/5 以下、最小のかぶり厚さ以下であること

・20mm、25mm（基礎では 40mm）以下（図3・14、15）

❻細骨材率

・細骨材および粗骨材の絶対容積の和に対する細骨材の絶対容積の百分率

・ワーカビリティー（p.56）が良い範囲でできるだけ小さくしたほうが良い

❼有害物質

・コンクリートに害を及ぼす物質

①塩化物：鉄筋など鋼材にサビ

②有機不純物：凝結や硬化の異常

③石灰：コンクリートの表面損傷の原因

④粘土・シルト：単位水量増加、骨材とセメントペーストの付着力低下

❽強度

・骨材の強度はセメントペーストが硬化したものよりも強度が大きいこと

・セメントペーストの強度がコンクリートの強度を決定する（図3・9）

❾骨材のアルカリ反応性

・コンクリート中の水酸化アルカリと反応する鉱物を含むとコンクリートを異常膨張させ、異常なひび割れを発生させる

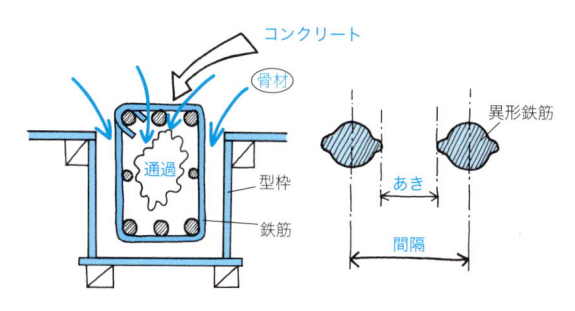

図 3・14　鉄筋のあき　　　図 3・15　鉄筋のあきと間隔

▶▶▶ 骨材の歴史

　日本でコンクリートが使われるようになって 100 年余り、はじめの骨材には当然のこととして天然のものが選ばれた。

　はじめに、川の骨材が選ばれた。これは、不純物を含まず、しかも粒形が丸みを帯びているためコンクリートにとっては理想的な骨材であった。しかし、乱獲されたため、川の「環境破壊」につながり、採取禁止の状態となった。

　次に、選ばれたのが海の骨材である。これは、塩分などの除去を条件に使用された。しかし、これも海の生態系などを侵すため、「環境破壊」につながり、採取禁止となった。

　同時に、山の骨材も選ばれた。これは、粘土などの有機物を含むことがあり、注意を払う必要があった。これも山の「環境破壊」につながってくる。

　このように、天然の骨材には「環境破壊」という共通の問題が生じてくる。そこで見直されたのが、ある一定の岩場から取り出す人工の骨材である。岩場から取り出される岩石を砕くことで骨材として使用した。しかし、これも山の「環境破壊」につながってはこないか？

　そこで、海外から骨材を輸入して使用するようになる。しかし、これとて海外の自然を破壊していることにはかわりがない。日本は外国の自然を削って、その材料でもって島国をコンクリートで固めてしまっている、との批判もでている。

　最近は、産業廃棄物の副産物として取り出されたものが骨材として使用されているものもある。また、既存建物の解体から取り出されるリサイクルされた骨材も利用されるようになってきてはいる。

　こうして骨材の歴史を見てみると、コンクリートという便利な「人工材料」の裏には、「環境破壊・産業廃棄物・リサイクル」といった「環境問題」を常に抱えて進んできたということを知っておかなければならない。

4 水

練り混ぜ水の水質は、コンクリートの凝結・硬化、強度、鋼材の腐食などに大きな影響をあたえる。不純物を含まない水が要求されるが、一般的には家庭で使われている飲料水を使用しているのが通常である。

1 練り混ぜ水に用いる水の水質

・上水道水、地下水＝飲料水として認められているもの（図3·16、17）
・河川水、湖沼水、工業用水道水＝水質基準に適合しているもの

上記のうち上水道水、地下水などの飲料水の使用が全体の90％を占める。水質基準のうち、不純物として有機物、塩分などの含有量をチェックする必要がある。特に塩分は、コンクリート中の鉄筋の腐食を促進させるおそれがあり、水以外の材料からも混入することを考慮に入れて、JISによりその基準が「コンクリート中の塩化物イオンの総量が0.3kg/m³以下であること」のように定められている。

2 回収水の再利用

レディーミクストコンクリート（p.64）工場などでは、排出されるコンクリートの洗浄排水（回収水）をコンクリートの品質に悪影響のない範囲で使用することができる。洗浄排水から骨材を取り除いた水をスラッジ水、スラッジ水から固形分を取り除いた水を上澄水と定義している（図3·18）。

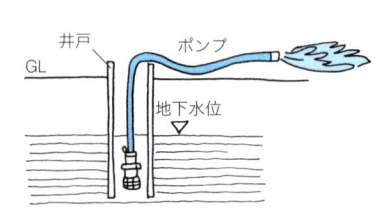

図3·16　上水道　　　図3·17　地下水

▶▶▶生コン車は必ず水を積んでいる

レディーミクストコンクリート（p.64）を工場から現場まで運搬するために一般的には生コン車（トラックアジテーター）が利用されている。

生コン車は現場に到着すると受入検査終了後、荷卸しが行われ、コンクリートが現場で打設される。

すべてのコンクリートが打設されると生コン車はすぐに現場を立ち去るわけではない。

必ず、コンクリートが入っていたアジテーターという大きな容器を水で洗浄している。その洗浄のための水を積んでいるのである。

その洗浄された排水は回収水として必ず工場に持ち帰り産業廃棄物として処理されている。そのうちの一部は再利用に回されているものもある（図3·18）。

▶▶▶「水増しコンクリート」厳禁！

コンクリート工場から現場に運搬されたコンクリートは、認定工場の管理の元で品質を保証するものが提供されているはずである。

現場においてコンクリートを打設する場合、一般的にはコンクリートポンプを使用することが多い。この場合、流動性の高いコンクリートのほうが作業は楽である。しかも、コンクリート打ちは非常にあわただしい作業である。早く作業を完了させたいものである。

そこで、流動性を高めるために、生コン車が洗浄用として搭載している水をコンクリートの中に不法に入れていた事件があった。いわゆる、手抜き工事である。コンクリートは硬化してしまえば、見た目には「不法加水」していることはわからない。

「不法加水」されたコンクリートは、当然のこと「水セメント比」（p.59）が大きくなり、圧縮強度や耐久性が著しく低下することになる。

「水増しコンクリート」、いわゆる「シャブコン」といわれて一時社会問題となったことがある。コンクリートの品質に悪影響を及ぼす「不法加水」などといったことを絶対に許してはいけない。

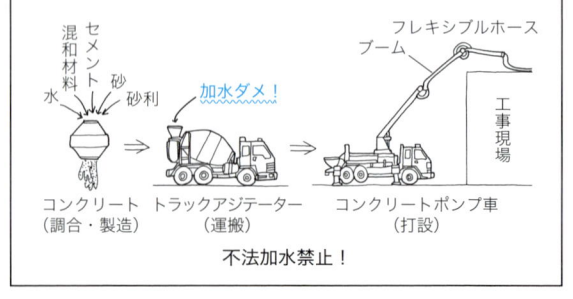

不法加水禁止！

5 混和材料

コンクリートやモルタルの性質を改善したり機能を付加するために、水・セメント・骨材以外に加える材料を混和材料と呼んでいる。混和材料の使用目的は以下のとおりである。

● 使用目的
①ワーカビリティー（p.56）改善
②凝結や硬化時間の調整
③強度性状の改善
④耐久性の改善

その使用する容量によって2種類のものに大きく分かれる。すなわち、混和剤と混和材である（図3・19）。

❶ 混和剤

❶薬品的に少量使用する（単位容積に影響しない）

❷化学混和剤

　① AE 剤：空気連行剤。ワーカビリティーと耐久性改善

　②減水剤：単位水量を減少。水和反応を遅らせ、ワーカビリティー向上

　③ AE 減水剤：少ない水量で耐久性が良く、施工しやすいコンクリートにする

　④高性能 AE 減水剤：AE 減水剤よりさらに減水性能を向上

❸特殊な混和剤

　①防水剤：モルタル、コンクリートの防水性を高める

　②流動化剤：あらかじめ練り混ぜられたコンクリートに添加。流動性を高める

　③防錆剤：コンクリート中の鉄筋が塩化物によっ

て腐食するのを防ぐ

　④促進剤：コンクリートの水和反応を促進させて初期強度を早く出させる

　⑤遅延剤：凝結時間を遅らせることでコンクリートの運搬時間の延長や施工不良を防ぐ

❷ 混和材

❶比較的多量に使用する（単位容積に影響する）

❷混合セメントに使用されるものもある

❸他の産業の副産物の再利用

　①フライアッシュ

　・火力発電所で微粉炭を燃焼させたときに出るすすのこと

　・ワーカビリティー改善。単位水量低減。化学抵抗性向上

　②高炉スラグ

　・鋼材の製造工程でできる銑鉄を除いた後にできる副産物

　・長期強度増大。長期の水密性や硫酸塩に対する抵抗性増大

　③シリカフューム

　・金属シリコン、フェロシリコン、ケイ素合金製造時の副産物

　・高性能減水剤との併用不可欠。圧縮強度増加。水密性改善

　④コンクリート用砕石粉

　・工場で岩石を破砕して砕石及び砕砂を製造する際に発生する石粉のこと

　・ワーカビリティー及び材料分離抵抗性に寄与する

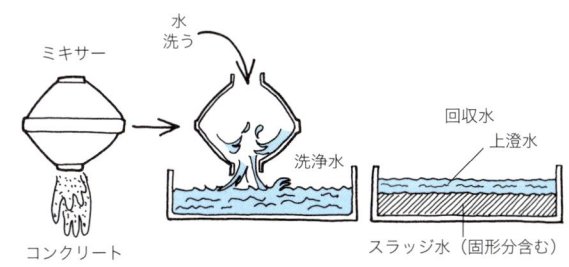

図 3・18　回収水

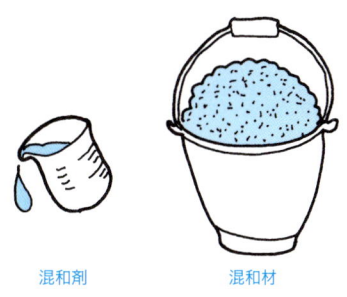

混和剤　　　　混和材

図 3・19　混和剤と混和材

6 コンクリートの性質

コンクリートは練り始めてから凝結・硬化し、やがて強度が出て構造材として利用されていくわけであるが、時間の経過によってその性質はまったく異なる材料である。

したがって、時間の経過ごとにその性質の特徴をよく理解しておくことが重要となってくる。

以下に、4つの時間経過のグループに分けて整理をしてみる。すなわち、

①フレッシュコンクリートの性質
②凝結・硬化過程における性質
③硬化コンクリートの性質
④コンクリートの耐久性

特に、コンクリートを扱う上で独特な用語が多く出てくるので、それらをよく理解しておくことが大切である。

1 フレッシュコンクリートの性質

まだ固まらないコンクリートのことをフレッシュコンクリートと呼んで、一般のコンクリートと区別している。その状態での性質のうち、次のような項目が重要とされている。

❶ワーカビリティー（workability）

作業のしやすさを総合的に表す言葉で、運搬、打設、締固め、仕上げなど、フレッシュコンクリートのあつかいやすさ全般のことをいう。したがって、天候、施工方法などといった作業環境もワーカビリティーに影響を与える。

❷コンシステンシー（consistensy）

ワーカビリティーを決定する要素のひとつで、コンクリートの流動性の度合を示す指標である。試験方法として次の2つの方法がある。

・スランプ試験＝コンクリートの軟らかさをはかる（図3·20）
・フロー試験＝コンクリートの広がり具合をはかる（図3·21）

❸空気量

フレッシュコンクリートの状態の実容積は、混和剤（容積としては無視できる）を使用している場合、水、セメント、細骨材、粗骨材の容積のほかに、若干の空気を含んでいる（図3·22）。空気量は、エアメーター（図3·23）と呼ばれる器具によって測定される。その量は全体の容積の4〜5%くらいが適当とされている。

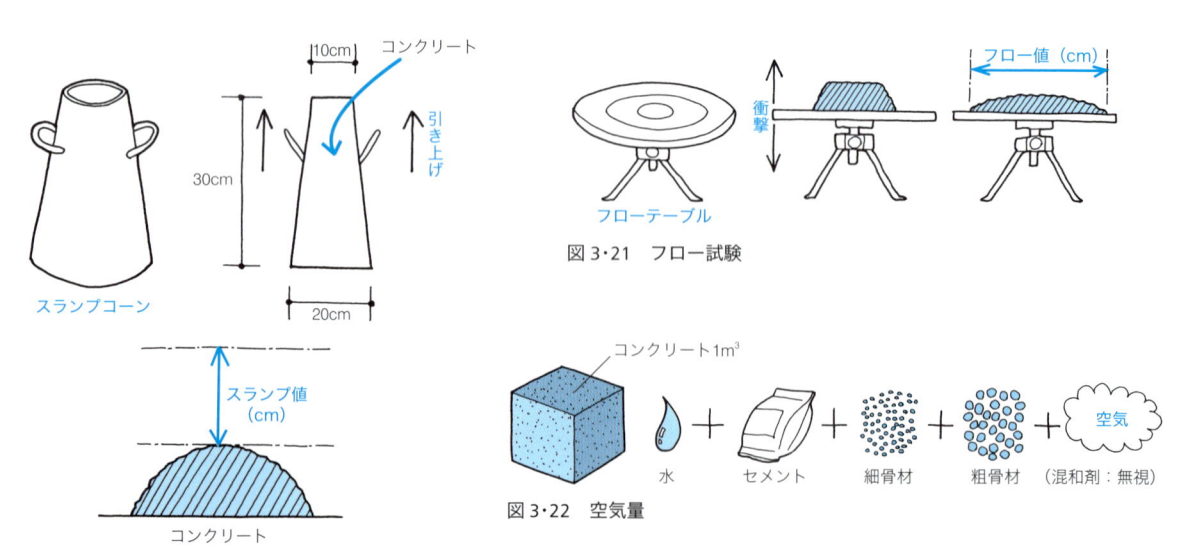

図3·20 スランプ試験

図3·21 フロー試験

図3·22 空気量

空気量が、

　　多すぎる▶圧縮強度が小さくなる

　　少なすぎる▶ワーカビリティーが悪くなる

　空気は、コンクリートが流動する際に、骨材と骨材の間に入り、ベアリングの役割をして摩擦の低減効果を発揮し、ワーカビリティーが良くなるとされている。空気量はコンクリートの運搬、打設、締固めなどによって練り混ぜ時より減少する。

❹材料分離

　コンクリートは水、セメント、細骨材、粗骨材などの材料の比重が異なるものを調合するため、運搬時や施工中に材料が分離する可能性がある。すなわち、重いものは下へ、軽いものは上へと分離しやすい（図3・24）。分離したコンクリートを使用すると施工不良につながり、耐久性に影響がでてくるので注意が必要である。

■2凝結・硬化過程における性質

❶凝結

　水とセメントが反応することで「こわばり」を生じる現象のこと。

❷ブリーディング（bleeding）

　コンクリート打設後しばらくすると、水が表面に浮き上がってくる現象のこと（図3・25）。

　この水をブリーディング水といい、セメントの粒子、ごみ、ほこりなどを含む。

❸レイタンス（laitance）

　ブリーディング水の水が蒸発して、セメントの粒子、ごみ、ほこりなどが層状にたまったもの（図3・25）。コンクリートの打継ぎ不良の原因となるため、除去が必要となる。

❹温度上昇

　水とセメントの水和反応によって水和熱が発生する（図3・26）。この熱は一般的には、コンクリート表面および型枠などから放熱される。しかし、大断面のコンクリートなどでは放熱しきれないで熱が内部に残ってしまい体積膨張を引き起こす。これによってひび割れを起こす原因となることがあるので、マスコンクリート（p.63）としての対策をとる必要がある。

❺初期ひび割れ

　コンクリートの凝結過程で起こるひび割れのこと。

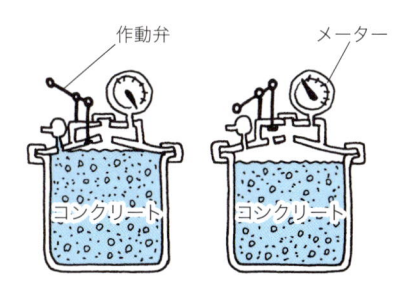

図3・23　エアメーター

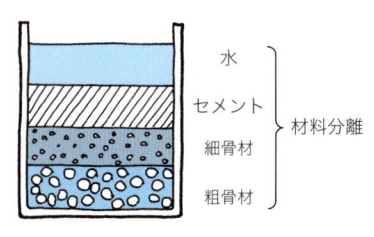

図3・24　材料分離

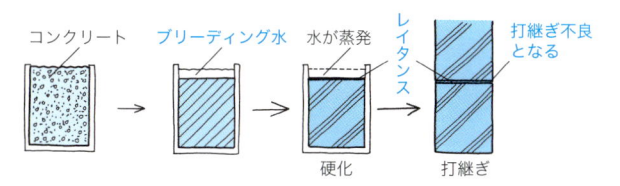

図3・25　ブリーディングとレイタンス

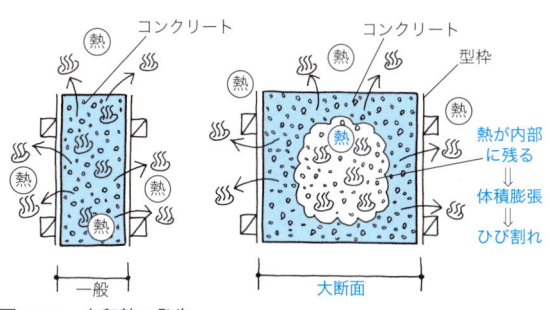

図3・26　水和熱の発生

以下のような原因によって起こる。

- 沈みひび割れ：ブリーディング水の上昇により コンクリートが沈下し、コンクリート表面に近い鉄筋に沿って起こるひび割れ（図3・27）
- プラスティック収縮ひび割れ：コンクリート表面の急激な水分の蒸発によって起こるひび割れ
- 型枠の変形によるひび割れ
- 振動によるひび割れ

コンクリート打設後、十分な水分の補充と、温度を上げ過ぎず下げ過ぎず、型枠に余計な力を加えない・振動などを与えないといった養生対策が重要となってくる。

3 硬化コンクリートの性質

コンクリートが硬化すると、構造体としての強度がでてくる。コンクリートの強度には、圧縮、曲げ、引張といったものが考えられるが、引張強度は圧縮強度の1/10程度しかない。コンクリートは圧縮強度が大きいことが特徴といえる。

また、鉄筋コンクリートではコンクリートは圧縮力に抵抗するように使われることが多い。

そこで、コンクリートの強度とは一般的には圧縮強度として扱われるのが普通である。

❶ 圧縮応力度

通常、圧縮強度は単位面積あたりの強度に換算されて扱われる。それを圧縮応力度と呼んでいる。以下のような式で求められる。

$$\sigma = P/A \quad (N/mm^2)$$

σ：圧縮応力度

P：最大荷重（N＝ニュートン）

A：テストピースの断面積（mm²）

コンクリートの強度は圧縮応力度で判断される。

❷ 圧縮試験

一般に圧縮試験は、モールドと呼ばれる鋼製の円筒にコンクリートを流し込んで供試体（テストピース）をつくり、それを圧縮試験機で圧縮力をかけ、破壊させて調べる（図3・28）。

● 圧縮試験の条件

①テストピース3個1組（図3・29）

②標準養生＝20±3℃で水中養生（図3・30）

③標準材齢 m 日（練り混ぜ後 m 日で圧縮試験）

以上のような条件で行われ、その結果はコンクリートの材料としての品質管理や構造体の強度の推定、型枠の取り外しの時期の決定などに使用される。

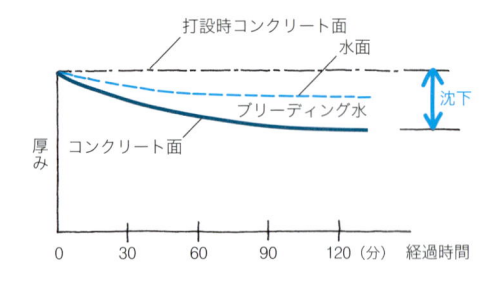

図3・27　沈みひび割れ

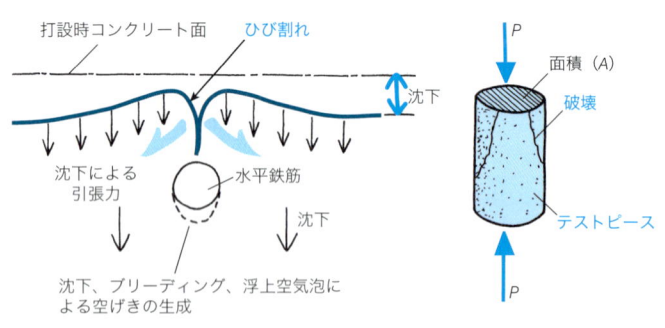

図3・28　圧縮試験

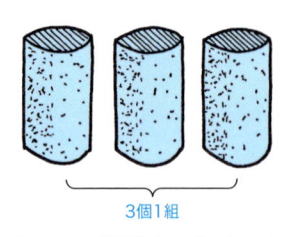

図3・29　供試体（テストピース）

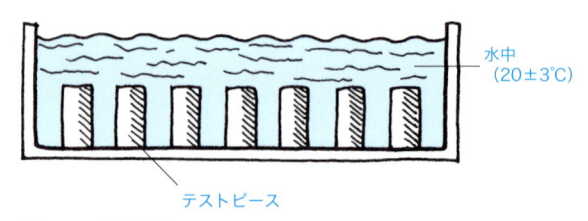

図3・30　標準養生

❸コンクリートの圧縮強度を決めるもの

　ところで、コンクリートの圧縮強度は何によって決まるのであろうか？

　コンクリートは骨材をセメントペーストで固めたものである。そして、骨材は「セメントペーストの硬化体よりも強度があること」という前提条件がある。すなわち、

　コンクリートの圧縮強度＝セメントペーストの圧縮強度（で決定される）
ということになる。

　では、セメントペーストの圧縮強度は何によって決まるか？　それは、

　　①セメント自身の強度
　　②水とセメントの割合
により決まるといってよい。

　すなわち、セメントが高強度のものであればコンクリートの圧縮強度は大きくなる。また、同じセメントを使用した場合、水に比べてセメントの量を多くしてやればコンクリートの圧縮強度は大きくなる。ここで重要になるのが「水セメント比」という水とセメントの割合である。

　「水セメント比」とは、コンクリート中のセメント

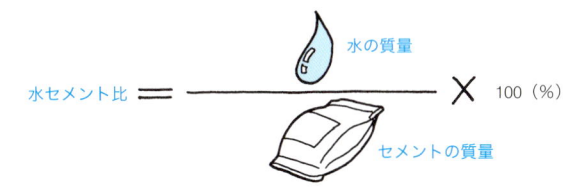

図 3・31　水セメント比

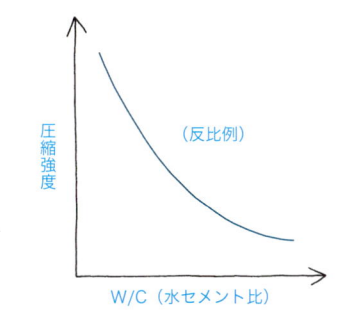

図 3・32　水セメント比と強度

に対する水の質量比のことである（図 3・31）。

　水セメント比（W/C）
　　＝水の質量／セメントの質量× 100
　水セメント比が小さくなる▶圧縮強度が大きくなる（反比例の関係）（図 3・32）

　コンクリートは「水セメント比」で圧縮強度を調整することができるということになる。

　なお、セメント以外に高炉スラグ・フライアッシュなどの混和材も強度に関係することから「水セメント比」の代わりに「水結合材比」として扱われることもある（p.62）。

４ コンクリートの耐久性

　コンクリートの耐久性とは、硬化したコンクリートが建築の構造体として、どれくらい使用に耐え得るかということになる。

　しかしコンクリートの耐久性は、実は鉄筋コンク

> **▶▶▶ＲＣ建造物の耐用年数**
>
> 　わが国初期の鉄筋コンクリート建造物は、明治 36 年（1903 年）の琵琶湖疏水路上架橋や明治 37 年（1904 年）の佐世保軍港内の施設などがある。
>
> 　普通の建物に使われるようになったのは明治 44 年（1911年）の三井物産横浜支店が最初で、わが国初のオール RC 構造で 4 階建ての建築物である。現在横浜にあり、現役で今でも使用されている（所在地：横浜市中区日本大通 14 番地）。
>
> 　これらの建造物は 100 年を経た現在でも、数回の地震を経験しているにもかかわらず、鉄筋コンクリート構造物としてほとんど無傷の状態で使われている。
>
> 　ところが、戦後四半世紀も経過してからつくられた山陽新幹線のコンクリート構造物は、10 数年にして補修を繰り返さなければ使用できないような状態になっている。阪神・淡路大震災では大きな被害が発生したことは周知の事実である。
>
> 　この違いはいったいどこにあるのか？　材料の問題および施工の問題に関して、コンクリートの耐久性について建築に携わる者としてその原因と対策をしっかりと追求しておかなければならない。詳しくはその専門の文献を調べてほしい。

リートの耐久性によって決定されるといってよい。コンクリート自身の耐久性よりも、鉄筋コンクリートの鉄筋の耐久性のほうが早く影響を受ける可能性があるからである。

　ここでは鉄筋コンクリートに悪影響を及ぼすコンクリートの問題点とその対応策について説明する。

❶ひび割れ

　コンクリートはひび割れしやすい材料である（図3・33、34）。ひび割れが起きると構造体の耐力、耐久性、水密性などに大きな影響をもたらす。ひび割れは、材料、配合、施工、環境、外力など様々な要因によって引き起こされる可能性をもっており、完全に制御することは難しい。

●ひび割れの要因

①セメントの異常凝結

②セメントの異常膨張

③セメントの水和熱

④骨材に含まれる塩化物

⑤アルカリシリカ反応

⑥コンクリートのブリーディングや沈降

⑦コンクリートの乾燥・収縮

⑧コンクリートの中性化

●ひび割れ対策

①水セメント比（水結合材比、p.62）をできるだけ小さくする

②単位水量（p.62）をできるだけ小さくする

③単位セメント量（単位結合材量、p.62）をできるだけ小さくする

④スランプ（p.56）をできるだけ小さくする

⑤細骨材率（p.53）をできるだけ小さくする

⑥混和剤に AE 剤および AE 減水剤を使用する

❷中性化

　コンクリートは、空気中の二酸化炭素と反応してアルカリ性から中性になってくる。

$$Ca(OH)_2 + CO_2 \quad \blacktriangleright \quad CaCO_3 + H_2O$$

アルカリ性　　　　　　　　　中性

　この反応がコンクリート表面から次第に鉄筋付近まで進行してくると、鉄筋がさびやすくなる。鉄筋のさびは体積を膨張させ、コンクリートのひび割れを引き起こす。ひび割れはさらに反応を進行させ、次第に鉄筋コンクリートの耐久性が低下してくる。この一連の流れをコンクリートの中性化という（図3・35、36）。

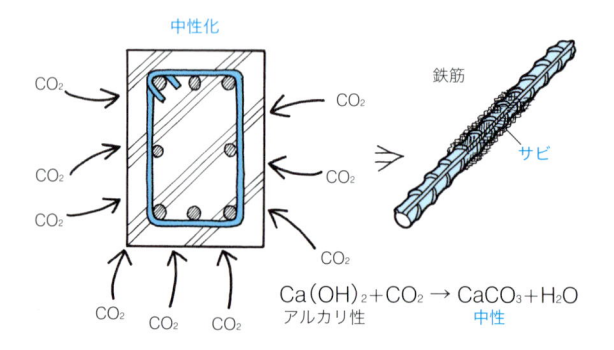

図 3·35　コンクリートの中性化

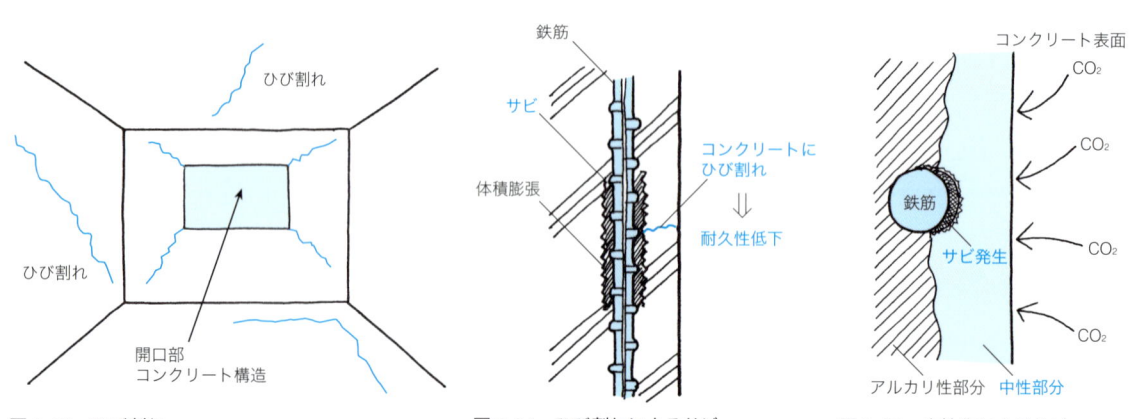

図 3·33　ひび割れ　　　　図 3·34　ひび割れによるサビ　　　　図 3·36　中性化によるサビ

●中性化対策

①コンクリート表面を防水性の高い仕上材などで保護する

②水セメント比（水結合材比、p.62）の小さなコンクリートを密実に打設する

③鉄筋のかぶり厚さを十分に確保する

❸凍害

コンクリート中の空隙内部にある水が凍結すると体積膨張を起こす。体積膨張すると周囲のコンクリートを押し広げ、ひび割れを発生させる。そのひび割れにより耐久性の低下につながっていく。

●凍害対策

コンクリート打込み後5日間程度は、コンクリートの温度が2℃以下にならないように養生する。

❹塩害

コンクリート中に塩分が含まれると鉄筋がさびやすくなる。この鉄筋のさびは体積を膨張させ、コンクリートのひび割れを引き起こす。そのひび割れにより耐久性の低下につながっていく。

●塩害対策

①コンクリート中の塩化物イオンの総量を0.3kg/m³以下とする

②エポキシ樹脂塗装鉄筋・亜鉛メッキ鉄筋などを使用する

③混和剤に防錆剤を使用する

❺アルカリシリカ反応

アルカリシリカ反応とはコンクリートの癌といわれており、セメントペースト中のアルカリイオンと骨材中のシリカ鉱物が反応することでケイ酸アルカリ（水ガラス）という物質を生成する。この物質は水分を吸収し体積膨張を引き起こす。この膨張によりコンクリートに無数の亀裂が入る。この亀裂がコンクリートを劣化させる原因となる。

●アルカリシリカ反応対策

①反応性のない骨材を使用する

②コンクリート中のアルカリ量を減らす

③普通ポルトランドセメント（低アルカリ形）を使用する

---

episode ❖ 夏場のインターンシップの思い出

私は学生の頃、インターンシップで建設現場に1ヶ月ほど出ていたことがある。7月の暑い時期で、しかも基礎工事の工程のため日影はまったくなかった。毎日汗びっしょりとなり、休憩時間ごとにアンダーシャツを着替えていた。1ヶ月で真っ黒に日焼けしていた。

現場は土曜日がコンクリート打ちの日と決まっていた。月曜日から金曜日までが型枠・配筋・設備などの工事が行われ、土曜日にコンクリートを打ち、日曜日に1日の養生期間を置き、また月曜日から繰り返すという工程が組まれていた。

コンクリート打ちの日は非常に忙しかった。現場全体があわただしく殺気立っていた。その時、ある意味「コンクリート打ちが現場の中心」となっていることに気がついた。

当日の自分の役割は、生コン車が到着する前に型枠、捨てコンクリート部分などにホースで水をまくことであった。これはコンクリート中の水が型枠などに吸い取られないようにするためである。暑くてたまには自分の頭の上にも水をまいていた。

コンクリート打ちが終わると、コンクリートの表面からの水の蒸発を防止するために、また水まきを行った。

コンクリートを打つ前、打った後、とにかく水まきを行うことが私の重要な役目であった。

そういうわけで、私の夏場のインターシップは「コンクリート打ちの忙しさ」と「現場の暑さ」と「とにかく水まきを行った」ということが一番の思い出となっている。

水ばかりまいていた夏

---

7 コンクリートの調合

コンクリートに求められる性能は設計条件によって異なるが、調合に当たっては所定の**ワーカビリティー・強度・耐久性**などの品質を確保するとともに、エコセメント・再生骨材・回収水の使用を促すなど、**環境性**への配慮も必要となる。

日本建築学会建築工事標準仕様書（JASS 5、2022版）によると、従来のような調合の具体的な定め方ではなく、施工者が表3・5に示すような調合条件を定め、レディーミクストコンクリート工場に配合計画書（p.65）の作成を依頼するという考え方に改められた。

調合を定めるための条件の⑥調合管理強度・⑦調合強度などのコンクリート強度に関する定義は表3・6、図3・37による。⑧から⑪の用語とその解説は、表3・7による。

表3·5 調合を定めるための条件

①コンクリートの種類（p.63）
②スランプ（p.56、p.66、p.67）
③コンクリートに含まれる塩化物イオン量の最大値（p.61）
④セメントおよび混和材料の種類（p.49、p.55、p.67）
⑤環境性などに応じた各材料の種類と使用量（p.52、p.54）
⑥調合管理強度（表3·6、図3·37）
⑦調合強度（表3·6、図3·37）算定時における許容不良率の最大値
⑧空気量（p.56、p.67）
⑨水粉体比の最大値
⑩単位水量の最大値
⑪単位粉体量の最小値

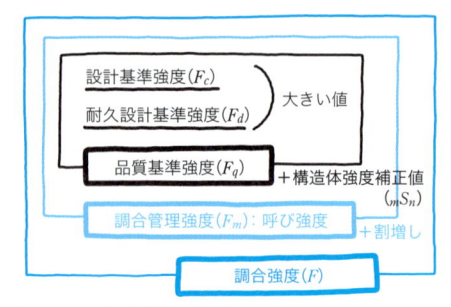

図3·37 各種強度の関連性

表3·6 コンクリート強度に関する定義（単位：N/mm₂）

強　　度	内　　容
設計基準強度（F_c）	構造設計において基準とするコンクリートの圧縮強度。18N/mm² 以上、48N/mm² 以下を標準とする。
耐久設計基準強度（F_d）	構造体および部材の計画供用期間の級に応ずる耐久性を確保するために必要とする圧縮強度の基準値。・短期＝18　・標準＝24　・長期＝30　・超長期＝36
品質基準強度（F_q）	設計基準強度（F_c）と耐久設計基準強度（F_d）を確保するためにコンクリートの品質の基準を定める強度。いずれか大きい方の値とする。
調合管理強度（F_m）：呼び強度	構造体コンクリート強度が品質基準強度（F_q）を満足するようにコンクリートの調合を定める場合、標準養生した供試体が満足しなければならない圧縮強度。品質基準強度（F_q）に予想平均気温の範囲に応じて定められた 3N/mm² ないし 6N/mm² の構造体強度補正値（$_mS_n$）を加えた強度。
調合強度（F）	コンクリートの調合を決める場合に目標とする平均の圧縮強度。調合管理強度（F_m）に強度のばらつきを考慮して割り増した強度。
構造体コンクリート強度	構造体とするために型枠の中に打ち込まれたコンクリートが発現している圧縮強度。

表3·7 用語の解説

用語	解説
⑧空気量	特記による。特記がない場合は 4.5%とする。
水セメント比 水結合材比 ⑨水粉体比	フレッシュコンクリートの中のセメント（結合材*1）（粉体*2）に対する水の質量比 　水セメント比＝水の質量／セメントの質量 ×100（％） 　水結合材比＝水の質量／結合材の質量 ×100（％） 　水粉体比＝水の質量／粉体の質量 ×100（％） 水粉体比の最大値は 65%とする。
⑩単位水量	フレッシュコンクリート 1m³ 中に含まれる水の質量。185kg/m³ 以下とし、品質が得られる範囲内で、できるだけ小さくする。
単位セメント量 単位結合材量 ⑪単位粉体量	フレッシュコンクリート 1m³ 中に含まれるセメント（結合材）（粉体）の質量。 単位粉体量の最小値は、270kg/m³ とする。

＊1：セメントに高炉スラグ・フライアッシュなどの微粉末を混合したもの＝硬化して骨材を結合する。強度・耐久性などにかかわる。
＊2：セメントに高炉スラグ・フライアッシュなどの微粉末、石粉などを混合したもの＝粘性を高める。ワーカビリティーなどにかかわる。

8 コンクリートの種類

コンクリートは、区分の仕方によって様々な種類がある。日本建築学会建築工事標準仕様書（JASS 5）などによると、以下のように用語を定義している。

1 比重による区分（骨材）

❶普通コンクリート

普通骨材を用いるコンクリート。

❷軽量コンクリート

骨材の一部または全部に軽量骨材を使用し、単位容積質量を普通コンクリートより小さくしたコンクリート。

❸重量コンクリート

骨材の一部または全部に重量骨材を使用し、単位容積質量を普通コンクリートより大きくしたコンクリート。

2 外気温による区分

❶寒中コンクリート

コンクリート打込み後の養生期間中に、コンクリートが凍結するおそれのある期間に施工されるコンクリート。

❷暑中コンクリート

気温が高く、コンクリートのスランプの低下や水分の急激な蒸発などのおそれがある期間に施工されるコンクリート。

3 混和材料による区分

●流動化コンクリート

あらかじめ練り混ぜられたコンクリートに流動性を増大させることを主たる目的とする化学混和剤を添加し、これをかくはんして、その流動性を増大させたコンクリート。

4 用途による区分

❶高強度コンクリート

設計基準強度が $48N/mm^2$ を超えるコンクリート。

❷マスコンクリート

断面の最小寸法が大きく、かつ結合材の水和熱などによる温度上昇で有害なひび割れが入るおそれがある部材のコンクリート。

❸水密コンクリート

特に水密性の高い（内部に水が侵入しにくい）コンクリート。

❹海水の作用を受けるコンクリート

海水、海水滴または飛来塩分の影響を受けるおそれがある部分のコンクリート。

❺水中コンクリート

場所打ち杭および連続地中壁など、トレミー管などを用いて安定液または静水中に打ち込むコンクリート。

❻激しい凍結融解作用を受けるコンクリート

激しい凍結融解作用により、凍害を生じるおそれがある部分のコンクリート。

▶▶▶RC構造の超高層建築は可能

超高層建築の歴史を見ると鋼材による建物の軽量化がその可能性をリードしてきた。超高層建築のほとんどが鋼構造で建設されてきた。

ところが最近では、鉄筋コンクリート構造による50階建ての超高層建築も可能になってきている。鉄筋コンクリート構造とすることで、風などによる揺れが少なくなるといったメリットがあるといわれている。

しかし、50階もの高さの自重に耐えることができる基礎部分には、相当強度の高いコンクリートが求められることになる。その建築が可能になったのは、コンクリート自身の軽量化ということも要因の一つであるが、最も大きな要因は高強度コンクリートが開発され使用が可能になったということがあげられる。

この高強度コンクリートの開発には、高強度のセメントと混和剤である高性能AE減水剤の研究開発が不可欠であったといわれている。施工段階ではコンクリートの単位水量を厳密に管理して高強度と高流動性を保ちながら、現場での打設を容易にしている。

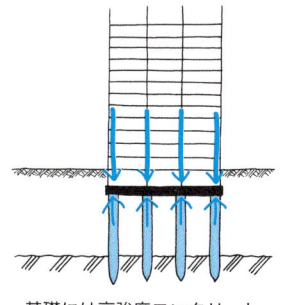

基礎には高強度コンクリート

9 コンクリートの製品

ここでは、専門の工場で製造されたコンクリートの製品についてまとめてみる。

1 レディーミクストコンクリート

前もって準備されたコンクリートという意味で、専門の工場で練り混ぜられたものを工事現場に運搬して荷卸しするという、いわゆるコンクリートの製品である。Ready-mixed concrete という。一般には「生コン」と呼ばれて普及している。

これに対して、施工者が工事現場内で製造する現場練りコンクリートがあるが、品質の確保などに問題があり、最近ではほとんど実績がない。

今ではこのレディーミクストコンクリートの使用が主流となっている。いわゆる、コンクリート会社から、コンクリートの製品を購入するということになる（図3・38）。

コンクリート会社の専門工場の選定にあたっては、以下の条件にあったものとする。

①JIS認定工場であること。もしくは同等以上の能力を有する工場であること
②公認技術者が工場に常駐していること
③要求された種類・品質のコンクリートを、所要量供給できる能力を有すること
④規定時間内に納入できる距離内にあること

❶発注

コンクリートの発注に際しては、コンクリートの種類・呼び強度・スランプまたはスランプフロー（図3・39）・粗骨材の最大寸法・セメントの種類などの項目について設計条件を指定する。そして、その結果として、生産者よりレディーミクストコンクリート配合計画書（表3・8）を提出してもらう。

(1)レディーミクストコンクリートの種類及び区分（表3・9）

JISではレディーミクストコンクリートの種類を、普通コンクリート、軽量コンクリート、舗装コンクリート、高強度コンクリートとし、それぞれ粗骨材の最大寸法、スランプまたはスランプフロー、呼び強度に区分して準備されている。

(2)呼び強度

JISでは、コンクリートの圧縮強度に「呼び強度」という表現を用いている。それは、以下の条件を満たすように定められた保証強度を示す呼び名のことである。

①1回の試験結果は、購入者が指定した呼び強度の85%以上とする
②3回の試験結果の平均値は、購入者が指定した呼び強度の値以上とする

なお、この条件にある「1回の試験」とは以下の圧縮試験の方法による（JISより）。

①任意の1運搬車より採取した3個の供試体（テストピース）を1組とする
②供試体の養生温度は20±2℃で水中養生とする
③材齢28日で圧縮試験を行った結果の平均値

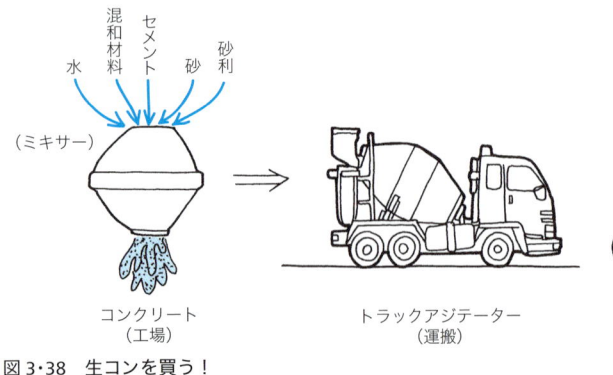

図3・38　生コンを買う！

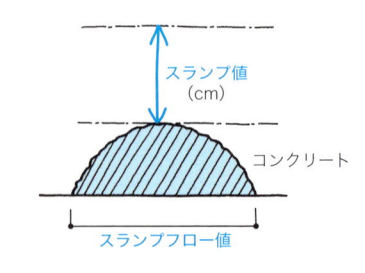

図3・39　スランプ値とスランプフロー値

表 3・8 レディーミクストコンクリート配合計画書（例）

			No.
殿			年　月　日
		製造会社・工場名	
		配合計画者名	

工　事　名　称	
所　　在　　地	
納　入　予　定　時　期	
本　配　合　の　適　用　期　間	
コンクリートの打込み箇所	

配　合　の　設　計　条　件

呼び方	コンクリートの種類による記号	呼び強度	スランプ又はスランプフロー cm	粗骨材の最大寸法 mm	セメントの種類による記号

指定事項（必須）	セメントの種類	呼び方欄に記載	粗骨材の最大寸法	呼び方欄に記載
	骨材の種類	使用材料欄に記載	アルカリシリカ反応抑制対策の方法	
	骨材のアルカリシリカ反応性による区分	使用材料欄に記載	軽量コンクリートの単位容積質量	kg/m³

指定事項（任意）	水の区分	使用材料欄に記載	コンクリートの温度	最高・最低　℃
	混和材料の種類及び使用量	使用材料及び配合表欄に記載	水セメント比の目標値の上限	%
	塩化物含有量	kg/m³ 以下	単位水量の目標値の上限	kg/m³
	呼び強度を保証する材齢	日	単位セメント量の目標値の下限又は目標値の上限	kg/m³
	空気量	%	流動化後のスランプ増大量	cm

使　用　材　料

セメント	生産者名		密度 g/cm³		Na₂Oₑq %	
混和材	製品名	種類	密度 g/cm³		Na₂Oₑq %	

骨材	No.	種類	産地又は品名	アルカリシリカ反応性による区分		粒の大きさの範囲	粗粒率又は実積率	密度 g/cm³		微粒分量の範囲 %
				区分	試験方法			絶乾	表乾	
細骨材	①									
	②									
	③									
粗骨材	①									
	②									
	③									

混和剤①	製品名		種類		Na₂Oₑq %	
混和剤②						
細骨材の塩化物量	%	水の区分		目標スラッジ固形分率	%	
回収骨材の使用方法	細骨材		粗骨材	安定化スラッジ水の使用の有・無		

配　合　表　kg/m³

セメント	混和材	水	細骨材①	細骨材②	細骨材③	粗骨材①	粗骨材②	粗骨材③	混和剤①	混和剤②

水セメント比	%	水結合材比	%	細骨材率	%
備考					

（JIS A 5308 より）

表 3・9 レディーミクストコンクリートの種類及び区分

コンクリートの種類	粗骨材の最大寸法（mm）	スランプ又はスランプフロー*（cm）	呼び強度													
			18	21	24	27	30	33	36	40	42	45	50	55	60	曲げ4.5
普通コンクリート	20, 25	8, 10, 12, 15, 18	○	○	○	○	○	○	○	○	○	○	―	―	―	―
		21	―	○	○	○	○	○	○	○	○	○	―	―	―	―
		45	―	―	○	○	○	○	○	○	○	○	―	―	―	―
		50	―	―	―	―	○	○	○	○	○	○	―	―	―	―
		55	―	―	―	―	―	○	○	○	○	○	―	―	―	―
		60	―	―	―	―	―	―	○	○	○	○	―	―	―	―
	40	5, 8, 10, 12, 15	○	○	○	○	○	○	○	○	○	○	―	―	―	―
軽量コンクリート	15	8, 12, 15, 18, 21	○	○	○	○	○	○	○	○	○	○	―	―	―	―
舗装コンクリート	20, 25, 40	2.5, 6.5	―	―	―	―	―	―	―	―	―	―	―	―	―	○
高強度コンクリート	20, 25	12, 15, 18, 21	―	―	―	―	―	―	―	―	―	―	○	―	―	―
		45, 50, 55, 60	―	―	―	―	―	―	―	―	―	―	○	○	○	―

＊荷卸し時点での値であり、45cm、50cm、55cm 及び 60cm はスランプフローの値である。

(3)スランプ値

　スランプの標準値は、普通コンクリートで調合管理強度が 33N/mm² 以上の場合は 21cm 以下、33N/mm² 未満の場合は 18cm 以下とする（表3・10、図3・39）。

(4)スランプフロー値

　表3・11 と図3・39 を参照。

(5)粗骨材の最大寸法

　コンクリートの粗骨材の最大寸法は鉄筋のあき・かぶり厚さなどを考慮して決まってくる。したがって、コンクリートを使用する場所によって異なる。15mm、20mm、25mm、40mm。

(6)セメントの種類（主なもの）

　表3・12 を参照。

(7)空気量

　表3・13 を参照。

❷運搬

　コンクリートは、練り混ぜからの経過時間によってスランプ・空気量が低下し、温度も上昇する。それにより、打設後に凝結・硬化が早まって施工不良につながりやすい。

　したがって、練り混ぜから打ち込み完了までの時間が規定されている。打設の時間を逆算して運搬する時間を指定する必要がある。

　一般にコンクリートの運搬は生コン車（トラックアジテーター）を使って行われる。

● 運搬時間の限度

　（練り混ぜから打込み終了までの時間）

　・外気温が 25℃ 以上：90 分以内

　・外気温が 25℃ 未満：120 分以内

❸受入検査

　生コン車が現場に到着すると、運転手（生産者側）は製品の納入にあたって納入書（表3・14）を現場担当者（購入者側）に提出する。現場担当者は納入書をチェックし、納入時刻を記入し、要求どおりのコンクリートかどうかの確認を行う。その後、荷卸しにあたっては、打設作業に入る前に、①目視によるワーカビリティーの確認、②スランプ（またはスランプフロー）、空気量、温度、塩化物含有量の試験、③圧縮試験用の供試体採取などを行う。これを受入検査と呼んでいる。この受入検査が終了してからコンクリートの打設作業にとりかかる。

2 プレキャストコンクリート

　鉄筋コンクリートの建物を部品化し、前もって工場で鋳型（キャスト）をつくり、そこにコンクリートを流し込み、製品としてつくりあげたものである（図3・40）。Precast Concrete という。その製品を現場に運搬し組み立てる。いわゆる、プレハブ（Prefabrication）工法の考え方より出てきたコンクリート製品である。

3 プレストレストコンクリート

　鉄筋コンクリート構造の欠点であるコンクリート

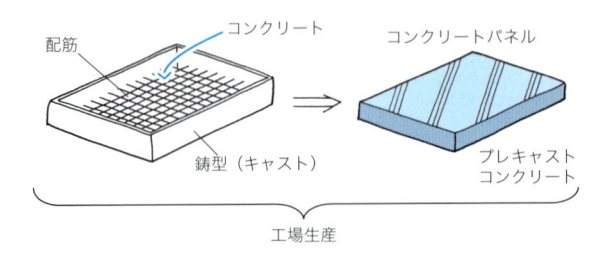

図3・40　コンクリート部品

表 3·10　荷卸し地点でのスランプの許容差（単位：cm）

スランプ	スランプの許容差
2.5	± 1
5 及び 6.5	± 1.5
8 以上 18 以下	± 2.5
21	± 1.5 *

＊呼び強度 27 以上で、高性能 AE 減水剤を使用する場合は、± 2 とする。　　　　　　　　　　（JIS A 5308 より）

表 3·11　荷卸し地点でのスランプフローの許容差（単位：cm）

スランプフロー	スランプフローの許容差
45、50、55	± 7.5
60	± 10

（JIS A 5308 より）

表 3·12　セメントの種類

記号	名称	記号	名称
N	普通ポルトランドセメント	BA	高炉セメント（A 種）
NL	普通ポルトランドセメント（低アルカリ形）	BB	高炉セメント（B 種）
H	早強ポルトランドセメント	FA	フライアッシュセメント（A 種）
M	中庸熱ポルトランドセメント	FB	フライアッシュセメント（B 種）
SR	耐硫酸塩ポルトランドセメント	E	普通エコセメント

（JIS A 5308 より）

表 3·13　荷卸し地点での空気量及びその許容差（単位：%）

コンクリートの種類	空気量	空気量の許容差
普通コンクリート	4.5	± 1.5
軽量コンクリート	5.0	± 1.5
舗装コンクリート	4.5	± 1.5
高強度コンクリート	4.5	± 1.5

（JIS A 5308 より）

表 3·14　レディーミクストコンクリート納入書（例）

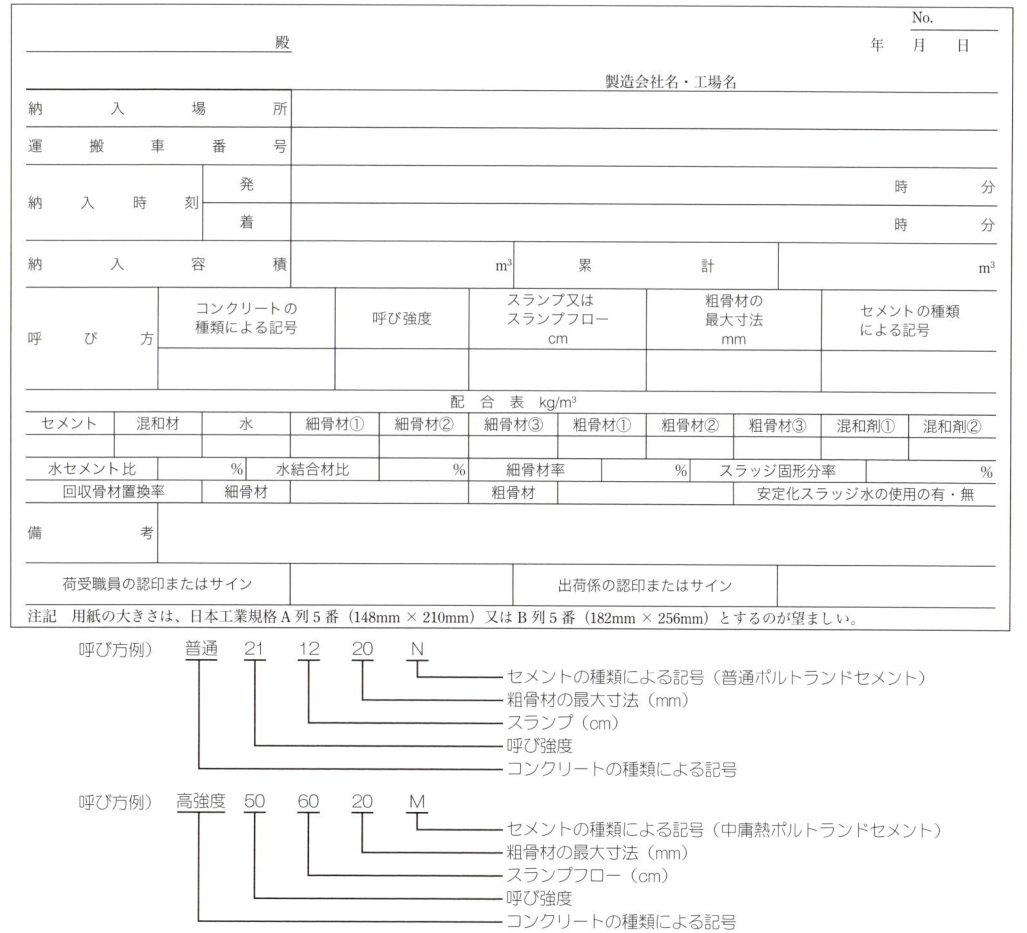

（JIS A 5308 より）

のひび割れを防止または制御するため、および同じ断面でも大きなスパンを確保するためなどの目的で利用される。Prestressed Concrete という。

部材内に埋設された鋼材によって前もってコンクリートに圧縮力を与えておく構造で、コンクリート梁・コンクリート杭などに使用される。

コンクリート部材の引張応力がかかる部位に、あらかじめ圧縮応力をかけておくことで力が相殺されるように考えられた工法である（図3・41）。

施工方法により、プレテンション方式とポストテンション方式の2種類がある。

❶プレテンション方式

あらかじめ引張応力をかけた鋼材のまわりに配筋し、型枠を組んでコンクリートを打ち込み硬化させる。コンクリートが硬化する前に力をかけるので、プレテンションという（図3・42）。一般に工場で製作されることが多い。

❷ポストテンション方式

部材の引張応力をかける側に、管を設置してコンクリートを打ち込む。コンクリートが硬化した後で管の中に鋼材をいれ引張力をかけ、部材の両端を固定する。コンクリートが硬化した後から力をかけるので、ポストテンションという（図3・43）。一般に、場所打ちコンクリート部材におけるプレストレス導入方法に用いられる。

4 コンクリートブロック

れんがのように、コンクリートを定められた寸法に固めてつくった製品である。それを積み上げることで、壁や塀をつくりあげる。一般の家庭の周辺でもよく見られる建築材料のひとつである。

鉄筋を入れて補強し、条件を満たした補強コンクリートブロック構造は、わが国では組積造として唯

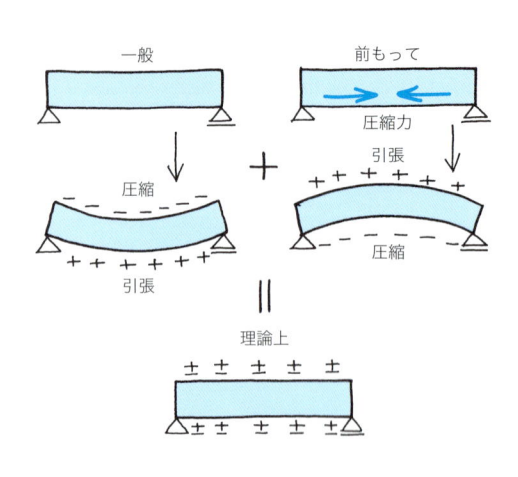

図3・41　プレストレストコンクリート

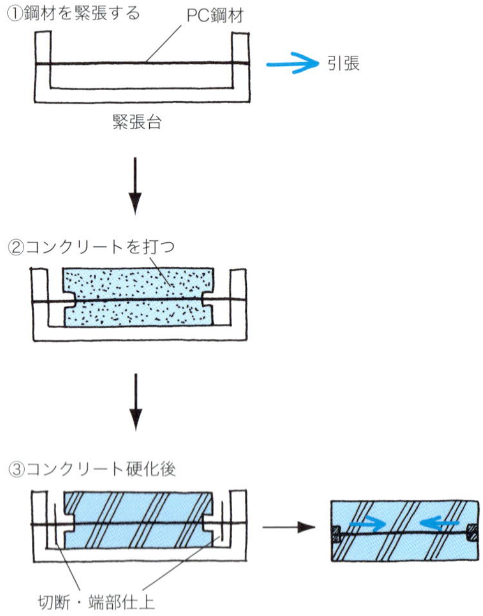

図3・42　プレテンション方式

一の構造材料として認められている。ただし、補強コンクリートブロック構造は現在では鉄筋コンクリート構造に取って代わられて、その数はあまり多くない。

　最も多く利用されているのは、外構工事のブロック塀や鉄筋コンクリート構造の間仕切壁などである。

　種類・形状・寸法・圧縮強度などが JIS により規定されている。

　図3・44、45 に、最もよく使用されているモジュール寸法 400 × 200 の製品を説明する。

03 コンクリート

▶▶▶「ブロック割り」について

　コンクリートブロックなど規格化された建築部品は、一定の形状と寸法を持って工場生産されている。

　工事を行うに当たってはその形状と寸法をよく把握した上で、設計図書に基づいてあらかじめ「ブロック割り図」を作成しておくことが重要である。

　この時、「ブロック割り」の状況によっては躯体本体の納まりに影響するようなことも出てくる可能性もある。

　コンクリートブロックに限らず、事前に工場で生産された建築材料には、その形状と寸法により同様なことが発生してくることを理解しておかなければならない。

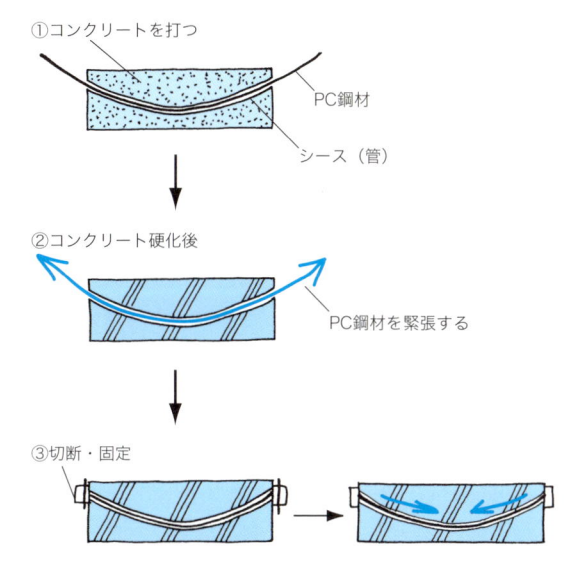

図3・43　ポストテンション方式

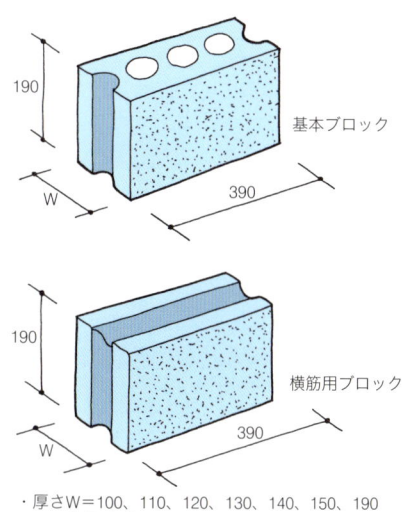

・厚さW＝100、110、120、130、140、150、190
・その他異形ブロックあり

図3・44　コンクリートブロック

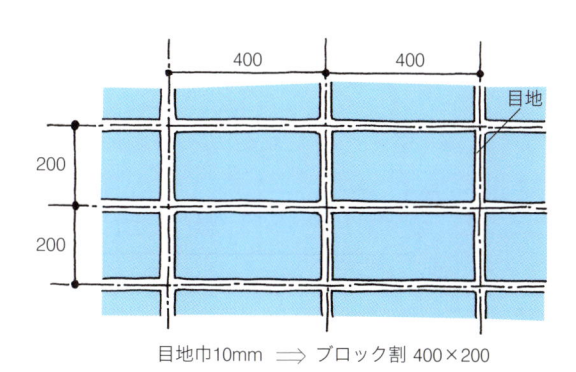

目地巾10mm ⇒ ブロック割 400×200

図3・45　コンクリートブロックモジュール寸法

| 04 | 鋼　材

1　鉄の歴史

　鉄は、我々にとってもっともなじみのある金属材料である。昔から、建築以外にも身近にたくさん使用されており、なくてはならない材料のひとつである。また近代日本の発展を支えてきた重要な材料でもある。

　ここでは、鉄が建築にどのようにして使われるようになっていったか、その歴史を簡単にたどってみる。

❶道具・装飾品として使用

　鉄器時代が示すように、鉄は農耕用器具や武器な

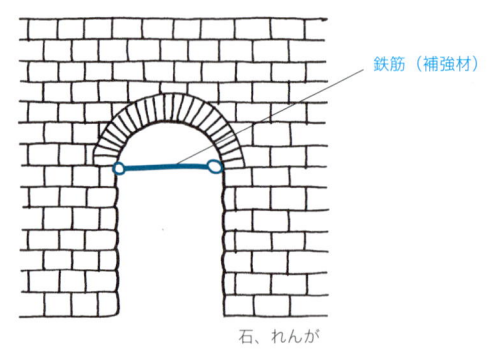

図4・1　組積造の補強

写真4・1　組積造の補強材

どの身の回りに用いる道具としてはじめは使用された。また、鎧兜（よろいかぶと）のような装身具としても使われた。

❷組積造の補強材として使用

　最初に建築に使われ始めるのは、西洋においては組積造の補強材としてである（図4・1、写真4・1）。アーチ、ヴォールト（p.115）や、開口部を支える補強の役割を担っており、あまり表面には出てこない使われ方をしていた。また日本においては、釘などといった金物類に使用されている。

❸産業革命以後（18世紀後半）

　初めて、建築の主要構造部である柱や梁に使用され始める。

　その理由として、

①改良により良質の材料が得られるようになった

②都市への人口集中が盛んになり、建築物の高層化が求められた

③工場の建築には機械を入れるために、柱や壁をなくした大空間が必要となった

④それまでの組積造とは異なるデザインが好まれるようになった（図4・2）

⑤同時に大量生産され始めたガラスと組み合わせて使われるようになった

　以上のような理由により、それまでの石やれんがを使った組積造の建築から、鉄を使った建築へと移行していく。

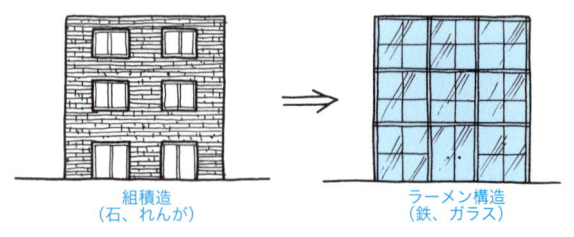

図4・2　新しいデザイン

❹ロンドン万国博覧会（1851 年）

「鉄とガラス」でできたクリスタルパレス（図4·3）がパビリオンとして発表された。

これは、今でいうと巨大な温室のようなものであり、それまでとは異なる新しいデザインであった。これが最初の「鉄の建築」といわれている（コラム参照）。

❺エレベーターの開発（1852 年）

アメリカ人のオーティスは、安全ブレーキを設置したエレベーター（図4·4）を開発し、翌年、ニューヨークの博覧会で「安全エレベーター」を公開した。1857 年には、乗用エレベーターをニューヨークの百貨店に設置した。その後、1889 年には電気式ギア駆動エレベーターが開発され使用されるようにな

る。これにより「建築の高層化」の下地ができる。

❻パリ万国博覧会（1889 年）

フランス革命 100 周年を記念して開催された博覧会のシンボルタワーとして、エッフェル塔（図4·5）が建てられた。設計者は高架橋などの技師であるギュスターブ・エッフェルであった。これにより「鉄骨の高層化」の可能性が実証される。

❼ 19 世紀末

産業革命によってもたらされた機械による工業化されたデザインに対抗して、新しいデザインの試みが提案される。

・アーツアンドクラフツ：工芸運動（図4·6）
手工芸にデザインの美があるとする考え

・アールヌーボー：新しい芸術（図4·7）
曲線こそ美しい装飾形態であるとする考え
鉄は曲げることができるため、両芸術運動に利用されるようになる。

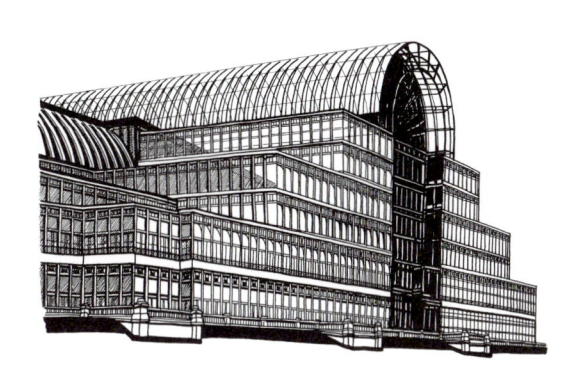

図 4·3　クリスタルパレス

図 4·4　エレベーター　　図 4·5　エッフェル塔

▶▶▶最初の鉄骨建築

1851 年、イギリスのロンドンで第 1 回世界万国博覧会が開催された。その時「鉄とガラス」でつくられたパビリオンが「クリスタルパレス」（図 4·3）と呼ばれ、最初の鉄骨建築とされている。

設計は建築家ではなく、庭園士（温室の専門家）であるジョセフ・パクストンが担当した。

3 本のニレの木を、そのまま建物内に取り込むかたちで提案された。急きょ採用されたもので、絶望的なほど工期がない中で、パクストンは巨大温室実現のために準備を始める。

まず、細部の設計や多くの材料生産管理手法を考案した。例えば、柱・梁・桁などの部材寸法を規格化し、その基準寸法も当時の板ガラスの標準寸法を採用した。

巨大な建築物をわずか 7 ヶ月というハイペースで完成させるという、当時としては画期的な工法であり、近代建築の先駆けとなるものであった。

この建物の成功は、イギリスの産業革命を世界に知らしめ、先進諸国では一気に、鉄、ガラス、コンクリートといった素材が普及し、多くの建築物の材料として使用されるようになった。

❽近代（20世紀初期）

建築家ペーター・ベーレンスやワルター・グロピウス（図4・8）などによって、「鉄とガラス」を用いた工場や事務所などの大空間の建築が建設される。これらによって、近代建築の基本的なデザインが提案される。

またミース・ファン・デル・ローエ（図4・9）によって、「鉄とガラスの摩天楼」の高層建築が提案された。これより、「建築の高層化」という近代建築のひとつの典型が実現される。

やがて、エンパイア・ステート・ビルディング（図4・10）に代表されるような超高層建築物が登場することになる。

❾現代

超高層建築の時代である。それには、耐震性・耐火性が不可欠のテーマとなっている。鉄を使うことで、超高層建築が可能となり、都市における土地の有効利用が盛んに進められている。

❿日本における鉄骨建築の歴史

1868年（明治元年）に、長崎の小菅ドックの巻上げ機小屋の一部に鉄が使用されていた。

1894年（明治27年）に、最初の本格的な鉄骨造建物であるといわれている秀英舎印刷工場が建てられた。

1909年（明治42年）に、本格的なカーテンウォール工法（建築構造上取り外し可能な壁で荷重を直接負担しない非構造壁）で、3階建ての日本橋丸善が建設された。

大正時代末期になると、1923年（大正12年）に竣工した丸ビルに代表されるような、東京丸の内（図4・11）一帯に高層鉄骨ビルが建設されるようになった。

第二次世界大戦後の昭和30年代から、近代的な事務所建築が鉄骨造で盛んに建設されるようになった。

現代は超高層建築の時代である。鉄を使用することで、軽量化・柔構造化が可能となっている。

日本の最初の超高層建築は、現在、国の各省庁が利用している霞ヶ関ビル（36階建、図4・12）であ

図4・6　アーツ・アンド・クラフツ

図4・7　アール・ヌーボー

図4・8　ワルター・グロピウス

図4・9　ミース・ファン・デル・ローエ

図4・10　エンパイア・ステート・ビルディング

る。1968 年（昭和 43 年）であった。その後、全国各地で超高層建築（図 4·13）の建設が進められ現在に至っている。

図 4·11　東京丸の内

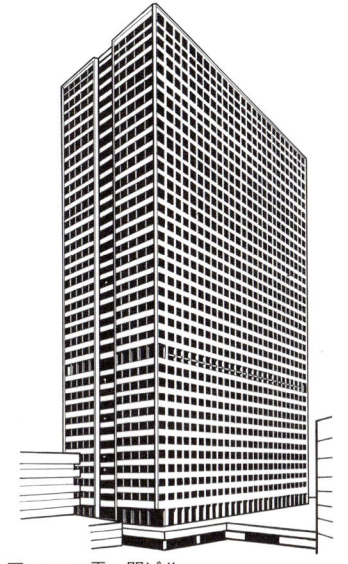

図 4·12　霞ヶ関ビル

図 4·13　東京都庁

episode ❖ 「高層建築」の高さの推移

1970 年代、街の中心部に建っている建築はほとんどが 10 階程度の高さのもので統一されていた。このような高さの建物を「高層建築」と呼んでいた。なぜ当時の「高層建築」は、10 階程度の高さで統一されていたのだろうか？

それは昔の寸法の「100 尺」を、ひとつの高さの上限と決めていたことによるものである。すなわち、1 尺が 30.3cm であるから 100 尺＝ 30.3m ということになる。建物の 1 階分の高さを仮に 3m とすると、ちょうど 10 階程度で 30m になるわけである。このような高さの建物を「高層建築」としたわけである。

建築基準法上の取り決めも、1970 年（昭和 45 年）までは 31m の高さまでの建築を対象として内容が定められていた（特例措置あり）。これは、過去の消防自動車のはしごの長さから割り出された寸法であったともいわれている。

時代が変わり、この「100 尺」の高さを超える建築が提案されるようになってきた。そうしてできた「超高層建築」の第一号が、霞ヶ関ビル（36 階建、図 4·12）である。

建築基準法も、1970 年（昭和 45 年）からは、容積率制限導入に伴い、構造規定の大臣認定を取れば高さ 31m を超える建築も可能となった。

そして、1981 年（昭和 56 年）からは、60m までの高さの建物は大臣認定が不要で、一般の基準として建築が可能となっている。

今では、各都市で当たり前となってきた「高層建築」の歴史に、「100 尺」という昔ながらの数字の取り決めがあったということは、なんとなく曖昧でおもしろい。

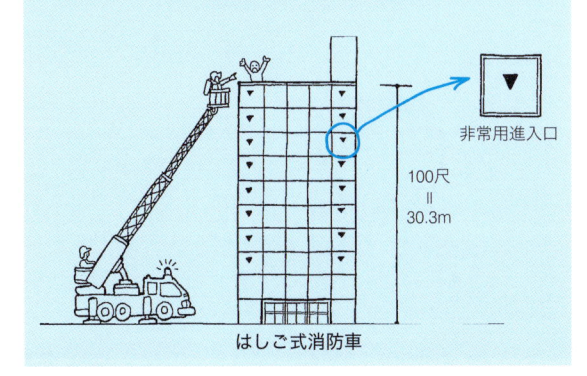

非常用進入口

100尺
＝
30.3m

はしご式消防車

2 鋼材とは

　これまで「鉄」として説明してきたが、ここからはもっと正確に話を進めることとする。

　実は、建築に使われているものは「鉄」ではなく、正式には「鋼」という材料である。

　すなわち、「鉄」と「鋼」とは異なる材料なのである。

　ここでは、その「鋼」を中心とした建築材料の説明をしていく。「鉄」と「鋼」の違いは、炭素の含有量によるものである。

　炭素の含有量により、「鉄」、「鋼」以外にもそれぞれに名前がつけられており、別の材料としていろいろなところで使用されている。

　炭素の含有量により、それぞれの名前をあげて定義をしてみると以下のようになる。

鉄（てつ）：炭素量少

銑鉄（せんてつ）：高炉から取り出されたもの（炭素量多）

鋳鉄（ちゅうてつ）：銑鉄にくず鉄をくわえたもの（炭素量多）

錬鉄（れんてつ）：鍛鉄ともいい、炭素量を少なくしたもの

鋼（こう）：鉄に炭素が少し加わったもの＝建築構造用

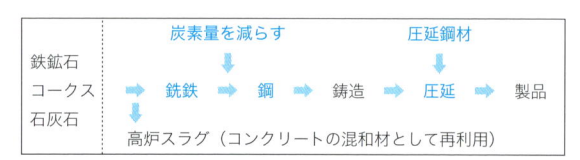

図 4・14　製鋼の工程

3 製鋼の工程

　鉄鉱石の原石から「銑鉄」という鉄分を取り出し、そこから炭素量を徐々に減らしていき、やがて「鋼」が生成される（図 4・14 ～ 16）。その「鋼」をさらに炭素量を減らしていくと、やがて「鉄」が生成されるという流れになる。

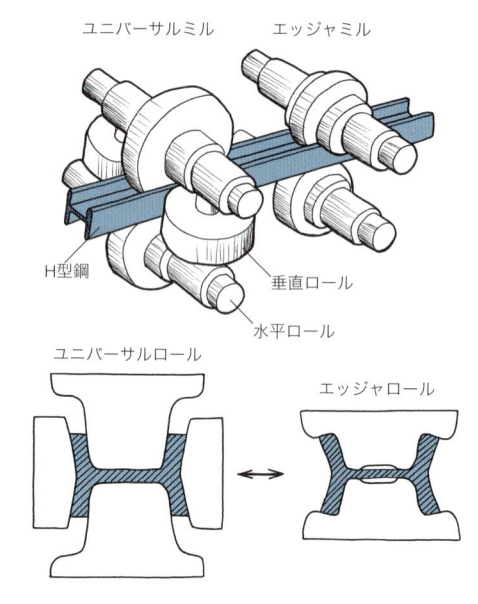

図 4・15　回転ロールによる圧延（鋼材倶楽部『新しい建築構造用鋼材』より）

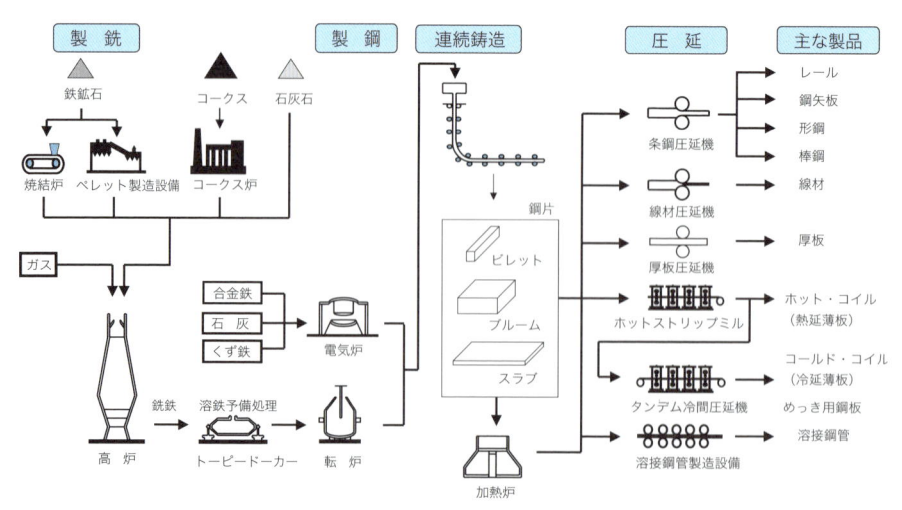

図 4・16　製鋼工程（〈建築のテキスト〉編集委員会『改訂版　初めての建築材料』より）

4 鋼材の特徴

●長所

①品質が一定（JIS）

②引張強度大＝薄い肉厚（軽量化）

③加工が容易

④長大材が得られる

⑤超高層建築が可能

⑥粘り強い

●短所

①比重が大きい＝重い

②高温になると強度が落ちる＝火災に弱い

③酸化しやすい、さびやすい

④異種金属との接触で腐食する場合がある

⑤接合部が弱点になりやすい

⑥細く薄い断面の場合は座屈しやすい

▶▶▶鋼材は構造材料の中で最も強度が高い

　鋼材は、引張・圧縮・せん断応力のいずれに対しても高い強度を持っている。このことは同時に、曲げ応力に対する強度も高いことを意味している。

　例えば、各構造材料の圧縮強度を単純に比較してみると、鋼材は木材、コンクリートの 10 倍以上の強度を持っている。

　そのために、鉄筋コンクリートに比べて鋼材そのものの比重は約 3.3 倍に達するにもかかわらず、全体として構造体を軽量化することができる。

　強度の高い鋼材を使うことで、薄い肉厚とすることができ、構造体を軽量化することによって、超高層建築が可能になったといえる。

▶▶▶鋼材はばらつきが少ない

　木材の場合、自然の材料であるため、成長する過程の条件により品質にばらつきがでることがある。

　同様に、コンクリートも木材ほどのことはないにしろ、生コンの生産過程や打設方法および打設後の養生方法などにより相当のばらつきを生じる可能性がある。

　したがって、木材やコンクリートは、材料が持っている本来の材料強度に対する設計上の安全率を大きくとるように設定されている。

　一方、鋼材は、木材やコンクリートに比べて、本来の材料強度に対する設計上の安全率が、小さい値で設定されている。

　これは、鋼材は高度な品質管理のもとに生産される工業製品のため、品質が安定していて、信頼性が高い建築材料であることを意味している。

▶▶▶鋼構造は座屈に注意

鋼材は比強度が大きいことと、合理的な形をとるために、細いあるいは薄い断面が使用されることが多い。これによって軽量化が図られるわけである。

しかし、このような断面を持つものは座屈が生じやすく、もろい材料でつくった構造と同様な破壊の性状を示すことがある。

すなわち、鋼材は粘りのある材料であるが、構造物としては必ずしも粘りのある構造になるとは限らないことになる。設計する場合には、そのような破壊が生じないような配慮が必要になる。

鋼構造は、細いあるいは薄い断面で使用する場合、座屈が生じやすいことに十分注意をする必要がある。

▶▶▶鋼構造は工期が短縮できる

鋼構造の構造材の加工は、ほぼ100%工場加工といってもよく、現場では組み立て工事のみとなることがほとんどである。

このため、躯体工事にかかる工期が現場施工のRC造に比べて大幅に短くなるのが一般的である。

したがって、製作を含めた実際の工事に要する時間よりむしろ、製作図の作成、承認、使用材料の入手など、製作準備というべき工程に要する時間が全体工期に大きく影響する。

鋼構造の施工管理は、現場以外の場所でいかに段取りよく手配できるかにかかっているといっても過言ではない。

episode ❖ 鋼構造は軽量化ができる！

私が住宅会社に勤務していた頃、5階建ての雑居ビルを設計したことがある。1階は店舗とガレージ、2階は事務所、3階は共同住宅、4、5階はオーナーの自宅という計画であった。当時、振動が少ないという理由で鉄筋コンクリート構造の方が好まれていたために、初めは鉄筋コンクリート構造で設計を進めていた。

基本設計が終了した時点で、地盤調査に入り、その地盤の地耐力を調べた。その結果、地盤があまり良くなくて、鉄筋コンクリート構造のそのままの設計では杭が必要になることが判明した。杭が必要となれば、予定の工費より大幅なコストアップとなる。そこで構造担当者と打ち合わせした結果、平面プランはそのままで鋼構造に変更することを検討した。構造を鋼構造とし、基礎をベタ基礎にすれば、その地盤の地耐力で十分可能であるとの結論に達した。

そこで、建築主に相談を持ちかけた結果、プランがそのままで使い勝手が同じならば、構造は鋼構造に変更してもよいというお許しが出た。

鉄筋コンクリート構造と鋼構造の特徴は、それぞれたくさんあるが、「軽量化が可能である」という点では鋼構造は非常に有利な構造といえる。

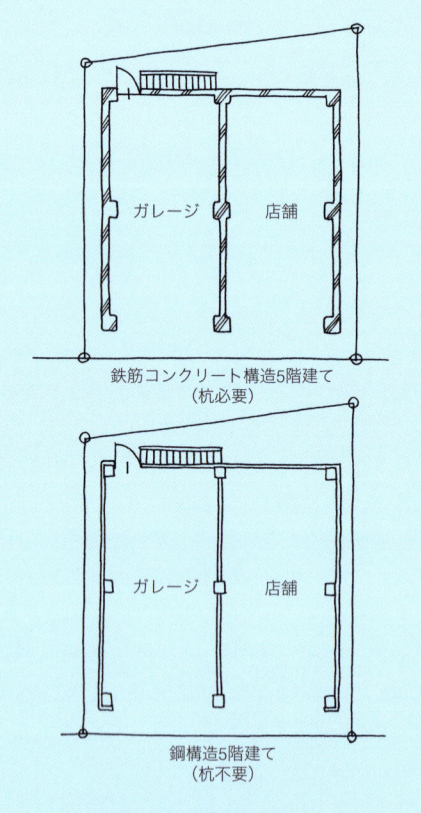

鉄筋コンクリート構造5階建て
（杭必要）

鋼構造5階建て
（杭不要）

鋼構造は軽量にできる！

5 鉄鋼の種類

❶その特徴・用途

鉄鋼の種類とその特徴・用途を整理すると、表4・1のように分類される。

すなわち、鉄鋼は炭素の含有量によってその種類が区別され、それぞれの用途に利用されている。一般に、炭素の含有量が多いほど鉄鋼の強度は上がるが、伸びが低下し、溶接性も低下する。

さらに、鋼の中でも細かく分類されていて、そのうちの炭素含有量が0.12～0.30％の軟鋼と呼ばれるものが建築構造用（形鋼、鋼板、鉄筋）として使用されている。

結論として、建築の構造用に使われている鋼材は比較的炭素含有量の少ない軟鋼である。これは、建築の構造に使用するための鋼材としては、強度も大切であるが加工性および粘り強さも同時に求められているためである。

❷化学成分の影響

鉄分というものは、自然に存在するときにいろいろな他の化学成分と混ざり合っている。製鋼の過程で、それらの化学成分が不純物として含まれている可能性がある。また、意図的に鋼材の性状を変えるために加えられるものもある。これらのうち表4・2に示す5つの元素を「主要5元素」と呼ぶ。それらは鋼材の性質に影響を与えている。

上記までの説明で、炭素が鋼材の性質に大きく影響することがわかるが、ここでは炭素を含めた他の化学成分が鋼材にどんな影響を与えるか整理してみる。

JISでは、これらの元素の含有量によって鋼材の種類を区別している。

表4・1　鉄鋼の種類・特徴・用途

種類	炭素含有量（％）	特徴	用途
鉄（純鉄）	0.02以下	軟らかい、加工しやすい	建築材料には使用されない
鋼	0.02～2.14	強度大、粘り強い	建築材料などに使用される
鋳鉄	2.14以上	融点が低い、硬くてもろい	鋳物製品として使用される

表4・2　化学成分による影響

元素	利点	欠点	備考
炭素 （C）	鋼の強度を上げる*	伸びや衝撃特性を低下させる 溶接性を損なう 加工性が悪くなる	鋼の最も重要な元素 安価である
ケイ素 （Si）	鋼の強度を上げる	多いと衝撃性や伸びが低下する	安価である
マンガン （Mn）	鋼の強度を上げる 伸びや衝撃性を上げる 溶接性を上げる 硫黄の悪影響を抑える	多いと衝撃性や伸びが低下する	炭素の次に重要な元素 安価である
リン （P）	鋼材の耐候性を高める	溶接性、冷間加工性、衝撃特性を劣化させる	低いほうが望ましい（不純物） 除くのにコストがかかる
硫黄 （S）	切削性を上げる	衝撃特性や板厚方向の絞り特性を劣化させる 割れの原因となる	低いほうが望ましい（不純物） 除くのにコストがかかる

＊炭素の含有量が0.8％程度の状態で引張強度が最大となる

6 鋼材の性質

ここでは、建築に使用する鋼材の性質をいろいろな視点からまとめてみる。

■1 加工方法

鋼材を建築用に加工するには、大きく分けて2種類の方法がある。それは、高温に熱して加工する方法と、常温のままで加工する方法である。以下にその特徴をまとめる（表4・3、図4・17）。

ここで注意をすることは、中途半端に熱して加工することは避けるということである。なぜならば、後述（p.80 表4・5）するが鋼材の強度は青熱ぜい性温度域（200〜400℃位）のときが最大となるが、非常にもろくなるため、この温度域で加工すると鋼材に悪影響を及ぼす。

鋼材はひずみのある部分からもろくなり、さびが発生したりして耐久性を悪くする。したがって、鋼材は小型のものに限って常温で加工し、大型のものは高温に熱して加工することを原則としている。

■2 熱処理

鋼材は熱を加えて、その後冷却することでいろいろな性質のものを得ることができる。その処理方法は、使用目的に応じて利用されてきた。

その種類と方法・目的についてまとめる（表4・4）。

■3 機械的性質

鋼材の特徴として最も優れているのは、引張強度が大きくて粘りのある材料であるということである。その性質を調べる方法として、鋼材を引張った外力とその伸びの量との関係をグラフにした応力度—ひずみ度曲線（図4・20）があげられる。

表4・3　加工方法

種類	温度	特徴	用途
①高温加工	1,000〜1,200℃	正確な加工ができる	大型の鋼材（形鋼など）
②低温加工	常温	ひずみがでる	小型の鋼材（鉄筋、軽量形鋼）

表4・4　熱処理の種類と方法

種類	熱処理方法	目的
焼ならし	熱した後、大気中で徐々に冷却する	強度を改善する
焼なまし	熱した後、炉の中で徐々に冷却する（図4・18）	伸びを調節する＊
焼入れ	熱した後、水につけて急に冷却する	強度、硬さを増大させる もろくなり、伸びが減少する
焼戻し	焼入れした鋼を再加熱して空気中で冷却する	内部応力を除去、粘りが増加する。硬さは減少する

＊鉄筋の結束などに使用する「焼なまし鉄線」（図4・19）は伸びを必要とするためこの方法によってつくられる。

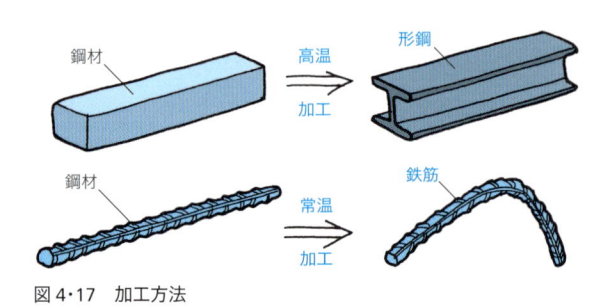

図4・17　加工方法

曲線のポイントとなる各分岐点を以下に説明する。

①比例限度：外力とひずみが比例的な関係

②弾性限度：外力を除くとひずみがほぼ0となる点

③上降伏点：外力が増すとひずみが増大する点

④下降伏点：外力を増加させなくてもひずみが進行する点

⑤最大引張強度：引張応力度の最大を示す点

⑥破断点：鋼材が伸びきり破断する点

・①②の領域を「弾性域」といい、荷重を取り除けば鋼材の変形は残らない。

・③以降の領域を「塑性域」といい、荷重を取り除いても変形は残る

・工学的に意味のある降伏点は④の下降伏点である

・比例限度の角度Eはヤング係数といい、どの鋼材でも一定の値となる

この降伏状態は、金属材料の中でも特殊なものであり、建築用に使用される鋼材のように炭素量の少ない金属材料にのみ生じる現象である。

このグラフの形の意味するところは、鋼材は荷重をかけると変形していくが、破断に至るまでには時間を要するということである。すなわち、鋼材は非常に粘り強く、変形しながら耐える力を持っている

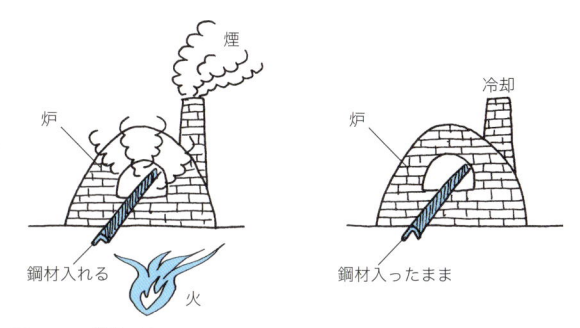

図4·18　焼なまし

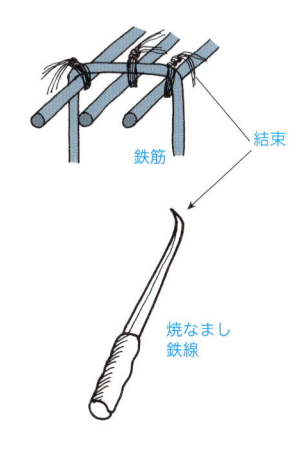

図4·19　焼なまし鉄線

▶▶▶「焼きを入れる」ということ

「焼きを入れる」という言葉を辞書で調べてみると「刀の刃を焼いて鍛える。拷問する。刺激を与えてぼんやりしているのをしゃんとさせる」とある。

それは、普通の会話の中にはあまり出てこないが、ヤクザ映画などによく出てくるような何となくけんか言葉としての使い方をされることが多い。「根性を鍛え直す」といった意味で使うのであろう。

その語源は、鋼材の熱処理のひとつである「焼入れ」の関連から発生した言葉であることが想像される。「焼入れ」とは、鋼材を熱しておいて急冷させることで「強度や硬さを改善させる」目的で使われる処理方法である。

鋼材の処理方法で使用している言葉が、その目的から「人間の精神面を鍛える」という意味に使われるようになったというわけである。

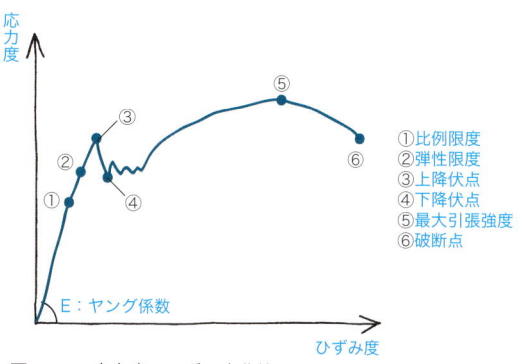

図4·20　応力度ーひずみ度曲線

材料であるということがわかる。

　この、応力度─ひずみ度曲線は、建築材料においては最も重要なグラフのひとつであるといえる。

4 物理的性質

　鋼の性質は炭素の含有量によって大きく影響を受けるが、ここでは、建築に使われる鋼材の物性を簡単に説明する。

- ・比重：約 7.8（木材：約 0.5、コンクリート：約 2.3）
- ・融点：約 1,500℃
- ・熱伝導率：熱が良く伝わる
- ・熱膨張係数：コンクリートとほぼ同じ

5 温度による影響

　鋼材は、温度によって引張強さに変化が生じる。各温度の引張強さの比較を以下にまとめる（表 4・5）。

　鋼材は、高温になると強度が落ちるために、それ

を防ぐのに断熱材を施してやる必要がある。その断熱材を耐火被覆材という。耐火被覆材の能力は、その断熱性能によって決まってくる。一般に耐火時間 30 分、1 時間、2 時間、3 時間などと指定されているが、その時間とは、ある条件で加熱したときに鋼材の温度が 600℃ になるまでの時間のことを意味している。すなわち、火災時に鋼材が 600℃ になるまでの耐火被覆材の断熱性能が、そのまま耐火性能として基準付けられている（図 4・21）。

　ちなみに、高温加工のときの温度を 1,000 ～ 1,200 ℃ の間で行うとしている（表 4・3）のは、強度がほとんど 0 の状態で行うことを意味している（表 4・5）。これは鋼材が軟らかくなるので、粘土細工のように自由に形を変えることができ、内部にひずみが起きにくいからである。

表 4・5　鋼材の温度による引張強さの比較

温度	引張強さの比較
常温	1 として
250℃	最大強度
500℃	常温時の 1/2
600℃	常温時の 1/3
1,000℃	ほとんど 0
1,500℃	溶ける

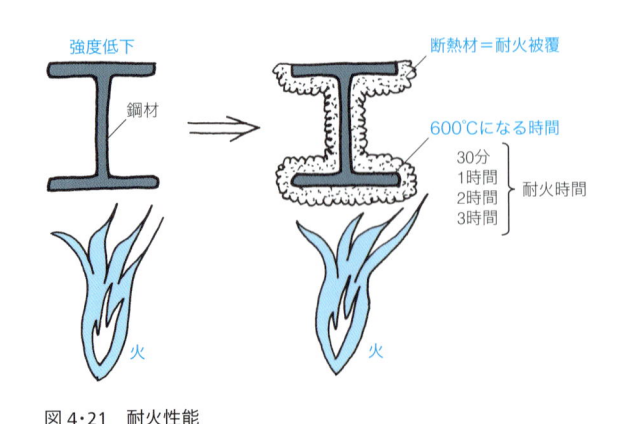

図 4・21　耐火性能

> ### ▶▶▶鋼構造は地震に強い
>
> 　構造体は、それぞれが持つ強度以上に力が加わると損傷を起こす。損傷以降の状態を、塑性化したとか、降伏点に達したなどといっている。
>
> 　木材、コンクリートは、降伏点に達するとその後は非常にもろく破壊してしまう。
>
> 　それに比べて鋼材は、その後も強度を少しずつ増加させながら大変形して、なかなか破壊しない（応力度─ひずみ度曲線参照）。鋼構造が地震に強い、といわれるのはこのためである。
>
> 　鋼材は、材料の持つ強度を超える地震力が加わっても、粘り強く変形しながら地震に耐える力を持っているのである。

▶▶▶FR鋼材について

　鋼材の欠点のひとつとして、高温になると極端に強度が低下することがあげられる。そのために建築の構造材として使用する場合は、耐火被覆をして、火災時に鋼材の温度ができるだけ上がらないような工夫がされるわけである。

　ところが、高温になっても強度が低下しないような鋼材が開発され、使用されていることもある。

　それは FR 鋼材といって、温度が 600℃ 程度に上がっても極端に強度が低下しないように工夫がされた鋼材である。FR（Fire Resistance）鋼材すなわち、耐火鋼材という（p.85 参照）。

　一般の鋼材を使用する場合は、耐火被覆しないといけないため、見た目にはその厚みの分だけ柱などの断面寸法が大きくなる。しかし、耐火鋼材を使用した場合は、耐火被覆の必要がないため、その寸法を小さくすることができる。それにより、デザイン的に細いラインのスッキリしたものになる。

　さらに最近では、同様の機能をもつ塗料も開発され、普通の温度のときは一般の塗料と同じ状態であるが、火災などの発生時には発泡することで、鋼材の耐火被覆の役割を果たすような塗料も製品化されている。

　この塗料と耐火鋼材を使用することによって、火災に強く、しかも鋼構造をスリムなデザインにすることが可能となってきている。

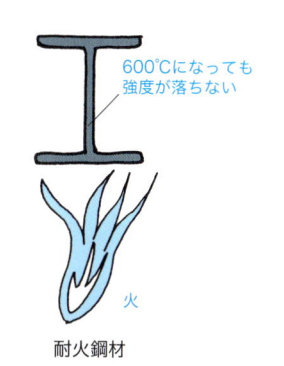
600℃になっても強度が落ちない
火
耐火鋼材

FR 鋼＋耐火塗料

episode ❖ 世界貿易センタービルは熱で破壊した？

　9・11事件。いわゆる同時多発テロによって破壊された世界貿易センタービルのニュースの映像を見て多くの人が衝撃を受けたと思う。私もその一人である。

　その映像を見ていて私は、大きなビルディングがあのような壊れ方をしたのは、構造体の要所に爆弾が仕掛けられていて、それを同時に爆発させたことによるものであると思った。いわゆる、建物を計画的に解体する工法によく似ている破壊の仕方であると思った。

　ところが、後で破壊の原因が発表された記事を読んでみると、熱による「パンケーキ崩壊」というメカニズムによるものであるということがわかった。

　それは、大量の燃料を搭載したジャンボジェット機がビルに突っ込み、そこで燃料が燃焼し続けた。その結果、その階の構造材である鋼材の温度が上昇し、強度が低下してきた。

　それにより、上階の荷重に耐え切れなくなってその階が破壊した。そして、それ以下の階は上から破壊された建物の荷重により連鎖的につぶれていき、建物全体に破壊が及んだということである。

　テロリストたちは、「鋼材は高温になると強度が落ちる」という建築的なメカニズムまで理解して、行動を起こしていたのであろうか？

世界貿易センタービル

7 鋼材の腐食と防食

鋼材は、腐食する（さびる）という大きな短所を持っている。ここでは、鋼材がどういう条件で腐食する（さびる）かについて解説をし、その腐食（さび）を防ぐための防食法について説明をしてみる。

■鋼材の腐食

❶水分との接触による

鉄分と水が接触し続けると下記のような化学反応を起こし、赤錆を発生することになる（図4・22）。

鉄が水と反応すると、$Fe + 2H_2O \rightarrow Fe(OH)_2 + H_2$ となり、まず、水酸化第一鉄が生成される。

さらに水と反応すると、$2Fe(OH)_2 + 2H_2O \rightarrow 2Fe(OH)_3 + H_2$ となり、水酸化第二鉄が生成される。

この水酸化第二鉄が赤錆の成分とされており、こ

の反応が進行すれば、やがて鋼材はやせてきて耐久性を失うことにつながっていく。

❷異種金属との接触による

各種の金属には、イオンになりやすいものと、なりにくいものとの序列が存在する。これをイオン化傾向（溶けやすい順序）と呼んでいる。

異種の金属が接触し、その間に水が入ってくると、イオンになりやすい金属のほうが溶けて腐食するようになる。

すなわち、異種の金属を接触させて使用し、そこに水が入ってくるような環境であると、イオン化傾向の違いにより、どちらかの金属が腐食することになる（イオン化傾向は表4・6による）。

例えば、

・銅板に鉄釘を使用＋水→鉄釘が腐食（図4・23）

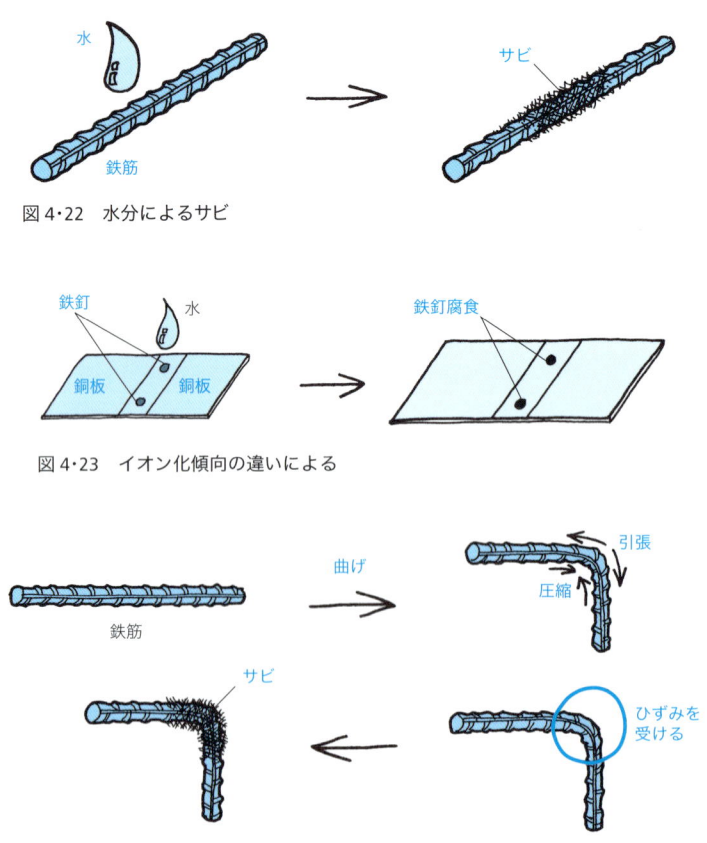

図4・22　水分によるサビ

図4・23　イオン化傾向の違いによる

図4・24　曲げによるサビ

・鉄骨柱にアルミサッシを取付＋水→アルミサッシが腐食

② 鋼材の防食方法

　上記の腐食のメカニズムから判断すると、その反応する条件を取り除いた環境にすれば、腐食は防げることになる。

①均質な材料を選択する：均質でないと内部で一種の異種金属の関係となる

②大きなひずみを与えない：ひずみ部分がさびやすい（図4・24）

③表面を保護してやる：錆止め・ペイント塗装、メッキ仕上、金属酸化被膜など

④水分・湿気から遠ざける：乾燥した環境にする

⑤異種金属を直接接触させない：イオン化傾向の小さなものと接触させない

⑥アルカリ性を保つ：コンクリート、モルタルで被覆する

⑦塩分から遠ざける：塩分が鋼材をさびやすくする

　鋼材を含め、建築材料として金属を使用する場合に注意しておくことは、異種金属同士を直接接触させて使わないことである。特に雨のかかる場所など、外部で使用するときは絶対に避けるべきである。

表4・6　イオン化傾向

金属		イオン化傾向	自然電極電位
カリウム	K	大	低
ナトリウム	Na		
マグネシウム	Mg		
アルミニウム	Al		
マンガン	Mn		
亜鉛	Zn		
クロム	Cr		
鉄	Fe		
ニッケル	Ni		
すず	Sn		
鉛	Pb		
水素	H		
アンチモン	Sb		
銅	Cu		
銀	Ag		
水銀	Hg		
白金	Pt		
金	Au	小	高

▶▶▶ 鋼材は曲げたところがさびる

　鋼材の欠点のひとつに「さびる」ということがある。しかも、大きなひずみを与えたところからさびやすくなる性質がある。

　例えば、鉄筋コンクリートの柱に使う帯筋や梁に使うあばら筋などの曲げ加工した鉄筋を調べてみると、曲げられた部分がさびていることがある。これは鉄筋を曲げることで、その曲げ部分に大きなひずみが生じたことになるからである（図4・24）。

　「曲げ」ということは、凸となる側に引張力がかかり、凹となる側に圧縮力がかかることを意味している。それによって鉄筋が変形するわけである。その部分は、力が加わり鉄筋の組織が大きなひずみを受けていることになる。

　現場では「赤さび」程度のさびは、鉄筋コンクリートの付着強度にあまり影響のないものとしてそのまま使用される。しかし、鉄筋の表面が「浮きさび」状態になったようなものは当然付着強度に影響してくるので使用を控えるべきである。

8 鋼材の規格

鋼材の規格は JIS または大臣認定品等で、その種類・化学成分・引張試験・形状・寸法などが定められており、鉄鋼製造者から鋼材検査証明書（ミルシート）を提出してもらい、物理的性質や化学成分を確認することで、品質検査に代えることができる。

以下にその種類と記号の意味、分類と用途などについて説明する。

1 種類の記号

- ・SS400
- ・SM490A
- ・SN400C
- ・SNR400A
- ・STKN400B
- ・SR235
- ・SD295
- ・SSC400

記号の意味は以下のようになる。

① 最初のローマ字は鋼材の種類を表す

② 数字は鋼材の引張強度を N/mm² で示し、鉄筋の場合は降伏点を N/mm² で示してある（図 4・25）

③ 最後にまたローマ字がくることがあるが、これは同じ種類・強度の鋼材でも、物理的性質や化学成分が異なることを意味している

C: 溶接性、じん性に加え板厚方向特性、内部性状にも配慮されているもの。

B: 溶接性、じん性に配慮されているもの。

A: 上記以外の用途のもの。

A → B → C となるにしたがって高級となる。

2 鋼材の種類

- ・SS　　：一般構造用圧延鋼材
- ・SM　　：溶接構造用圧延鋼材
- ・SN　　：建築構造用圧延鋼材
- ・SNR　：建築構造用圧延棒鋼
- ・STKN：建築構造用炭素鋼管
- ・SR　　：丸鋼
- ・SD　　：異形棒鋼
- ・SSC　：一般構造用軽量形鋼（厚み 4mm 以下）

3 鋼材の分類と用途

表 4・7、図 4・26、27 を参照。

4 建築構造用圧延鋼材（SN 材）（JIS G 3136）

新しく建築構造物専用に規定された SN 材には、次に示すような性能が求められている。

降伏点のばらつき幅、降伏比[*1] は耐震性の指標であるが、SS・SM 材とも規定がなく、SN 材で新たに追加されたものである。これは、地震エネルギーを吸収するためには降伏比の低いものが望ましいという鋼材への要求性能を受けて規定されたものである。

また、SN 材では溶接性を確保するために炭素（C）含有量などを規定し、リン（P）、硫黄（S）などの不純

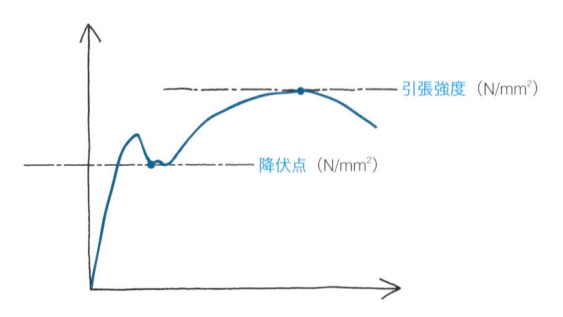

図 4・25　応力度－ひずみ度曲線

表 4・7　鋼材の分類

分類	形状	用途
形鋼	等辺山形鋼、不等辺山形鋼、I 形鋼、みぞ形鋼、H 形鋼、CT 形鋼	柱、梁
鋼管	角形鋼管、鋼管	柱、梁
鋼板	平鋼、帯鋼	鉄骨柱、梁などのつなぎ材、シートパイル
棒鋼	丸鋼、異形棒鋼	鉄筋コンクリート用
軽量形鋼	軽みぞ形鋼、軽 Z 形鋼、軽山形鋼、リップみぞ形鋼、リップ Z 形鋼、ハット形鋼	壁・天井下地 鉄骨系プレハブ構造用

物量を低減している。

さらに、鋼材の衝撃特性（割れ難さ）を示す指標として、シャルピー吸収エネルギー*2 を規定している。この値が確保されていないと、鉄骨部材の溶接接合部分が早期に破断し、大地震の大きな変形に耐えることができない。

今後、建築構造物の耐震安全性と信頼性確保のためには SN 材の使用が望ましいとされている。

化学成分と降伏点、引張強さ、降伏比等は表 4・8、9A・B による。

5 新しい鋼材

構造材料として、近年開発された比較的新しい鋼材について、その性能と特徴について説明する。

❶高強度鋼材

現在、建築構造用鋼材として、引張強度が 780N 級までの鋼材が実用化されている。

＊1　降伏比：降伏点／引張強さの比。値が小さいほど降伏後の耐力上昇が大きく、変形性能に優れた部材となる
＊2　シャルピー吸収エネルギー：じん性、粘り強さの指標

❷ TMCP 鋼

一般的な鋼材は、高強度で極厚になるほど溶接性の低下が懸念される。TMCP 鋼は熱加工制御を用いた圧延法（Thermo-Mechanical Control Process）により、じん性と強度の確保が可能となり、極厚材でも溶接性に優れ、板厚が 40mm を超えても設計強度の低減が不要な鋼材である。現在、主要な高層建築の柱材として使用されている。

❸低降伏点鋼

従来の鋼材に比べて降伏点が低く、伸び性能が大きな鋼材である。地震時の揺れや変形を低減し、低降伏点鋼を使用した制震ダンパーに集中的にエネルギーを集中させることにより、柱・梁など主要な部材の損傷を防止する制震構造に利用されている。

❹ FR 鋼（耐火鋼）

クロム、モリブデンなどの合金元素を添加させることで、高温強度を大幅に向上させた鋼材である。600℃ において常温強度の 2/3 を保障したものであ

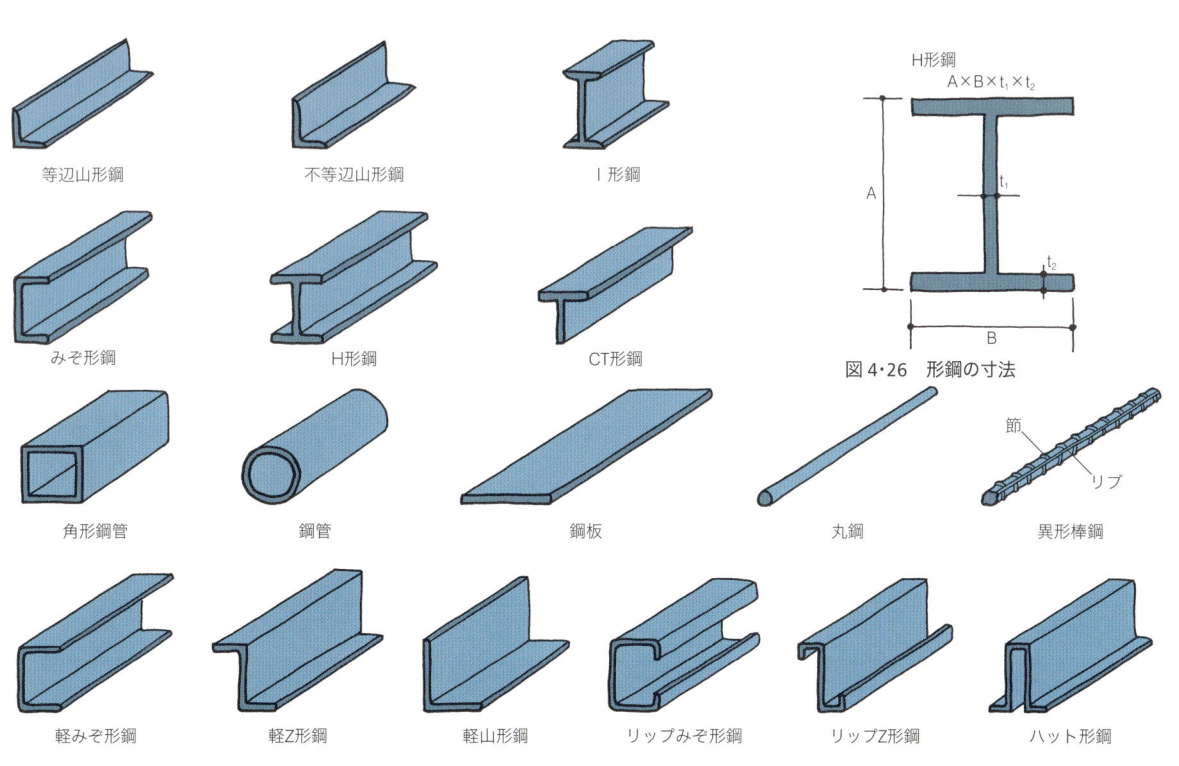

等辺山形鋼　　不等辺山形鋼　　I 形鋼

みぞ形鋼　　H形鋼　　CT形鋼

H形鋼
A×B×t₁×t₂

図 4・26　形鋼の寸法

角形鋼管　　鋼管　　鋼板　　丸鋼　　節　リブ　異形棒鋼

軽みぞ形鋼　　軽Z形鋼　　軽山形鋼　　リップみぞ形鋼　　リップZ形鋼　　ハット形鋼

図 4・27　鋼材の形状

る。耐火被覆の軽減や無耐火被覆化が可能となり、建設コスト削減、施工環境改善、美観向上が図れる。

❺ステンレス鋼

　さびを防ぐ目的でつくられた合金鋼である（p.87）。普通鋼に比べ、伸びと降伏後の耐力上昇が大きく、優れた構造特性を持っている。現在、ステンレス鋼は構造材として普通鋼と同じ扱いになり、高さが60m以下の建築物すべてに適用が可能となっている。

表 4·8　化学成分（単位：%）

種類の記号	厚さ	炭素（C）	ケイ素（Si）	マンガン（Mn）	リン（P）	硫黄（S）
SN400A	6mm 以上 100mm 以下	0.24 以下	—	—	0.050 以下	0.050 以下
SN490B	6mm 以上 50mm 以下	0.18 以下	0.55 以下	1.60 以下	0.030 以下	0.015 以下
	50mm を超え 100mm 以下	0.20 以下				

（建築構造用圧延鋼材（JIS G 3136）より抜粋）

表 4·9A　降伏点又は耐力、引張強さ、降伏比及び伸び

種類の記号	降伏点又は耐力（N/mm²）					引張強さ（N/mm²）
	鋼材の厚さ（mm）					
	6 以上 12 未満	12 以上 16 未満	16	16 を超え 40 以下	40 を超え 100 以下	
SN400A	235 以上	235 以上	235 以上	235 以上	215 以上	400 以上 510 以下
SN490B	325 以上	325 以上 445 以下	325 以上 445 以下	325 以上 445 以下	295 以上 415 以下	490 以上 610 以下

（建築構造用圧延鋼材（JIS G 3136）より抜粋）

表 4·9B　降伏点又は耐力、引張強さ、降伏比及び伸び

種類の記号	降伏比（%）					伸び（%）		
						1A 号試験片	1A 号試験片	4 号試験片
	鋼材の厚さ（mm）					鋼材の厚さ（mm）		
	6 以上 12 未満	12 以上 16 未満	16	16 を超え 40 以下	40 を超え 100 以下	6 以上 16 以下	16 を超え 50 以下	40 を超え 100 以下
SN400A	—	—	—	—	—	17 以上	21 以上	23 以上
SN490B	—	80 以下	80 以下	80 以下	80 以下	17 以上	21 以上	23 以上

（建築構造用圧延鋼材（JIS G 3136）より抜粋）

▶▶▶SM材のMの意味？

　SM 材とは、Steel Marine が語源となっている。つまり、M はマリーンの意味で海を表す言葉の頭文字であり、船舶用に使用される鋼材を意味していた。

　そして、もともと船舶用鋼材には溶接性能が求められることから、SM 材は溶接構造用圧延鋼材として扱われるようになった。

　今ではそれは、船舶のみならず、橋梁、土木、建築などの溶接構造用の鋼材として、広く使用されるようになってきている。

　その溶接性の向上を促進する化学成分として、マンガンが利用されていた。

　そういう意味では、現在ではマリーンの M はマンガンの M ととらえたほうがわかりやすいかもしれない。

▶▶▶SN材のNの意味？

　SN 材とは、Steel New structure が語源となっている。つまり N は新しいという意味である。そして「New structure ＝建築構造用」ということとした。

　それまでは、SS 材、SM 材を建築の鋼材に使用してきたが、これらの鋼材は建築分野以外にも橋梁、車両、容器その他の構造にも広く使用されていた。

　阪神・淡路大震災後、建築構造物に対象を絞っての鋼材が必要であるという多くの意見が持ち上がり制定された規格である。

　これを建築構造用圧延鋼材と名づけ、建築構造物専用の鋼材として扱うようになった。SNR 材、STKN 材の N も同様の意味である。

9 非鉄金属

建築に最も多く使われている金属は鉄鋼である。鉄鋼は、構造材料としても仕上材料としても最も身近な存在である。

ここでは、仕上材料として使用されている鋼板と同じようなつかわれ方をしている鉄鋼以外の金属について説明をしてみる（図4・28）。

1 ステンレス鋼

鋼板は安くて便利な金属で、多くの建築に使用されている材料であるが、大きな欠点として「さびる」ということがあげられる。それは長期間使用するとなれば、必ずメンテナンスが必要となってくることを意味する。

そこで、その欠点を解消するために出てきたのがステンレスである。ステンレスの語源はstainlessで、「さびにくい」を意味する。耐食・耐久性や美観を目的につくられた合金鋼である。

イニシアルコスト（建設費）はかかるが、メンテナンスコスト（維持費）が安くつき、使用部位によっては全体的にはコストが安く抑えられることもある。

- ・13クロム鋼＝約13％のクロムが含まれるステンレス鋼
- ・18-8ステンレス鋼＝約18％のクロム、約8％のニッケルを含むステンレス鋼（図4・29）

❶ステンレス鋼の特徴

- ・加工性、耐食性が良い
- ・大気中、水中でさびにくい
- ・清潔感があり、美しい
- ・鋼板に比べて高価である

❷ステンレスの表面仕上げ（図4・30）

①素地仕上げ
②鏡面仕上げ
③ヘアライン仕上げ
④エンボス加工＝板面に凹凸や模様をつけたもの
⑤その他磨き仕上げ等

❸ステンレスの用途

①ステンレスサッシ（写真4・2）
②壁体仕上材（写真4・3）

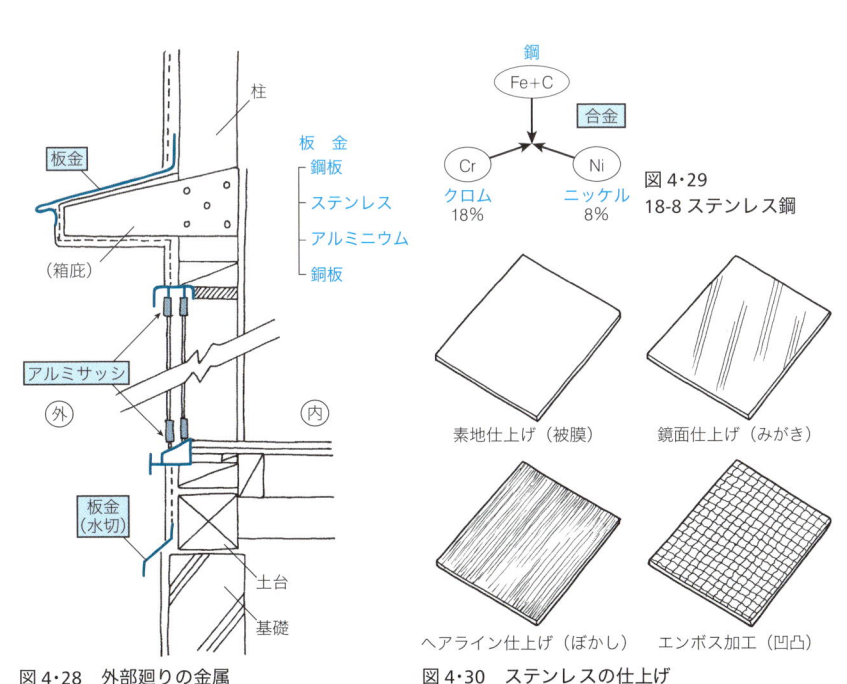

図4・28　外部廻りの金属

図4・29
18-8ステンレス鋼

素地仕上げ（被膜）　鏡面仕上げ（みがき）

ヘアライン仕上げ（ぼかし）　エンボス加工（凹凸）

図4・30　ステンレスの仕上げ

写真4・2　ステンレスサッシ

写真4・3　外壁仕上材

③建築設備＝流し台、水槽（図4・31）

④装飾品：看板、表札

⑤外部手すり

⑥シャッター（写真4・4）

2 アルミニウム

アルミニウムは、鋼板に次いで多く使用されている金属材料である。特に今では、外部の出入口戸や窓回りにはほとんどの住宅でアルミサッシが利用されている。

❶アルミニウムの特徴

・比重が2.69（約2.7＝鉄鋼の約3分の1）と小さく、軽量である

・融点が660℃と低い温度で溶け始める：耐火性に乏しい（鉄鋼の融点は1,500℃）

・軟らかく、加工しやすい

・熱線を遮る：熱遮断材料

・アルカリ性に侵されやすい：コンクリートとの接触に注意が必要

・土中で腐食する

・湿った木材との接触で腐食する

❷アルミニウム表面の色

アルミニウムの素地に塗料を焼付塗装することで、様々なカラーバリエーションが準備されている。それぞれのサッシメーカーにより若干の色は異なるが、歴史的にみると以下の順に製品化されてきた。

①シルバー（素地の色）

②こはく色（ブラウン色）

③ホワイト

④ブラック

⑤その他各種

❸アルミニウムの用途

①窓・ドアなどの建具：アルミサッシ（図4・28）

②外装材：アルミスパンドレル（写真4・5、6）

③アルミ製カーテンウォール

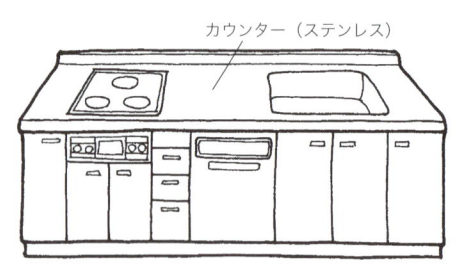

図4・31 流し台

写真4・4 ステンレスシャッター

写真4・5 外壁仕上材

写真4・6 天井仕上材

④エクステリア製品：カーポート、アルミフェンス等

⑤軽量シャッター

3 銅

　銅は、最も古くから人間が使用してきた金属材料である。銅鏡、銅鐸などの装飾品から、神社・寺院などの屋根材として古くから利用されてきた。板金業界では新しい銅板のことをその色で示し、「あか」と呼んで他の金属と区分けしている。

❶銅の特徴

・常温で展延性に富み、加工性が良い

・熱及び電気伝導率が大きい

・炭酸ガス中で表面が変化し、緑色の緑青（ろくしょう）ができ、耐食性が良くなる

・雰囲気が良い＝和風住宅・神社の屋根

・アンモニア、その他のアルカリに弱い：便所回り、海岸の建物では耐食性に劣る

❷銅の用途

①屋根材（図4・32、写真4・7）

②その他の板金（図4・32、写真4・8）

③装飾品（看板、表札等）

④給湯配管

⑤電気配線

　これまで説明してきた鋼板、ステンレス、アルミニウム、銅板などは板材として同じような使われ方をすることが多く、その特徴によって材料を選択すればよい。

4 その他の金属（一部鉄鋼含む）

　次に、建築材料としては特殊な使われ方をしている金属材料についてまとめてみる（表4・10）。

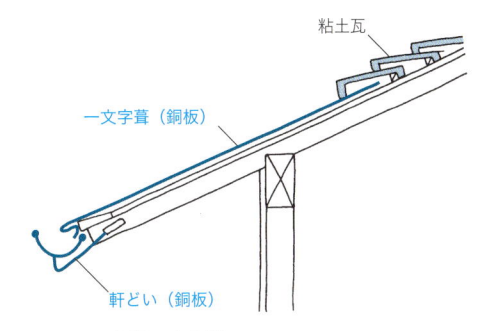

図4・32　屋根一文字葺

写真4・7　屋根材

写真4・8　軒どい

表 4·10　特殊な金属

種類	特徴	用途
黄銅 （しんちゅう）	・銅と亜鉛の合金 ・加工性がよい ・強度、耐食性がある ・安価	建具金物、装飾金物 （図4·33、34）
青銅 （ブロンズ）	・銅と錫（すず）の合金 ・鋳物にしやすい ・表面が美しい ・耐食性が大きい ・高価	建築金物、装飾金物
亜鉛	・耐食性がある ・鋳造品に加工しやすい ・酸、アルカリに弱い ・鉄板の表面保護材	木構造用金物、亜鉛メッキ鋼板（図4·35） ガルバリウム鋼板＊ （写真4·9）
鉛	・重い ・加工が容易 ・融点が低い ・アルカリ性に弱い ・化学薬品に対して強い	遮蔽材料（防音、X線） （図4·36） 化学工場の内装
ロートアイアン （錬鉄） （p.74参照）	・鉄の持つ素材 ・加工しやすい ・粘りがある ・一品生産品が多い	建築金物、装飾金物 （写真4·10）
鋳鉄 （p.74参照）	・鉄の持つ素材 ・鋳物にしやすい ・衝撃に弱い ・量産しやすい	建築金物、装飾金物 （写真4·11）

＊アルミニウムと亜鉛合金のメッキ鋼板。外装材として使用。

写真 4·9　ガルバリウム鋼板

写真 4·10　ロートアイアン

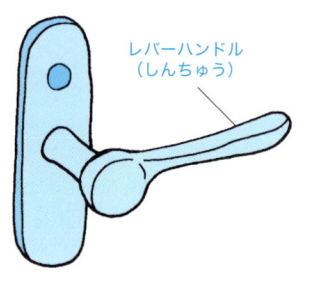

図 4·33　建具金物（しんちゅう）

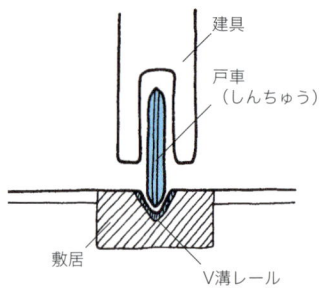

図 4·34　V溝レール（しんちゅう）

episode ❖ イオン化傾向の異なる金属の接触に注意！

　私が設計した自邸に入居して数年後、ソーラーシステムの給湯器を設置することとなった。「ガス代が節約できる」という謳い文句と、「お湯が体に優しいので、あるプロ野球選手も疲労回復のために利用しています」という営業トークにほだされて、一念発起して取り付けることになった。

　契約して数日後、設備を取り付けるために数人の職人がやって来た。屋根にソーラーパネルを取り付け、地上では温水器を設置し配管を接続するなどの作業をしていた。

　当日私はたまたま休日であったので、それらの作業を漠然と見ていた。すると温水器を設置する場所が、たまたまガス管が建物内に引き込まれているところと重なった。職人たちは、温水器のボディーとガス管を隙間なくくっつけて設置させようとした。それを見ていた私は、温水器のボディーとガス管の間を少し開けて設置するよう指示した。

　「イオン化傾向の異なる金属を直接接触させてはいけない！特に屋外では」という金属の常識を知っていたことが役に立ったことになる。あのまま温水器のボディーとガス管を直接接触させたまま取り付けていたら、おそらく温水器のボディーのほうが腐食しやすくなっていたのではないだろうかと思われる。そうしなくてよかったと、胸をなでおろしている。

写真 4·11　鋳鉄の取手

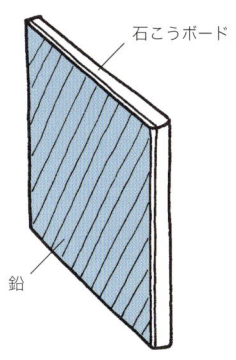

石こうボード

鉛

図 4·36　鉛遮音板

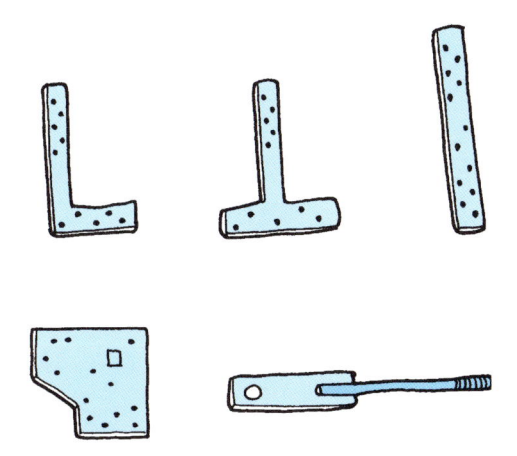

図 4·35　木構造用金物（亜鉛メッキ鋼板）

▶▶▶金属は疲労する

「金属疲労」という言葉を、時々耳にすることがある。航空機の事故調査の後とか、自動車の部品に欠陥があってリコールの対象になったニュースなどの際によく聞く言葉である。

それは、金属をある期間繰り返し使い続けた場合に起こる現象である。同じ状態で使い続けると、その時に働く繰り返しの力によって金属に負担がかかり、そこの部分に亀裂が生じることがある。特に、振動などによる、繰り返しの力がかかる場合に起こりやすい。

建築材料として使用されている金属に、絶えず同じ状態の繰り返しの力がかかる機会は、飛行機や自動車に比べて少ないかもしれない。

しかし、金属にはそのような性質があることを知っておかなければならない。特に、絶えず振動を受ける場所に使われる金属については、注意が必要である。

episode ❖ 海辺の家に使える板金は？

私は海岸線に近い場所に計画された和風の木造住宅の現場監理を担当したことがある。その建築の設計者は建築主の実弟であり、同じ住宅会社の先輩でもあった。

屋根は和風の銀色の瓦で、外部廻りの板金は和風の雰囲気をかもし出すために銅板が選ばれていた。海岸線に近いために板金に銅板を使うと、当然のこととして銅板がさびることを心配しなければならない。当時は板金に鋼板か、銅板かたまにステンレスを使用することが一般的であった。したがって、当時銅板を使用していることに何の抵抗もなく当然のこととして考えていた。

ところが、専門学校で建築の材料を教えることになり、金属材料を良く調べてみると「銅は海岸の建築物では耐久性に劣る」という文章を発見した。当時はそのような情報を聞いたことはなかった。

担当したのが今から 25 年近く前のことであり、しかも現場が遠距離であることから、その後確認していないが、使用した銅板が今どうなっているか？　心配している。少なくとも、鋼板を選択するよりはましであったと思うが？

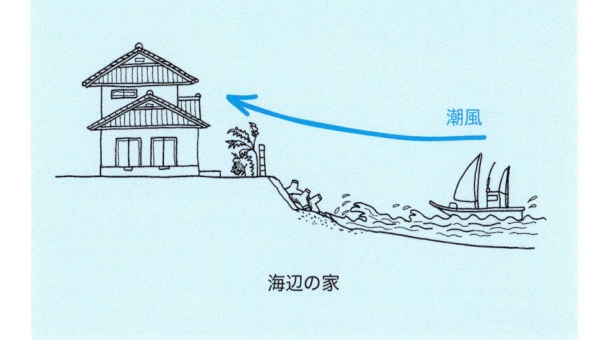

潮風

海辺の家

05 焼成品

1 焼成品は焼き物

　粘土を成型し、乾燥させ、火で焼いて生成したものを焼成品（セラミック）という（図5・1）。

　人間は火をコントロールできる唯一の動物として進化してきた。したがって、焼成品の歴史は人類の歴史といってもよいほど関係が深い。

　日本でも、縄文式土器から始まり、弥生式土器へとつながり、次第に高温で粘土を焼くことができるようになり、品質が向上していく。

　すなわち、焼成品の品質は、いかに高温で焼くことができるかによって決まってくるといえる。

　これから説明する、タイル、れんが、瓦等の品質も同じような歴史をたどって現在に至っている。

episode ❖ 焼き物について

　私の出身地は、山陰地方の鳥取県西部の米子市というところである。島根県の松江市から米子市にかけては、歴史的に見て抹茶の文化が発達してきた地方である。

　そのお陰で、私は物心がついて以来、抹茶を頂く習慣が身についている。実家に帰省すると、まず出てくるのが抹茶であり、朝起きて洗顔した後、最初に口にするのが抹茶である。今でも週に2回くらいは、自宅で抹茶を頂いている。ただ、その流派などには全くこだわらない。

　そのせいで、私は抹茶茶碗に接する期間が多くあった。最初に自分で購入したのは萩焼の抹茶茶碗であった。それを買った店とは今でも交流がある。以来、焼き物に興味をいだき始め、いろいろな地方の焼き物を見ることが好きになってきた。特に抹茶茶碗を見ることが好きである。全国陶器市などがくると見学によく出かけている。

　ところで、焼き物の材質とタイルの素地については関連性があると思う。それは、焼き物にもタイルと同じように、土っぽいものからガラスに近いものまである。柔らかい雰囲気のものから、硬くて強いものまである。製品のつくり方は同じような工程で行われる。両方とも、土の種類と焼成温度の違い、および釉薬の使い方によって、さまざまな種類がつくりだされていることがわかる。

　私の独断ではあるが、全国的に有名な焼き物とタイルの素地との共通性を整理してみると、「萩焼は陶器質に、備前焼はせっ器質に、有田焼は磁器質に」相当すると思う。

　それは、質感、焼成温度、打音、吸水性、ち密さ、硬さとかを比較してみると、そのように感じるからである。

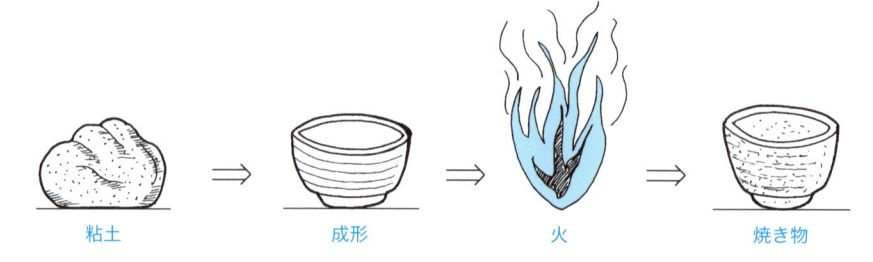

　　粘土　　　　　成形　　　　　火　　　　　焼き物

図5・1　焼成品（セラミック）

2 タイル

1 タイルの歴史

❶紀元前 3500 年頃

エジプトで今日の施釉タイルに近い形のものがつくられる。

❷ 6 世紀頃

イスラム教の勃興とともに、エルサレムなどのモスクや宮殿建築に色彩鮮やかな彩釉タイルやモザイクタイルが用いられる。

❸ 10 ～ 15 世紀

イスラム勢力によってスペインにもたらされたタイルが、建築の床、壁、天井、階段などに広く用いられるようになる。

❹ 17 世紀

スペインで熟成した焼き物の技術が、ルネサンス期のイタリアにもたらされ、マジョリカ陶器を生む。マジョリカ陶器とは、イタリアを代表する錫釉色絵陶器の総称で、その名称の起源は、イタリアで盛んに輸入したスペイン陶器がマジョリカ島から積み出されたことによる。その後、イタリアで模倣に成功してマジョリカ陶器となる。その技法がタイルにも応用され発達する。

❺ 18 ～ 19 世紀

タイルの製造がヨーロッパ全土に広がり、産業革命によって大量生産されるようになる。

❻日本における歴史

表 5・1 を参照。

2 素地の種類

焼成温度が低いと土っぽい仕上がりとなり、焼成温度が高いと次第にガラスに近い仕上がりとなっていく（表 5・2、図 5・2）。

3 用途による分類

タイルの用途は、素地質によって大きな影響を受ける。最も大きな要素は吸水率である。素地に吸水された水が、凍結によりタイルの破損を起こす可能性があるからである。すなわち、冬場に凍結の可能性のある環境では、吸水率の大きい陶器質の素地の

表 5・1　日本におけるタイルの歴史

年	出来事
1863 年	長崎の「グラバー邸」の暖炉にイギリスからの輸入タイルが使われたのが初めとされている。
1900 年	備前陶器が耐火れんがの製造法を応用してタイルの製造を始める。
1908 年	日本のタイル製造史上画期的な乾式成形法によるタイルが製造される。
1922 年	それまで、「敷瓦、腰瓦、壁瓦、張付化粧れんが」などさまざまな呼び名が使われていたが、「タイル」と名称が統一される。
1945 年以降	技術革新が進み、タイルの品質が大幅に向上する。

表 5・2　素地の種類

素地の種類	焼成温度	打音	特徴
①陶器質	1,000℃	濁音	吸水率が小さくなる
②せっ器質	1,200℃	清音	ち密になる
③磁器質	1,250℃ 以上	金属音	硬くなる

  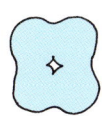 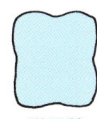 

土器質　　陶器質　　せっ器質　　磁器質　　ガラス質

図 5・2　素地のイメージ

タイルは使用すべきではない（表5・3、図5・3）。

4 表面仕上げ

無釉：素焼き（釉薬なし）

施釉：釉薬をかけて焼く。陶器質のタイルは必ず
施釉とする。種類が多い

5 寸法

①JIS より決まってきたもの（目地幅の寸法も含む）（表5・4、図5・4）

②れんがの寸法より決まってきたもの（表5・5、図5・5）

タイルはそれぞれ決まった寸法を持っているために、きれいに仕上げるためには目地寸法も含めて、「タイル割り」といった割り付けを行って貼り付けるようにしている（図5・6）。

6 タイルの特徴

●長所

①耐久性あり

②変質しない

③汚れがつきにくい

④デザインの美しいものがある（写真5・1）

●短所

①重量がある

表5・3　タイルの分類

呼び名	素地の種類	用途
内装タイル	磁器質・せっ器質・陶器質	建物の内壁
外装タイル	磁器質・せっ器質	建物の外壁
床タイル	磁器質・せっ器質	内部・外部の床
モザイクタイル	磁器質	内・外部の壁・床

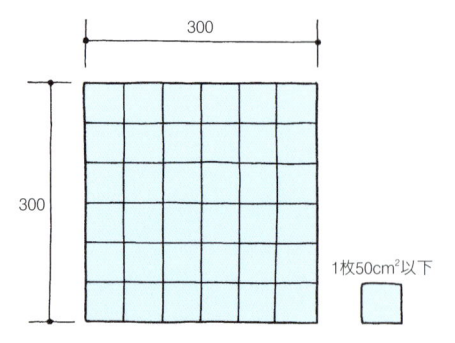

図5・3　モザイクタイル（ユニット化）

②高価である

③結露しやすい

④弾性に乏しい（もろい）

表5・4　内装タイルの形状と標準目地共寸法

標準形状	実寸法（mm）	標準目地共寸法（mm）
100mm 角	97.75 × 97.75	100 × 100
100mm 角二丁	197.75 × 97.75	200 × 100
150mm 角	147.75 × 147.75	150 × 150
200mm 角	197.75 × 197.75	200 × 200

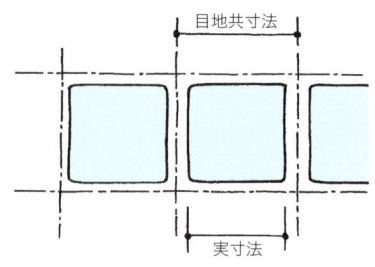

図5・4　タイルの寸法（実寸・目地共）

表5・5　外装タイルの寸法（れんがの形状を基本）

呼称	実寸法（mm）
小口平	108 × 60
二丁掛	227 × 60
三丁掛	227 × 90
四丁掛	227 × 120
53 角	150 × 90
36 角	108 × 108

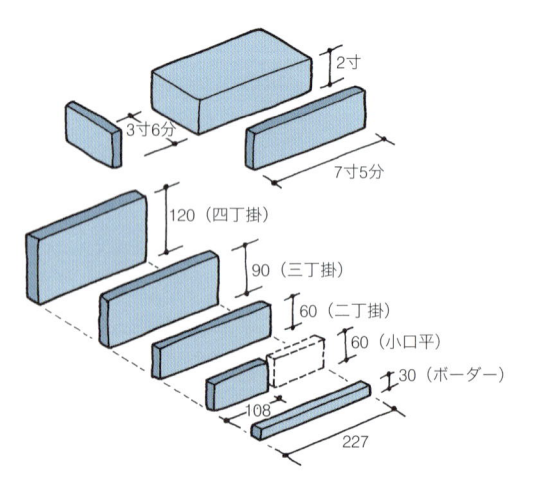

図5・5　れんがの寸法より

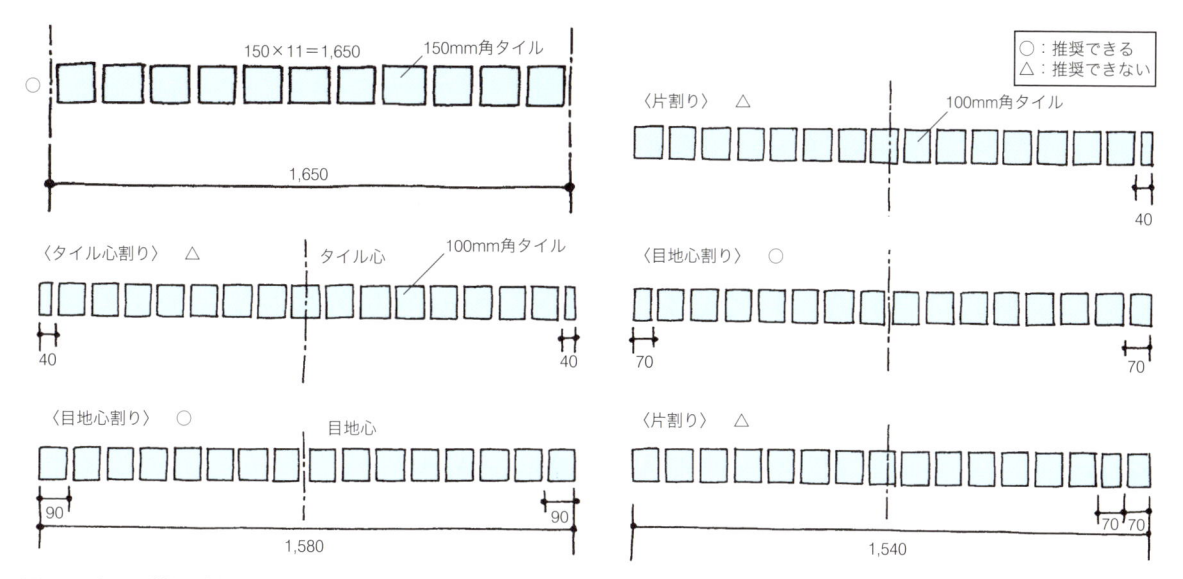

〇：推奨できる
△：推奨できない

150×11＝1,650 　150mm角タイル

〇

1,650

〈片割り〉　△　　　　　　　100mm角タイル

40

〈タイル心割り〉　△　　　　タイル心　　100mm角タイル

40　　　　　　　　　　　　　　　　　　40

〈目地心割り〉　〇

70　　　　　　　　　　　　　　　　　70

〈目地心割り〉　〇　　　　　　目地心

90　　　　　　　　　　　　　　　90

1,580

〈片割り〉　△

70 70

1,540

図 5・6　タイル割りの例

▶▶▶ 「タイル割り」とは？

タイルを美しく張り付けるためには、その目地も含めたタイル寸法を考慮に入れて割り付けることが大切となる。この張り付けるための計画を「タイル割り」といっている（図 5・4、6）。

一般に、タイルをカットすることは避けたほうが良いため、タイルと目地を含む寸法のまま、均等に割り付けることが基本となる。時にはその寸法によって、躯体の納まりを変更することもある。

しかし、窓や出隅・入隅などといった役物が必要な場所が優先的に計画されるため、タイルの寸法によってはやむを得ずタイルをカットせざるを得ない場合が生じる。

その場合、どこを基準に割り付けるかの選択が必要になる。窓や出隅・入隅、あるいは壁の中心といった選択である。

その時、1 枚のタイルはその面積の 1/2 以下にならないようにカットして使用することが常識である。そのために、タイル 1 枚をカットするのか、2 枚を均等にカットするのかの選択も変わってくる。

また、見た目を最重視するために、人の目線が最も死角になるような場所にカットされたタイルを使用するなどの工夫をして割付をすることもある。

たかがタイルの張り方ひとつでも、さまざまな選択方法があるということを知っておいて頂きたい。

写真 5・1　タイル

3 れんが

れんがは、人類のつくりだした最古の建築材料といわれている。粘土を水で練って型にはめて成型し（図5·7）、乾燥させて、焼くことによって硬くなり、強度を上げることができる。建築では、れんがを積み上げることによって壁を構成し、空間をつくりあげる。

れんがの建築は、どこか懐古的な雰囲気を持っており、昔の景観として保存されているものも多い（写真5·2）。

■1 れんがの歴史

❶エジプト

●日乾しれんが
- ・肥沃な土を練り上げて成型し、太陽の熱で乾燥させてつくる
- ・強度はあまり期待できない

❷メソポタミア

●窯焼きれんが

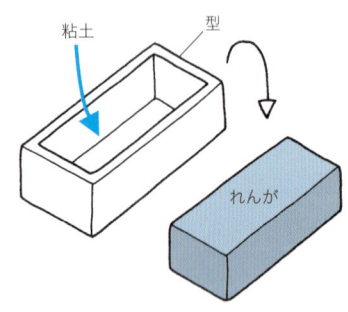

図5·7　れんがの成形

写真5·2　れんがの外壁

- ・土を練り上げ成型し、乾燥させたものを高温で焼く
- ・硬さと強度を上げる

❸ヨーロッパで普及
- ・石材と同様に組積造として建築の構造材・仕上材として利用される

❹日本
- ・明治以降導入され、れんが造の建築物が建てられるが、関東大地震により打撃を受け、その後は仕上材として使用され、現在に至る

■2 れんがの特徴

●長所
- ①断熱性が良い
- ②美観がある：仕上材
- ③雰囲気が良い

●短所
- ①重量がある
- ②組積造である：耐震性に乏しい
- ③開口部に制限を受ける

■3 れんがの種類・形状

表5·6、図5·8を参照。

表5·6　れんがの種類

種類	焼成温度	用途
普通れんが	900〜1,000℃	門柱、花壇（図5·9）
建築用れんが	1,000〜1,350℃	床・壁仕上げ（写真5·3）
耐火れんが	1,600〜2,000℃	煙突、暖炉、窯、溶鉱炉の内張り（図5·10）

写真5·3　れんが積み

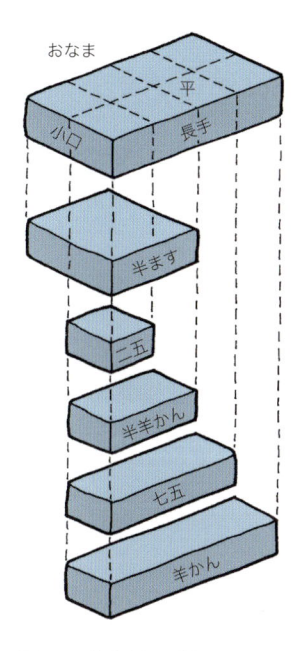

図5・8　れんがの形状

図5・9　花壇

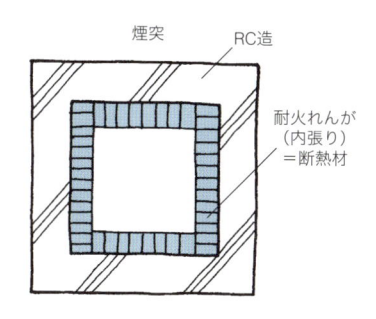

煙突　RC造

耐火れんが
（内張り）
＝断熱材

図5・10　耐火れんが内張り

episode ❖ 中国での「れんが」の思い出

　数年前、専門学校の先生方とツアーを組んで数十人で中国を旅行したことがある。主には北京市内と、その周辺の観光であった。

　バスで観光をしたが、当時北京の市街地は大都会の雰囲気で、高層ビルの建築ラッシュの状態であった。しかし、中心地を少し離れると、細い木造の柱や梁で軸組をつくり、壁は赤い「れんが」でできた平屋の住宅が多かった。少しの距離の違いで、目に映る風景が大きく変わった。農村部でもこの赤い「れんが」の建物が多く見られた。

　観光した中で、最も想い出に残っているのは「万里の長城の八達嶺」である。ご存知のとおり「万里の長城」は、粘土を焼いてつくる「せん」という「れんが」で築かれているところが多い。ものすごい量の「れんが」が使用されている。

　その場所で、私は時間の許す限り歩き回った。12月の寒い時期であったが、当日は天気も良く、歩き終わった時は汗をびっしょりかいていた。「万里の長城」のスケールの大きさを少しでも長く体感しようと思っていた。

　想い出にバスの駐車場近くに落ちていた「黒いれんが」と「赤いれんが」の欠けらをお土産に持って帰った。バスの運転手がそれを入れるための袋を準備してくれた（断っておくが世界遺産の一部を持って帰ったわけではない）。その欠けらは、今専門学校の資料室に保管してある。

　昔から中国では、建築・土木にものすごい量の「れんが」が使用されていたということが現地に行ってみるとよくわかる。

万里の長城

4 瓦

少し前の住宅建築は、「いかに屋根を美しく見せるか」がデザインの大きな要素として設計されていた。そして、その屋根に使用されてきた材料が、主として瓦であった。

瓦には地方性があり、そこの風土に合った独特の景観をつくりあげていた。「甍の波」の持つ美しさが、都市景観を構成していた（写真5·4）。ヨーロッパの各地では、今でもそのような景観が大切にされ、受け継がれ保存されているところもある。

現在は、狭小な土地に建てる総2階建風のデザインが主流となり、屋根の構成よりも外壁面を重要視するようになってきた。そして、屋根よりも外壁面にお金を掛けることが主流となってきた。

しかし、瓦の持つデザイン性と有用性は消えてしまったわけではなく、使用方法を工夫しさえすれば、瓦は屋根材料として、今でも最も優れた材料であるといえる。

■1 瓦の歴史

❶瓦の起源
古代オリエント地方が発祥地といわれている。

❷古代中国の周時代（紀元前800年頃）
瓦が使われていたことが知られている。

❸6世紀
中国から仏教伝来に伴って瓦が伝わる。寺院やお城などに使われる（写真5·5、6）。

❹江戸時代末期
一般家屋に使用されるようになる（写真5·7）。

❺現在
日本の文化、気候風土に合うように改良され、現在に至る（写真5·8、図5·11、p.100 コラム参照）。

■2 瓦の種類

①いぶし瓦：焼成の最後に炭素の被膜をかける

写真5·4　甍の波

写真5·6　お城

写真5·5　寺院

写真5·7　町家

（汚れやすい：扱い注意）

②釉薬瓦：釉薬をかけて焼く（一般的で最も多い）

③無釉瓦：釉薬なし（吸水性注意）

瓦の品質で特に注意することは、寒冷地においては吸水率の低い材質の瓦を使用することである。吸水率の大きいものを使用すると凍結により瓦の表面がはく離しやすくなる（表5・7）。

3 瓦の形状

①和瓦

　・平瓦

　・その他役物

②洋瓦

　・平板瓦

　・S字瓦

　・スペイン瓦

　・その他

図5・12を参照。

図5・11　大屋根の家

写真5・8　和風の屋根

▶▶▶ 甍の波と雲の波

「甍の波と雲の波　重なる波の中空を　たちばな香る朝風に　高く泳ぐや鯉のぼり」、童謡「鯉のぼり」の歌詞である。

広辞苑によると「甍」とは、「家の上棟、屋根の棟瓦、瓦葺の屋根、屋根の妻の下の三角形の壁体部分」とある。すなわち、「甍」とは瓦で葺かれた屋根を表す言葉であるといえる。

そうすると、「甍の波」とは、瓦で葺かれた屋根がまるで波のように連なって見える風景を意味している。屋根瓦の醸し出す、美しい都市景観が想像できる（写真5・4）。現在のように、鉄筋コンクリート造や鉄骨造でできた四角い箱の繰り返しのような景観とは異なる。

瓦で葺かれた屋根の建築物が集合している風景に出会うと、なぜか心が落ち着き、懐かしい気持ちになるのは私だけであろうか。

---

episode ❖ 焼き物で赤を出すのは難しい！

私は以前、赤い粘土瓦を使って木造住宅を設計して欲しいと頼まれたことがある。その依頼者はプロ野球の広島カープの大ファンの方で、赤ヘルにちなんで屋根を赤くしたいということであった。

さっそく、屋根業者に赤い粘土瓦を見つけてもらおうと相談を持ちかけた。ところが、屋根材料で赤くできるのは、赤く塗装された亜鉛鉄板か、赤い塗装をかけたセメント瓦か、石綿スレート板くらいしかないという返事であった。当時、釉薬をかけて焼いた粘土瓦で赤くできるものは存在しなかった。

仕方なくその中でも比較的赤に近い、マロンピンクという色の粘土瓦を提案した。赤に近い色の屋根で建築でき、依頼者は喜んでくれたように思う。今でも広島の地に、その屋根瓦の木造住宅は存在している。

話は変わるが、有田焼の絵付に柿右衛門様式というのがある。その昔、柿右衛門という人が、難しいとされた、焼き物に赤を出すことに成功して、「柿右衛門の赤」として焼き物界では有名である。その「柿右衛門の赤」が赤ヘルのような真っ赤な色に似ている。

そのような真っ赤な色の粘土瓦が当時存在していれば、その依頼者は喜んだであろうか？　ただ、私は未だに「柿右衛門の赤」のような真っ赤な色の粘土瓦を見たことはない。

近年、復元された沖縄の首里城が赤い粘土瓦で葺かれている写真は確認しているが、その色は「柿右衛門の赤」とは異なっている。

4 瓦の産地

①三州（愛知県）

②淡路（兵庫県）

③石州（島根県）

④その他：地方性あり

表 5・7　瓦の品質

種類	吸水率（%）	曲げ破壊荷重（N）	凍害試験
いぶし瓦	15 以下	1,500 以上	ひび割れ・はく離等がないこと
釉薬瓦	12 以下	1,500 以上	
無釉瓦	12 以下	1,500 以上	

（JIS による）

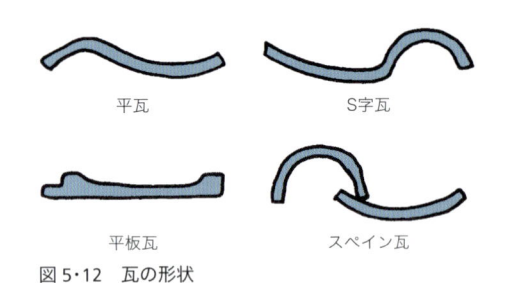

平瓦　　　　S字瓦

平板瓦　　　スペイン瓦

図 5・12　瓦の形状

▶▶▶粘土瓦はいつから家屋の屋根に？

その昔の粘土瓦は、お城や寺院といった特別な建築にのみ使用されていた。高級な材料であり、一般の庶民のための建築には使用されていなかった。一般の家屋の屋根は板葺きのものがほとんどであった。

したがって、江戸時代の町では、いったん火事が発生すると板葺きの屋根に燃え移り、あたり一帯が燃えつくされなければ火が治まらないような状況であった。当時は消火のために、それ以上燃え移らないように、周囲の建物を破壊することを行っていた。

粘土瓦が一般の家屋に使用され始めたのは、江戸時代末期頃といわれている。防火性に優れていたことと、瓦の重みで家屋が全焼する前に屋根が崩れ落ちるので、飛び火するのを防ぐのに効果的であったと考えられている。つまり主には、火災防止の目的で使用され始めた。

一般の家屋の屋根に粘土瓦を葺けるようになって初めて、屋根からの延焼のおそれが少なくなり、大きな火事の発生が減少したといわれている（写真 5・7）。

5 瓦の特徴

■ 長所

①耐久性、耐火性、断熱性に優れる

②美観に優れる：趣がある

③不良箇所の交換がしやすい

■ 短所

①重量がある：地震に不利（episode 参照）

②重ね部分から雨水がはいる。屋根勾配に注意（4/10 以上）

③焼成品のため寸法に若干差がある

episode ❖ 阪神・淡路大震災直後の瓦業界

阪神・淡路大震災直後の新聞に「瓦の屋根は地震に弱かった！」と大々的に書かれ、その後瓦業界は大打撃を受け、一時苦しい立場におちいったことがある。知り合いの瓦業者の社長が嘆いていた。

確かに、瓦の大きな欠点のひとつに「重いこと」があげられる。壁量計算のときに、「瓦葺き」と「スレート又は金属葺き」とでは地震力の係数が異なり、「瓦葺き」の場合は壁量を大きくする必要があることも事実である。

しかし、よく考えて欲しい。阪神・淡路大震災で倒壊した建物は多くのものが古い建物で、戦前に建築されていたものが多かった。

すなわち、老朽化した建物が多かった。建築当時の屋根材料はほとんどが瓦であった。しかも、関西圏は淡路瓦の生産地に近く、建物の屋根には瓦を使うことが常識であった。

また、街のつくりからして、自然と間口が狭く奥行きが長い形状の建物が多かった。いわゆる、地震に対してバランスの悪い形状のものが多かった。瓦屋根の建物でも、バランスの良いものは倒壊していないものも多い。

このような条件を加味して判断すると、諸々の条件が重なって大きな被害をもたらしたというべきであろう。決して、瓦のせいだけで建物が倒壊したのではない。

逆に、台風などの強風に対しては、重い瓦屋根は建物を護るためには有利に働く。沖縄地方の民家の屋根のつくりなどは、その証である。

要は、「全体のバランスである」。知り合いの瓦業者の社長になり代わって弁解しておく。

▶▶▶ 「瓦割り」について

　木造住宅の軒の出寸法を決めるときに悩むことがある。それは、軒どいの先か？　軒瓦の先か？　広小舞の先か？　鼻隠しの先か？垂木の先か？　どこを指せばよいかということである。

　全国各地の行政機関に問い合わせてみても、それぞれの地方によって解釈が異なっていることが多い。

　実際の現場では、工事監理者と大工と瓦屋が集まって事前に打ち合わせを行い、その取り合い寸法を決める必要がある。これを「瓦割り」といっている。

　矩計図への記載は、例えば広小舞の先を軒の出寸法として記入し、「詳細は瓦割りによる」として逃げていることが多い。瓦の種類により寸法が若干異なり、微調整が必要となるためである。

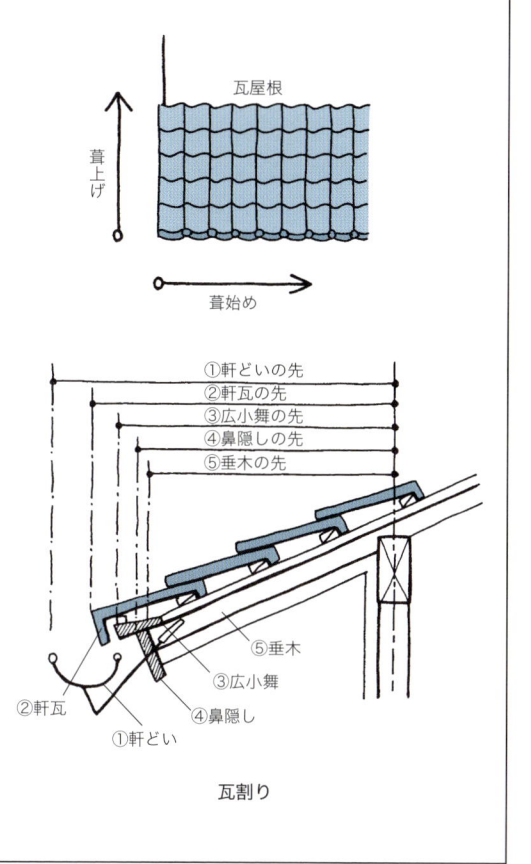

瓦割り

episode ❖ 瓦のデザイン性について

　私が住宅会社に勤務して間もない頃、勉強のために先輩方の打ち合わせをしている実際の物件を元に、自分の提案をしてみるように指示されたことがあった。

　お客様の要望を整理して平面図を作成し、その平面図を元に立面図を作成して、それをチェックしてもらうわけである。

　ある日、「和風住宅で和瓦仕様の切妻屋根」の提案の時に、いつものように平面図と立面図を作成し先輩にチェックしてもらった。

　その時、先輩は「立面図がかっこ悪い。立面図をもっとかっこいいデザインとし、それから平面図を考えろ」と指示された。「立面図を考えた後、平面図を考える」など、普通の設計手法とはまったく逆のやり方である。冗談だと思った。

　後になって思うと、その先輩は「瓦の屋根がどのように見えたら全体のデザインが良くなるかということを考え、それを平面プランに反映させろ！」ということがいいたかったのだろう。しかし当時は、本当に冗談だと思っていた。

　「瓦の屋根をいかに美しく見せるか」ということが、設計する上で重要なテーマであったということの証である。

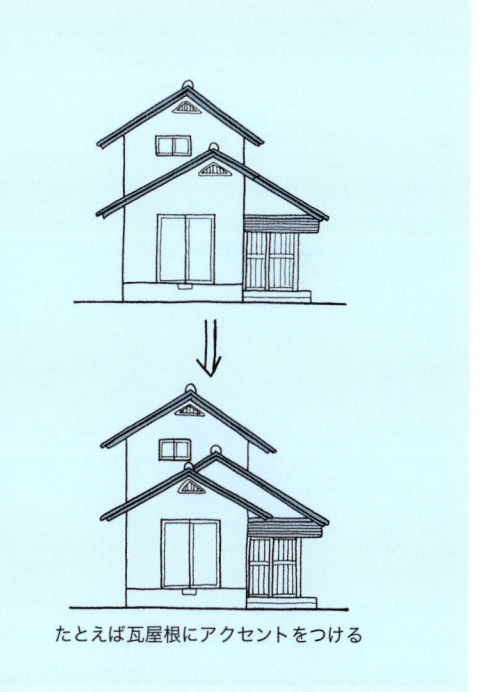

たとえば瓦屋根にアクセントをつける

5 衛生陶器

衛生陶器とは、陶磁器でつくられた大・小便器、洗面器、手洗器などの衛生設備に使われる器具類のことである。

1 衛生陶器の歴史

❶幕末

愛知県の瀬戸で、陶磁器製の便器をつくったのが始まりとされている。それまで使われていた木製便器の形をまねてつくった。成形した粘土板を木型に合わせて加工してつくっていた（図5・13）。

❷明治初期から

本格的につくられ始める。手間のかかる陶磁器製便器は高価であり、一般の庶民にはまだ普及してはいなかった。

❸明治24年以降

大量に便器がつくられ始める。次第に需要が伸びるにしたがって安価になってくる。

❹明治30年代

現在使われている和風便器と同じ楕円形の便器がつくられる。それまでの製法と異なり、せっこう型による型起こしの技術が利用された（図5・14）。

❺以後

愛知県を中心に、衛生陶器が生産されて今日に至る。現在、日本の陶磁器生産中の約1割が衛生陶器である（図5・15）。

2 素地の種類によって異なる特徴

衛生陶器の素地には、溶化素地質、化粧素地質、硬質陶器質の3種類がある（表5・8）。JISでは、焼成中の変形を抑え、極力吸水性を小さくした溶化素地質を使うことが一般的となっている。

3 衛生陶器の製法

①長石質粘土を主原料とした泥水をつくる

②せっこう等でつくられた型に流し込み、成形体を得る

③成形体を乾燥させる

④表面に釉薬を吹き付ける

⑤約1200℃で焼成する

⑥完成

4 衛生陶器の品質

①目視により、うわぐすり面に欠点がないこと

②素地にびび割れがないこと

③吸水率が小さいこと（0.03%以下）

④強度が大きいこと

⑤耐久性があること

表5・8 衛生陶器の素地の特徴

素地の種類	特徴
溶化素地質	素地の一部がガラス状になったもの。吸水性が少なく、高級品。
化粧素地質	耐火粘土の素地表面に溶化素地質の薄膜を融着させたもの。大型のもの。
硬質陶器質	陶器の素地を良く焼き締めたもの。吸水性あり。他の素地より劣る。

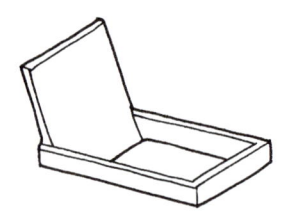

図5・13 木製便器（和風）

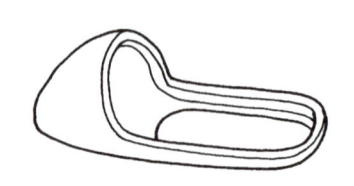

図5・14 楕円形便器（和風）

図5・15 洋風便器

episode ❖ 衛生陶器のメーカー名

　日本の衛生陶器の多くは、TOTO と INAX という２つのメーカーによる寡占状態といって過言ではない（それ以外のメーカーの関係者の方にはごめんなさい）。

　会社設立当初は、この２社の会社名はこうではなかった。それは、TOTO ＝東洋陶器であり、INAX ＝伊奈製陶という名前が正式名称であった。会社の商標としてローマ字が使われるようになったと思われる。

　その元の会社名をよく見ると、両会社とも「陶」という漢字が使われていることに気がつく。これは、衛生陶器の会社の元は、焼き物を母体としたものからスタートしていることが想像される。

　そう言えば、衛生陶器の製造過程を調べてみると、タイル、れんが、瓦といった他の焼き物のつくり方と基本的には同じであることがわかる。

注：INAX は 2011 年に統合され「株式会社 LIXIL」になったが、製品ブランド名の一つとして名前は残っている。

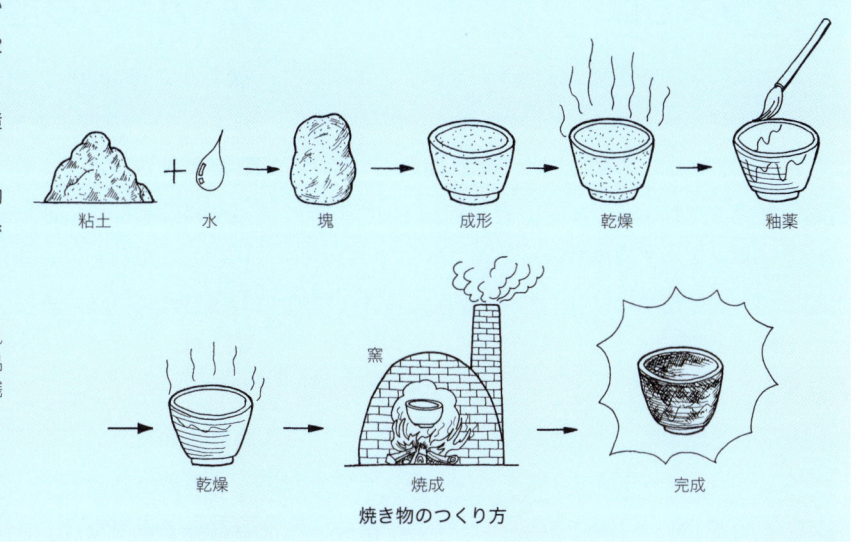

粘土　　　＋　　水　　→　　塊　　→　　成形　　→　　乾燥　　→　　釉薬

乾燥　　→　　窯　焼成　　→　　完成

焼き物のつくり方

▶▶▶トラップについて

　衛生陶器の排水経路を調べてみると、多くのものがその途中に水をためる装置を備えていることがわかる。これをトラップといい、英語の辞書には「trap ＝わな、策略、防臭弁」と出ている。

　水は自由に流れるが、封水によって悪臭やガス、あるいは害虫などが排水口から室内側に侵入してくるのを防ぐためのものである。

　形によって、Ｓトラップ、Ｐトラップ、Ｕトラップ、わんトラップ、ドラムトラップなどといったものがある。

　水がたまっていることで、はじめて効果を発揮する装置で、長い間水を流さない状態が続くとトラップ内の水が蒸発してしまい、排水口から悪臭が逆流してくることがある。排水口から悪臭があがってくる場合は、チェックすることである。

　なお、ひとつの排水経路にトラップを２個以上つけた状態を二重トラップといって、排水の流れが極めて悪くなることから絶対に避けるべきである。

　このトラップの装置は、排水設備の中でも重要な役割を果たしていることをよく理解しておく必要がある。

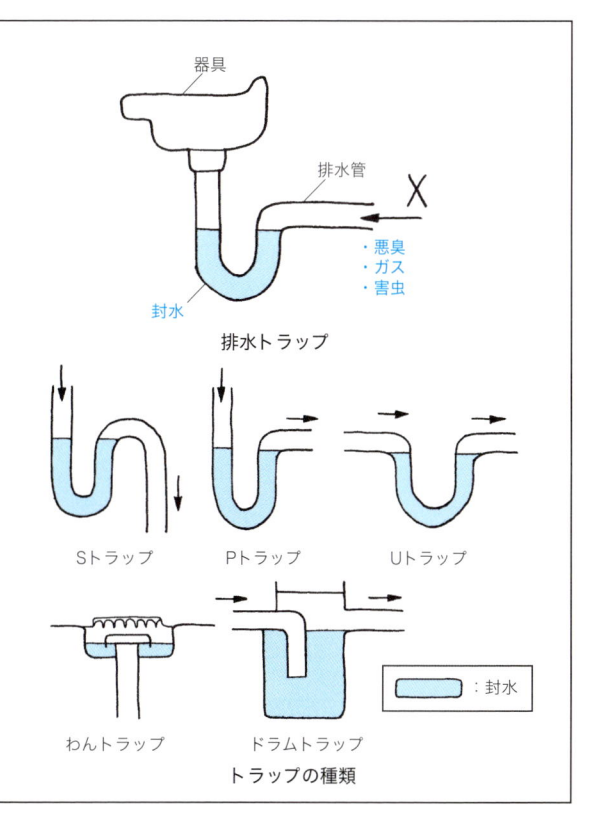

器具

排水管

・悪臭
・ガス
・害虫

封水

排水トラップ

Ｓトラップ　　Ｐトラップ　　Ｕトラップ

わんトラップ　　ドラムトラップ

：封水

トラップの種類

| 06 | ガラスと石

1 ガラスとは

ガラスは、現代の建築で使用されていないものはないと言えるくらい普及している。古代から存在してはいたが、建築に本格的に使用され始めたのは比較的新しい。

産業革命によって技術革新された、鉄、セメントと並んで、現代建築にはなくてはならない材料のひとつである。

以下に、ガラスがどのような歴史をたどって建築に使用されるようになったか説明してみる。

▶▶▶**鏡の歴史**

鏡は、現在では我々の生活にはなくてはならない存在である。今使われている鏡はガラスの製品（図6・6）であるが、昔はどういうものであったのか、その歴史をさかのぼってみることにする。

最初は「水の鏡」であったと考えられる。古代の人々は、池や水たまりの水面に自分の姿形を映しだすことで、鏡の用を足していた。その後、石や金属を磨いて鏡として使用するようになる。金属としては、銅を主体とした合金が使用された。銅鏡と呼ばれるものが、遺跡発掘などによって出土している。

1317年にベニスのガラス工が、水銀の膜をガラスに付着させて鏡をつくる方法を発明する。これによって初めて、ガラスを使った鏡が生産されるようになった。

その後1835年にドイツのフォン・リービッヒが、現在の製鏡技法の元になった、ガラスの上に硝酸銀溶液を沈着させる方法を開発した。そして、その方法が品質・生産ともに高度に改良され、現在のようなガラスによる製鏡技術が出来上がった。

---

2 ガラスの歴史

■1 ガラスの起源

❶エジプト・メソポタミアがその発祥地

初めは装身具（図6・1）、つぼ（図6・2）などといった装飾品として使用されていた。また、建築に近いところでいえば、タイルの釉薬（図6・3）として利用されていた。今のような透明なものではなく、色の付いたものがほとんどであった。当時は製造が難しく貴重品であった。

❷ローマ時代

吹きガラスの技法（図6・4）が発明され、量産化されるようになり、コストダウンが図られるようになる。

❸紀元1世紀

透明なガラスがつくられる。それまで窓のような開口部は、扉を開けて外気を入れるか、閉めて外気と遮断するかのどちらかしかなく、今のように窓を

 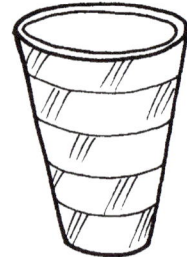

図6・1　装身具（ガラス）　　図6・2　つぼ（ガラス）

図6・3　タイルの釉薬（ガラス質）

しめたまま外が見えるような材料は存在しなかった。光を透す材料としては、貝殻、牛の胃袋、紙、布などの材料しかなく、透明な材料としてはガラスが初めてのものであった。

2 建築への応用

ローマ時代に入り、窓をふさぐために、ステンドグラス（図6・5）が利用された。すなわち、建築に最初に使用されたガラスがステンドグラスというわけである。

当然、高級品であり、一般の建築にはめったに使われず、教会・宮殿といった資金力が豊富な建築に限られて使用されてきた。

その時代には、いろいろな地方でガラスがつくられ、ガラスの産業が発達していく。代表的なものとして、ベネチアガラスなどが挙げられる。

また、透明なガラスの片面に金属の膜を付着させることによって鏡（図6・6）が出来上がる。それまでの鏡は金属などを磨いて使用していたが、ガラスを使用することによって簡単に鏡がつくられるようになり、ガラスの普及に一役買うことになる。

3 ガラスの量産

ガラスは、はじめビードロ玉（図6・7）とよばれたように、粒状または固まり状で使用されていたが、吹きガラスの技法が発明されてから板状として使用されるようになる。当然、最初は小さな板ガラスしか生産できなかった。

ガラスの量産の歴史は、「いかに安く、いかに透明に、いかに大きく」ということが目標であった。

そこで、歴史的に見てガラスの量産に大きな影響を与えた代表的な技法を以下に紹介する。

❶ 円球法（クラウンプロセス）（図6・8）

吹き棒の先につけたガラスの種を膨らませ、吹き棒の反対側に別の棒をつける。吹き棒の側を切断し、穴を開ける。次に、棒を軸に回転させると遠心力により穴が広がりながら、円盤状にガラスの板が生成される。当然、小さなものしかつくれない。

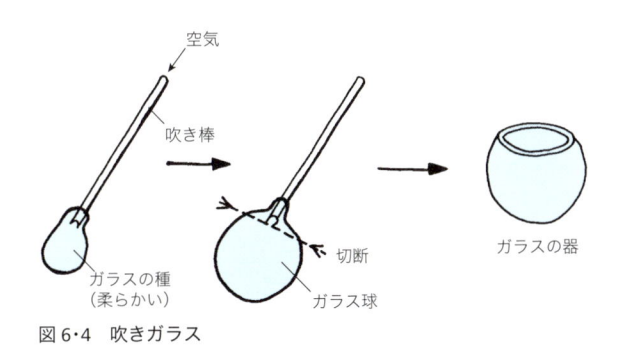

図6・4　吹きガラス

図6・5　ステンドグラス

図6・6　ガラスの鏡

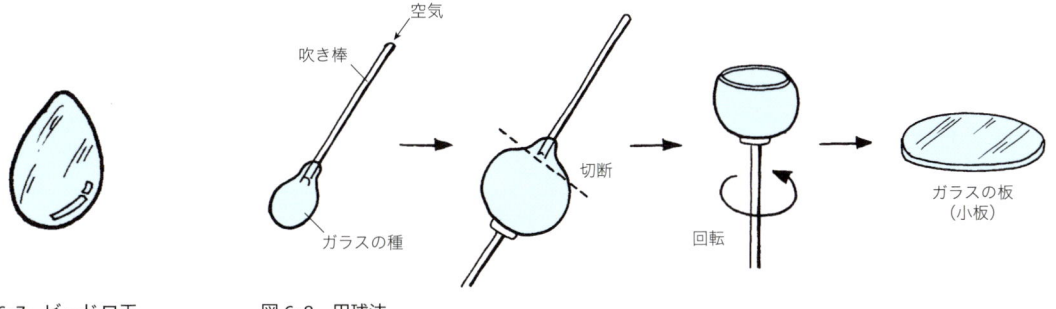

図6・7　ビードロ玉　　　図6・8　円球法

❷円筒法（シリンダプロセス）（図6·9）

　吹き棒の先につけたガラスの種を下に向けて膨らませ、輪状の器具で円筒状につくり上げ、両端を落としてから、縦に切り開いて長方形の板ガラスにする。少し大判につくれるようになる。

❸フロート法（図6·10）

　溶融ガラス素地を溶融錫に流し込むと比重によってガラスが浮かぶ。溶融錫の上を流れていく過程でガラスが除冷され、表裏とも完全に平滑なガラスがつくられる。また、引張り出す力によってガラスの厚さを決められる。現在のほとんどの板ガラスが、

この方法でつくられている。

❹ロール法（図6·11）

　水平な鉄板上に溶けたガラス素地を流して、ローラーで圧延して成形する。このローラーに型模様をつけると型板ガラスが出来上がる。また、同じくローラーに網をはさみこむことによって、網入り板ガラスができあがる。

❹近代建築とガラス

❶19世紀以降

　建築構造に変化が起こる。すなわち、それまでの石・れんがによってつくられた組積造から、鉄筋コ

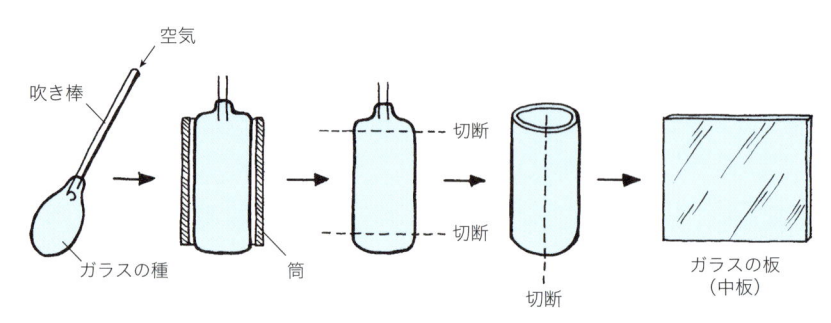

図6·9　円筒法

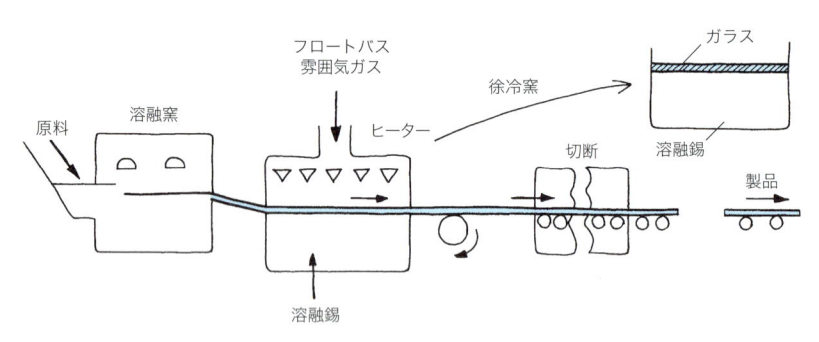

図6·10　フロート法

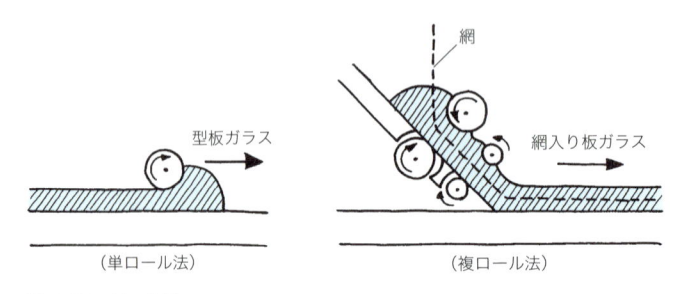

図6·11　ロール法

ンクリートおよび鉄鋼によってつくられるラーメン構造に変わってくる。

そこでは外壁の仕上げが、構造そのものの材料から、柱・梁の隙間の空間を埋めるための材料に変わってくる。その空間を埋めるための材料に、ガラスが使用されるようになる。

すなわち、ガラスが石・れんがに代わって、ファサードの中心となってくる（図6·12）。

❷ 最初のガラス建築

1851年に開催された、ロンドン万国博覧会で建てられた**クリスタルパレス**（水晶宮（p.71 図4·3））が近代ガラス建築の先駆けとなる（p.71 コラム参照）。

❸ 20世紀に入り

ワルター・グロピウス（p.72 図4·8）により、ガラス入りのカーテンウォールが提案され、ミース・ファン・デル・ローエ（p.72 図4·9）により、高層建築にガラスのカーテンウォールが使用されるなど、現代の高層建築にガラスが使用される基礎ができあがる。

❹ 現代

超高層建築（図6·13）の時代に入り、鉄鋼とガラスを使用した近代的な建築物が各都市に建設され、ガラスは現代建築には欠かせない材料として利用されている（写真6·1）。

また、住宅などの低層建築においても、アルミサッシとガラス（図6·14）を組み合わせた窓材料が多く使用されており、その需要はますます多くなりつつあるといってよい。

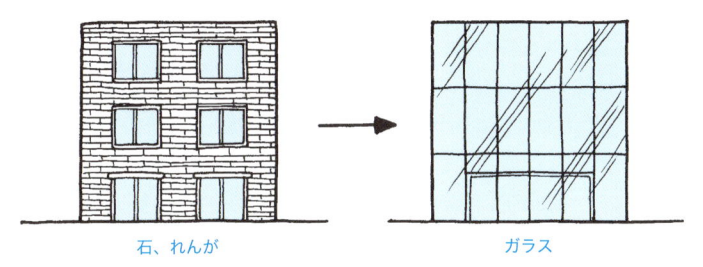

石、れんが　　ガラス

図6·12　ファサードの変化

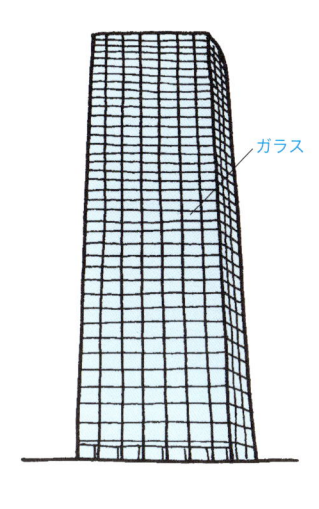

ガラス

図6·13　超高層建築

写真6·1　ガラスの建築

図6·14　アルミサッシ＋ガラス

3 ガラスの特徴

● 長所

①かたく、平滑で美しく、光沢がある

②光を透過する（透明な材料、図6・15）

③不燃性がある

④耐久性がある

⑤大量生産により安価である

● 短所

①引張・曲げ強度が小さい：もろい

②割れると危険である：使用する部位により注意が必要（図6・16）

③急激な熱変化により割れる

④断熱性、遮音性に乏しい

⑤割れやすいため運搬に注意が必要である

図6・15　透明（外が見える）

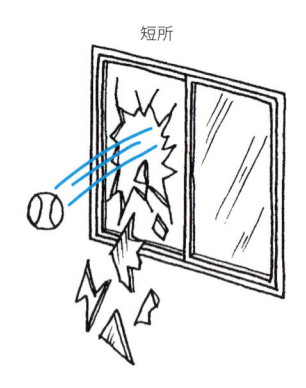

図6・16　破片＝凶器

▶▶▶ステンドグラスの誕生

建築にはじめてガラスが入ったのは、礼拝堂といわれている。

信者はその礼拝堂から東の空に向かい、木戸や窓を開け放して礼拝を行っていた。しかし、雨風が強い日には窓を開けられない。そこで、窓にガラスを入れることで、天候に左右されずにいつでも神との対話や祈りが可能となった。

当時ガラスは、小片のものしか生産できなかった。しかも色つきのものが多かった。当然大きな窓にガラスを入れるためにはガラスの小片をつなぎ合わせる必要がある。それをデザイン化する。これがステンドグラスの始まりである（図6・5）。

時代が進むにつれて、窓ガラスに宗教画が施されるようになる。宗教画を表現したステンドグラスは、文字を読むことができない信者の信仰を深めるために大いに役立ち、その後普及していくこととなる。

episode ❖ 窓ガラスの標準仕様について

最近の住宅産業界を見ると、居室の窓に複層ガラス（図6・29）を標準仕様にしているところが多いように思う。これは省エネルギー対策として、暖房費の節約になるよう配慮されたものである。

私が住宅会社に勤務していた頃は、まだ複層ガラスはそれほど一般に普及しているとはいえなかった。

当時、勤務していた会社では、窓の場所によって強化ガラス（図6・26）が標準仕様となっていた。「はきだし窓、玄関、浴室出入口」に使用するガラスは、強化ガラスにするように決められていた。これは当然、衝突・転倒などによるガラス破損事故を防止するための安全性を考慮したものであった。

各住宅会社の方針によって標準仕様となるものは異なるが、ガラスの開発研究によってさまざまな製品が日々提案されている。今後、住宅の窓にどんなガラスが標準仕様として採用されていくのか見守っていきたい。

4 ガラスの種類

建築に使用されているガラス製品としては、次のようなものが挙げられる。従来通りの一般的なガラスや安全性を高めたもの、また省エネルギー対策のものなど、日々研究・開発され製品化されている状況である。

❶一般的なガラス

表 6・1 のとおりである。

❷安全性を高めたガラス

表 6・2 のとおりである。

❸省エネルギーに対応したガラス

表 6・3 のとおりである。

▶▶▶板ガラスは偶然の産物

エジプト、メソポタミアにおいて、紀元前 3000 年〜2000 年頃からガラスによって日用品や装飾品がつくられていた。

古代のガラス製品は、主に砂のくぼみで形をつくり、熱く溶けたガラスを流し込む鋳造法が用いられていた。

板ガラスをつくるきっかけになったのは、熱く溶けたガラスを炉から型に運ぶ途中に平らな岩のうえにこぼしてしまい、偶然に冷えて固まったガラスが板状にできていたこと。それが板ガラスのはじまりといわれている。

それまでのガラスの製品は、何かの形を持つものが多かった。その後、建築に使われるようになる板ガラスができるきっかけは、偶然の産物であった。

表 6・1 一般的なガラス

種類	特徴	用途
フロート板ガラス (図 6・17)	・フロート法により成形されたガラス ・透明のものが中心 ・表面を砂で削って不透明にしたすり板ガラスもできる（図 6・18）	居間、寝室、和室などの窓（内側にカーテン、ブラインド、障子などで視線をコントロールする必要がある）
型板ガラス (図 6・19)	・型模様をつけたローラーによって成形された（ロール法による）ガラス ・視線を遮るために不透明にしてある	便所、浴室、洗面所などの窓（視線を遮断する必要のある場所）

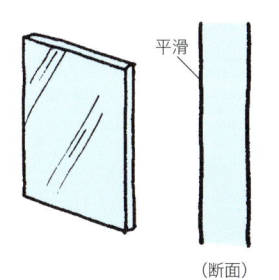

図 6・17 フロート板ガラス

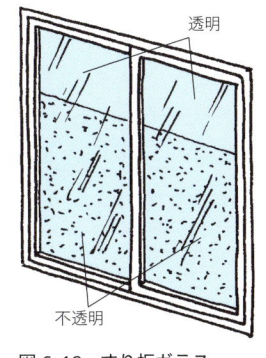

図 6・18 すり板ガラス

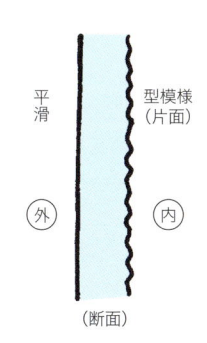

図 6・19 型板ガラス

▶▶▶型板ガラスの表裏の使い方

視線を遮るために製品化された型板ガラス（図 6・19）は、片面がつるつるしていて、もう一方の面は型模様のためにざらざらしている。

この型ガラスがアルミサッシなどにはめられて外窓に使用される場合、つるつる面とざらざら面の使い分けがされている。

それは、つるつる面を外側に、ざらざら面を内側にして納めるのが、一般的な使用方法であるとされている。

これは、外側のほうが内側より汚れやすいため、後から掃除がしやすいように、また雨で汚れが流れやすいようにつるつる面を外側に向けるのである。

同様に室内で使用する場合、汚れやすい部屋のほうにつるつる面を持っていくようにしている。台所と居間の間のガラス戸に型板ガラスを使用する場合などは、台所側につるつる面を持ってくる方がよい。

表 6·2 安全性を高めたガラス

種類	特徴	用途
網入り板ガラス*1 （図 6·20）	・ロール法によりガラス素地の中間に金属の網を入れたもの（金網にはクロスワイヤと菱形ワイヤがある）（図 6·21） ・割れても破片が飛散しない	防火戸、トップライトなど （防火、防犯、安全性を要求される開口部）
合わせ板ガラス （図 6·23）	・2 枚の透明な板ガラスの間にフィルムを挟み圧着したもの（図 6·24） ・フィルムの模様・材質によって様々なデザインのガラスがつくれる ・割れても破片が飛散しない ・防火戸にはならない*2	店舗、ステンドグラス、自動車のフロントガラス（図 6·25）など（デザイン効果または安全性を高めるための場所）
強化ガラス （図 6·26）	・板ガラスを約 600℃ の軟化温度近くまで加熱した後、急冷してつくる ・製作後は切断、加工はできない ・強度が大きい ・割れた場合、全体が小豆粒大の粒状となり破片が凶器とならない	はき出し窓、大きな窓（衝突時に安全性が要求される開口部）

＊1：ガラス素地の中間に金属の線を入れた「線入り板ガラス」もあるが、これは防火戸には認定されていない（図 6·22）。

＊2：金網と違い、割れた時にフィルムが燃えるという判断で防火戸には認定されない。

破片が落ちない
（安全）

図 6·20　網入り板ガラス

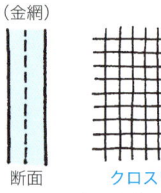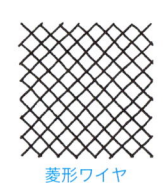

（金網）

断面　クロスワイヤ　菱形ワイヤ

図 6·21　網入り板ガラス

図 6·22　線入り板ガラス

破片が落ちない
（安全）

図 6·23　合わせ板ガラス

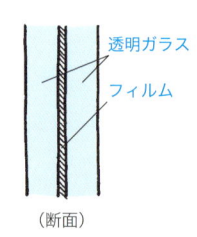

透明ガラス
フィルム

（断面）

図 6·24　合わせ板ガラス

自動車

図 6·25　合わせ板ガラスのフロントガラス

破片＝粒状
（安全）

図 6·26　強化ガラス

表6·3　省エネルギーに対応したガラス

種類	特徴	用途
熱線吸収板ガラス （図6·27）	・ガラスの原料に微量の鉄、コバルト、セレン、などの金属を加えてつくる ・着色したガラス ・室内がサングラスをかけた状態の雰囲気になる ・太陽の輻射熱を抑えることができる	冷房負荷の軽減を目的とする開口部
熱線反射板ガラス （図6·28）	・ガラスの表面に反射率の高い金属酸化膜を焼付けてつくる ・鏡面効果（ハーフミラー）がある ・ガラス自身の温度上昇が少ない	冷房負荷の軽減を目的とする開口部 鏡面効果を要求される外装*1 （写真6·2）
複層ガラス	・2枚の板ガラスを一定間隔に保ち、周囲に枠をはめ、内部に乾燥空気を入れてつくる（二重ガラス、ペアガラス）（図6·29） ・断熱性に優れ、結露防止に役立つ*2	暖房負荷の軽減を目的とする開口部

＊1：施工性に気をつけないと鏡面がバラバラになりデザイン性の効果が半減する（図6·30）。
＊2：複層ガラスの特殊なものとして、間隔が薄く内部に真空層を入れた「真空ガラス」も登場している（図6·31）。

図6·27　熱線吸収板ガラス

図6·28　熱線反射板ガラス

写真6·2　鏡面効果（ハーフミラー）

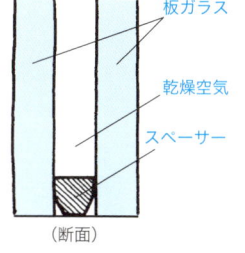

図6·29　複層ガラス

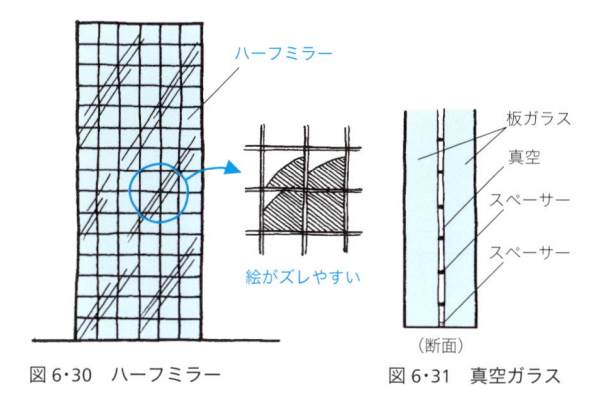

図6·30　ハーフミラー　　図6·31　真空ガラス

▶▶▶ハーフミラーガラスの施工方法

　最近の都市部には、高層建築が多く建設されている。その外壁の仕上げが、総ガラス張りのカーテンウォールでできた事務所建築もたくさん見られる。

　そのカーテンウォールに使用されているガラスに、熱線反射板ガラスを使って鏡面効果（ハーフミラー）を期待したデザインのものもある。周りの景色がガラスに映り、存在感のある建物になっている（写真6·2）。

　ところが、中にはガラスに映った景色が一面の絵としてはおかしいものを見かけることがある。モザイクがチリばめられたような、凸凹の絵になっていることがある。

　これは、1枚ずつのガラスが同一の面に仕上がっていないために起こるものである。数多くの鏡を1枚の鏡のように見せるためには、相当高い技術を要するものである。

　安易に熱線反射板ガラスを使って鏡面効果を出そうとすると、施工精度によっては逆効果になりやすいことを理解しておかなければならない（図6·30）。

❹その他の板ガラス

　その他、様々な用途に応じた板ガラスが開発され製品化されている。また、これまで説明してきたガラスを組み合わせることによって、新しいガラスとして特注することも可能となっている。一例としては以下のようなガラスがある。

- ・視野選択ガラス：見る角度により透明になったり、不透明になったりするガラス（図6·32）
- ・耐熱強化ガラス：耐熱性があり、強化ガラスで防火の認定を受けているガラス
- ・強化ガラス＋合わせ板ガラス（写真6·3）
- ・網入り板ガラス＋複層ガラス

❺ガラスブロック（図6·33）

　これは板ガラスではないが、ガラスでできた製品である。コンクリートブロックと同じように、積み上げることで壁体を構成する材料として利用できる。

- ・成型ガラス片2枚の間に空気層を設け、高温で溶着してブロック状につくり上げる
- ・光が透過する壁体をつくることができる
- ・デザイン効果が大きい
- ・断熱・遮音効果が大きく、結露しにくい
- ・医院の待合室、コンクリート壁面のワンポイント効果などに多く利用されている（図6·34、写真6·4）

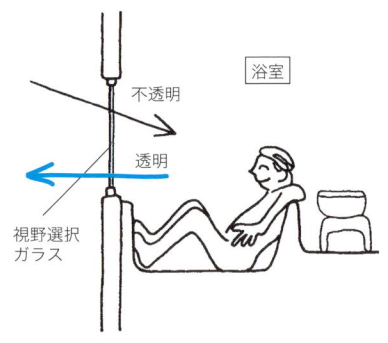

図6·32　視野選択ガラス

写真6·3　強化ガラス（図6·26）＋合わせ板ガラス（図6·24）

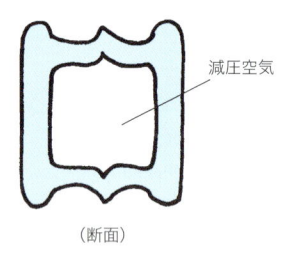

図6·33　ガラスブロック

写真6·4　ガラスブロック

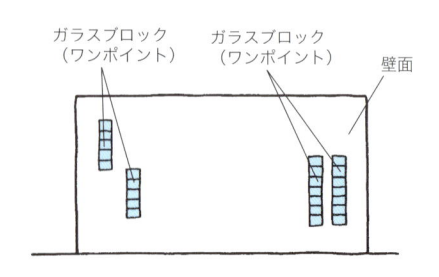

図6·34　ガラスブロック（ワンポイント）

▶▶▶防火戸のガラスに網入り板ガラス？

　建築基準法では「延焼のおそれのある部分に開口部を設ける場合は防火戸としなければならない」とある。その防火戸にガラスを使用する場合は、一般的には網入り板ガラスとしなければならない。

　街を歩いてみると、網入り板ガラスがよく使われていることに気が付く。特に、自動車販売のショールームに使われている大きなショーウィンドーのガラスなどは、隣地境界線に近いところは網入り板ガラスとなっていることが多い。しかし、隣地境界線から離れたところは、網の入っていない透明のガラスにしていることが多い。ショーウィンドーとしては、網が入っていないほうが視界的には好まれるため、どうしても法律で決められているところだけを網入り板ガラスで納めているわけである。

　ところが最近、当然網入り板ガラスとしなければならない場所に網が見られないガラスを使用している場合がある。調べてみると、そのガラスは個別認定された特殊なガラスであるとわかった。ガラスメーカーによって名称の付け方は異なるが、「耐熱強化ガラス」として防火戸と変わらない性能を実験データーで示し、特別に認定されたガラスというわけである。

　以前は街を歩いていると、「延焼のおそれがある部分」は一目瞭然に判断ができたが、最近はガラスを見ただけでは判断がしづらくなっている。

ショーウィンドー（防火戸）

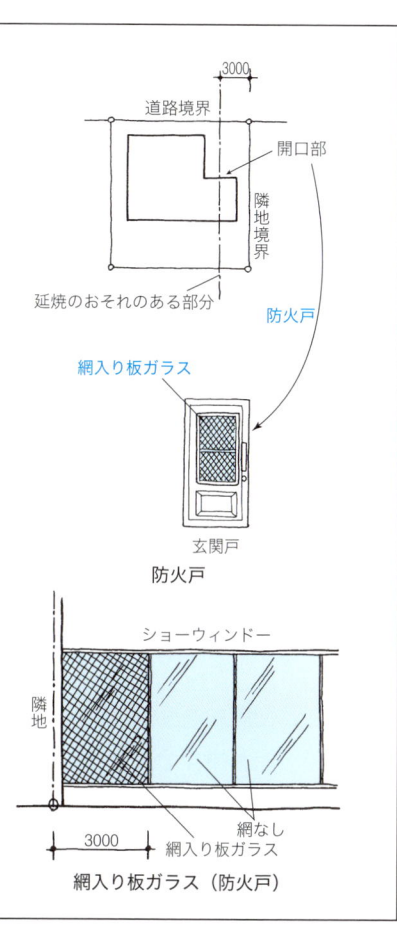

防火戸

網入り板ガラス（防火戸）

▶▶▶安全ガラスの利用

　ガラスの最大の欠点は、壊れたときの破片が人間にとって凶器になることである。万が一壊れてガラスの破片が空から降って来ることにでもなったら、大事故につながる。特に、超高層建築にガラスを使用するときなどは、これらのことを十分に踏まえてガラスの種類を選択しなければならない。

　そこで考え出されたものが、安全性を高めたガラスである。①壊れにくいもの、②壊れても飛び散らないもの、③飛び散っても凶器になりにくいもの、などの条件でいろいろな安全ガラスが開発され、使用されている。

　ガラスの種類のところで説明したように、網入り板ガラス、合わせ板ガラス、強化ガラスなどがその種類のものである。それらを組み合わせて使用し、安全性をさらに高めたものも提案されている。例えば、強化ガラスを使用した合わせガラス（写真6・3）などは、先に説明した条件をすべて満足するガラスといえるかもしれない。また場所によっては透明性のあるプラスチックなどを使い、壊れても凶器にならないような代用ガラスが使用されることもある。

　建築材料としてガラスは、今ではなくてはならない材料のひとつではあるが、安全性に関してその使用方法には万全を期しておかなければならない。

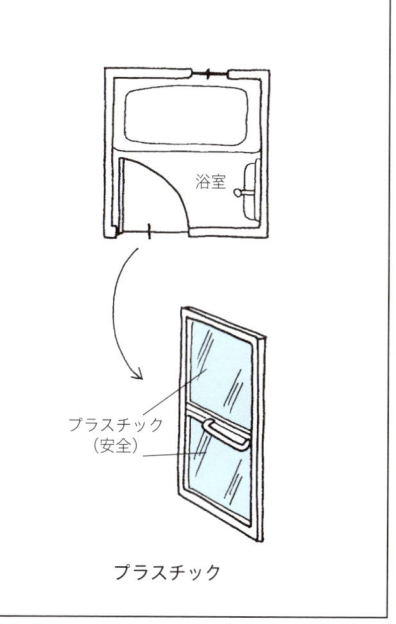

プラスチック

5 石材とは

■ ヨーロッパの石材

　ヨーロッパを旅すると、そこに建っている建築物の多くのものが石材でできており、まさにヨーロッパは石の文化であることがわかる。

　観光地の中には保存建築物に指定されているものも多く、何千年もの時を経て現在に受け継がれている。

　石材は耐久性がよいため、建造された当時の材料がそのまま使用されているように思われるが、実際には部分的に修復を繰り返したり取り替えられたりして、現在の姿を保っている。

　そこに使われている石材は、石灰石か大理石が多い。

　大理石は種類も多く、美しい模様をしていて、永久にその表面を保っていてくれるように思えるが、実際は表面が汚れやすく、風化しやすい材質である。そのために定期的に表面を補修してやる必要がある。

　ヨーロッパでは材料が豊富に入手できるため、外壁に大理石が使われることが当たり前のようになっているが、貴重品とされる日本では大理石を外壁に使用することは、できるだけ避けることが常識となっている。

　石材がどのような歴史をもって、ヨーロッパで建築材料の主流となり、また現在の建築物に影響を与えてきたのかをたどってみる。

■ 石の歴史

❶ 石器時代

　この時代には、石は文字どおり石器（道具）（図6・35）として使用されていた。基本的には建築とのつながりは考えられない。

❷ エジプトのピラミッド

　最初の石の建造物としてはピラミッド（図6・36）があげられる。王様の権力で壮大な建造物をつくりあげてはいるが、これは建築と呼ばれるものではない。いわゆる大きな墓である。

❸ メソポタミアのジッグラト

　これは、神を祭るための石でできた大きな祭壇である。これも空間をもつものではないため、建築とはいえない建造物である。一種の記念碑である（図6・37）。

❹ ギリシア時代のパルテノン神殿

　アテネのアクロポリスの丘に建つこの神殿が、最初の石造建築である（図6・38）。これが石の建築のスタートである。と同時に、西洋建築史の始まりの代表でもある。

❺ ローマ時代

　石材での工法が改良され、アーチ、ヴォールト、ドーム（石を用いた曲線の空間、図6・39）が考案される。それらの工法を融合させて、教会や宮殿などの大空間をつくりあげる。また、ファサードに彫刻（大理石の表面）の装飾を施すようになる。

図6・35　石の道具

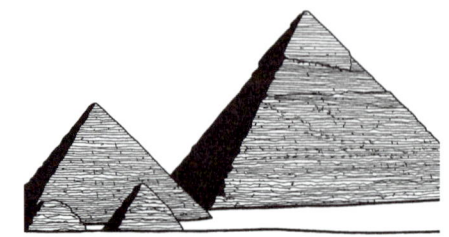

図6・36　ピラミッド

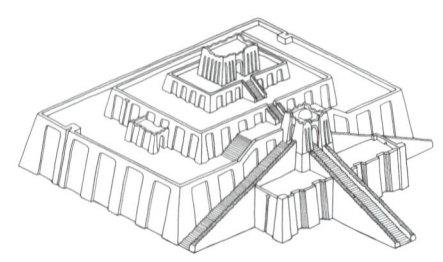

図6・37　ジッグラト

❻中世以降

石造の教会建築が主流となり、表現様式が時代と共に変化してくる（表6・4）。

ヨーロッパにおいて石造建築が発展した理由は、

①石が身近に豊富にあった：石灰石、大理石の産地が多い

②石の産地から都市への輸送が可能であった：大きな、流れの緩やかな河川の利用（図6・44）

③石を扱う芸術の意識が高かった：彫刻の文化

④気候風土が適する：乾燥気候、地震が少ない

❼近代から現代

コンクリートおよび鉄骨の普及により、工法に変化が現れる。すなわち、石・れんがでできた組積造からラーメン構造へと変化していく（p.70 図4・2）。

そこでは、石材は構造を担う材料の役割を終えて、表面を飾るための仕上材へと移行していった。

そして現在を迎え、石材は主として床・壁に使用される仕上材として利用されている。

❽日本での石材

日本での石材の利用はヨーロッパとは異なり、庭園・敷石などに使われることが多かった。

建築につながるものとしては、城の石垣（基礎）（写真6・5）、木造建築の基礎（図6・45、写真6・6）といった、建物と地盤とをつなぐ材料として利用されてきた。江戸時代までは、こういう使い方がほとんどであった。

明治時代に入り、西洋建築の導入によって石造建築が盛んに建造された。しかし、関東大震災により、

図6・38　パルテノン神殿

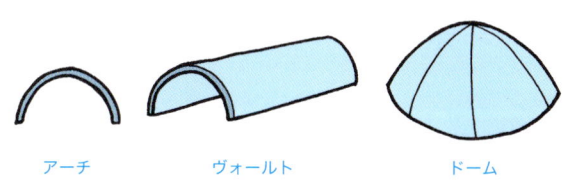

アーチ　　　ヴォールト　　　ドーム

図6・39　石の曲線構造

表6・4　中世以降の石造建築

様式	時期	特徴
ロマネスク（図6・40）	11世紀から12世紀中	古代ローマの諸要素（アーチ、ヴォールトなど）を復活させると共に、東洋趣味の感化を受けて新たに創りだされた。
ゴシック（図6・41）	12世紀中から15世紀	天井は肋骨で補強し、壁は先のとがったアーチと組み合わせた柱で支える。建物は高く、窓も大きくとる。垂直線を強調する。
ルネサンス（図6・42）	15世紀から16世紀	ギリシア・ローマの古典文化の復興を目指す。均整のとれた美しさ、明快な数学的比例、オーダーや破風など古代ローマの応用を追及。
バロック（図6・43）	17世紀初めから18世紀中	文芸復興期の古典主義に対して、曲線や歪んだ形の造形・装飾で、見る者の視覚に直接訴える劇的は空間が求められた。

組積造である石造建築は地震に弱い構造であることが判明した。

これにより石材は構造材料としては使われなくなり、現在は床・壁の仕上材として利用されている（写真6・7）。

図 6・40　ロマネスク（サン・ヴィセンス参事会教会堂）

図 6・41　ゴシック（シュテファン大聖堂）

図 6・42　ルネサンス（サンタ・マリア・デル・フィオーレ大聖堂）

写真 6・5　城の石垣

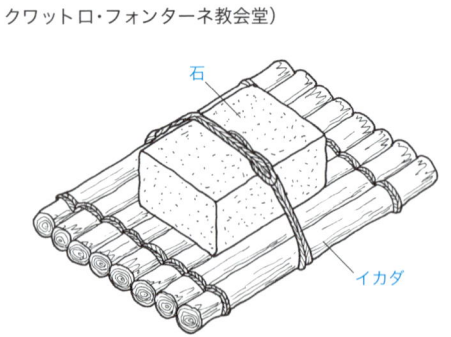

図 6・43　バロック（サン・カルロ・アッレ・クワットロ・フォンターネ教会堂）

写真 6・6　基礎石

石

イカダ

図 6・44　運搬（河川の利用）

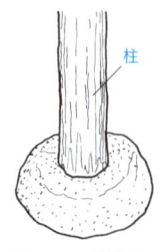

柱

図 6・45　基礎石

写真 6・7　石張りの建築

6 石材の特徴

●長所

①圧縮強度大

②耐久性、耐摩耗性大

③不燃性（多くは耐火性大）

④磨くと美しいものがある：趣がある

●短所

①引張強度小

②重い：使用部位に注意（床・壁）

③構造材には向かない（組積造：地震に弱い）

④高価である：仕上材の中では最も高い（ポイント的に使用）

06 ガラスと石

---

episode ❖ 「ある美術館」の外壁

私が専門学校の教員になりたての頃、石に関する資料をもらいに、ある石材専門の会社を訪ねたことがある。そのときに頂いた資料は、今でも建築材料の授業で利用させてもらっている。

その時、応対してくれた担当者が会社案内の資料の中にでてきた「ある美術館」について私に話をしてくれた。その美術館は、外装・内装とも大理石でできていた。写真を見ながら、「実は大理石は外装に使わないほうが良いのです」と。

後で調べてみると、確かに大理石は酸に弱いため、雨に打たれる外装には使用しないことが常識になっていることがわかった。それにもかかわらず、なぜその美術館は大理石を外装に使用したのであろうか。理由はよくわからないが、雰囲気は非常に良いものになっている。

時々、私はその美術館を訪ねることがある。そのときは必ず外壁を触ってみることにしている。確かに、外壁に触るとうっすらと白い粉が手に付く。これは雨に打たれて、大理石の表面が風化している証拠であると思う。内壁ではこういうことはない。

ヨーロッパでは外装に大理石を使用することが当たり前のようになっているが、日本では高級な大理石は内装だけに限定して使用した方が無難であると思う。

▶▶▶床・壁大理石のトイレの小便器の下は花崗岩

高級なホテルなどに行くと、玄関まわりからロビー、フロント、洗面所、トイレにいたるまで、床・壁の内装仕上げに大理石が使われているところがあり、非常に豪華な雰囲気になっている感じがする。

大理石にはいろいろな色調や模様のものがあり、予算が許せば石材の仕上げとしてぜひ使ってみたいものである。

ところが、その使われ方をよく調べてみると、トイレの床全体は大理石を使用しているが、小便器の下の部分だけが花崗岩などの別の石材で仕上げてあることがある。

これは、大理石が酸に弱いという理由による。すなわち、尿に含まれる弱酸によって侵されやすいため、その部分だけは大理石の代わりに酸に強い花崗岩などを使用するのである。

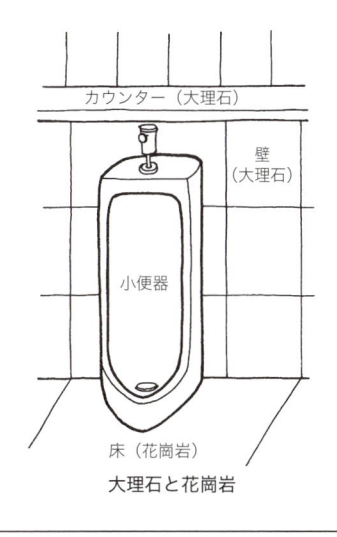

大理石と花崗岩

7 石の分類

石の種類は数多くあるが、現在の建築によく利用されるものとしてはある程度限定されている。以下に、石の成因（図6·46）ごとに分類して、その種類と特徴を説明する。

❶火成岩

地球内部のマグマが冷却・固化したもの（表6·5）。

❷水成岩（堆積岩）

風化、浸食した岩石、火山の噴出物、生物の遺骸が堆積固化したもの（表6·6）。

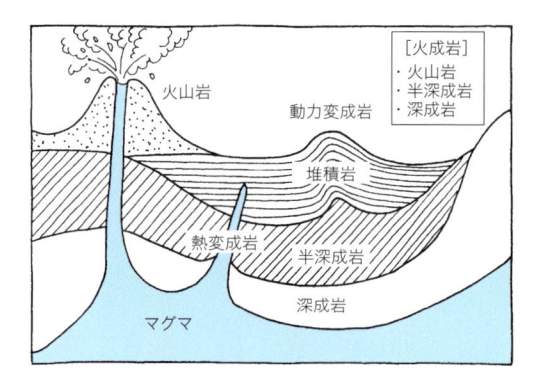

図6·46　岩石の生成

表6·5　火成岩

種類	特徴	用途
花崗岩 （御影石）	結晶質、硬質、耐久性・耐摩耗性大、圧縮強度大、加工困難、高熱に弱い	床・壁の内外装材 （図6·47、48）
安山岩	耐火性大、加工容易、圧縮強度大	割ぐり石、砕石 （図6·49）
鉄平石	板状に薄く割れる	壁面の石張り、床の敷石

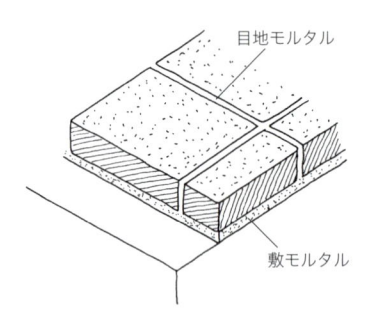

図6·47　床（石張り仕上げ）

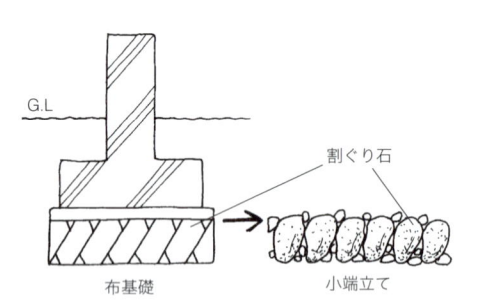

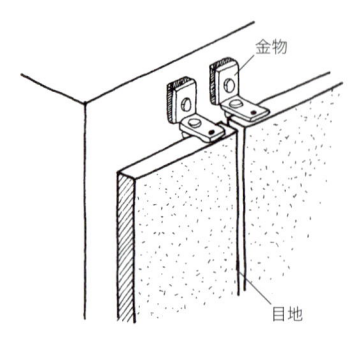

図6·48　壁（乾式石張り）

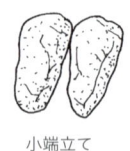

図6·49　割ぐり石

❸変成岩

火成岩や水成岩が地殻変動による高温・高圧の作用を受けて変質したもの（表6・7）。

❹石材の採石

石材は石材採取場で採石される。その時に使われる用語に以下のようなものがある。

- ・節理：自然に存在していた時の割れ目のこと
- ・石目：鉱物の組成の状況により硬軟の部分があり、割れやすい面のこと
- ・矢割：石目にそって穴を開け、鋼製のくさびを打ち込み、石を割ること（図6・51）

❺石材の加工・仕上げ

切り出された原石は、工場で電動ノコなどを使っていろいろな形状に裁断され、表面仕上げが行われる。表面仕上げには次のような方法がある。

- ・研磨仕上げ：つやだし（砥石にて）
  - ▶粗磨き、水磨き、本磨き（写真6・8）。
- ・粗面仕上げ：伝統的な仕上げ、
  - ▶こぶだし（写真6・9）、のみ切り（図6・52）、削り、びしゃんたたき（図6・53）、小たたき（写真6・10）他。
- ・ジェットバーナー仕上げ：加熱後水で急冷し、結晶を飛ばし表面を凹凸に仕上げる（図6・54）。花崗岩の床仕上げ（滑り止め）

❻石材の形状・用途

表6・8、図6・55を参照。

表6・6　水成岩（堆積岩）

種類	特徴	用途
粘板岩	層状に薄くはがれる。吸水性小、耐久性大 天然スレートで別名が玄昌石（げんしょうせき）	屋根葺材、張石、敷石（図6・50）
凝灰岩	軟質、軽量、加工容易、耐火性あり、吸水性大、強度小	壁の内装、塀
砂岩	天然素材のテクスチャー（ざらざら感）、左官仕上げ風の感触	壁の内外装
石灰岩	軟質、加工容易、酸に弱い	セメントの原料

表6・7　変成岩

種類	特徴	用途
大理石	石灰岩が変成。美しい色調・模様、強度大、酸に弱い、汚れやすい	内装材（図6・47、48）
蛇紋岩	かんらん岩が変成。緑色の地に白の網目状の模様。大理石と同様	内装材

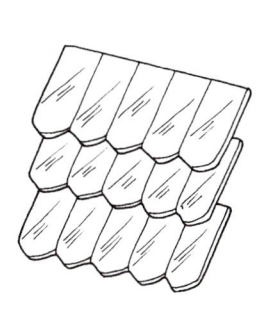

図6・50　天然スレート

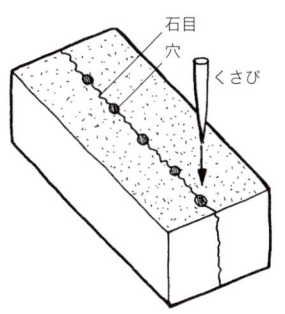

図6・51　矢割

❼人造石

　高価な大理石に比べ、人工的に大理石風につくられたセメント製品として、テラゾーと呼ばれるものがある。安価に入手されるため、大理石の代用品として床・壁・カウンター仕上げなどに利用されてい

る。なお、製品としてではなく、左官材料仕上げのテラゾーとして現場施工されることもある（図6·56、写真6·11）。

写真6·8　本磨き仕上げ

写真6·9　こぶだし仕上げ

写真6·10　小たたき仕上げ

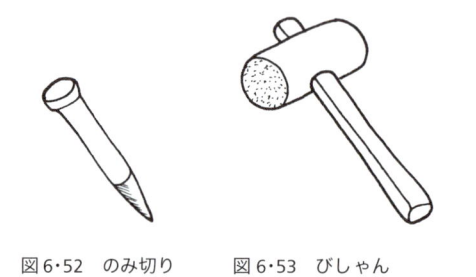

図6·52　のみ切り　　図6·53　びしゃん

図6·54　ジェットバーナー仕上げ

表 6・8　石材の形状・用途

種類	特徴	材種	用途
板石	厚さが 15cm 未満、かつ幅が厚さの 3 倍以上。	花崗岩・安山岩	敷石
角石	幅が厚さの 3 倍未満。	凝灰岩・砂岩	基礎・沓石
間知石	四辺形の底面を有する角すい形。側面は四方落とし。	花崗岩・安山岩	石垣
割石	四辺形の底面を有する角すい形。側面は二方落とし。	花崗岩・安山岩	石垣

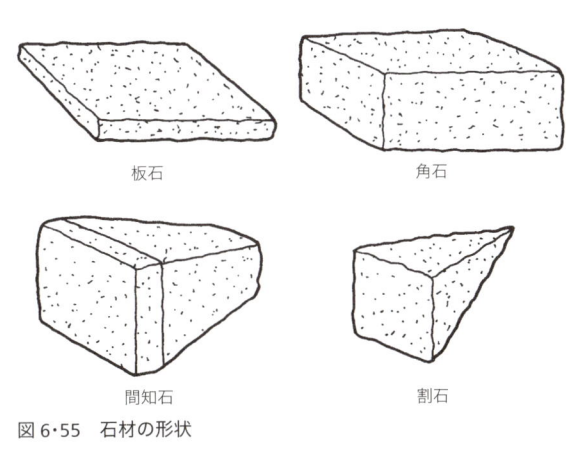

板石　　角石　　間知石　　割石

図 6・55　石材の形状

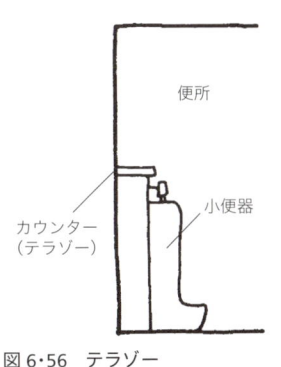

便所

カウンター
（テラゾー）　　小便器

図 6・56　テラゾー

写真 6・11　テラゾー仕上げ

▶▶▶石の表面仕上げ

　石の表面を仕上げる方法には、大きく分けて 2 種類ある。その仕上げの程度にも差はあるが、それは「磨き」とするか「粗面」とするかの 2 種類である。

　伝統的な仕上げによって、石の表情はさまざまに変化がつけられ、床の仕上げ材や壁の仕上げ材として利用されてきた。

　ただ、石の種類によっては「磨き」のほうが向いていて、「粗面」の仕上げにはその特徴が発揮できないものもある。磨くと美しい模様を持つ大理石などは、その代表である。花崗岩などは、どちらの仕上げでもその特徴を発揮できる石材である。

　床に使用する場合、あまりに大きな面積に「磨き」を使用すると、水に濡れた時すべる可能性がある。安全性に注意が必要である。壁に使用する場合は、あまりこだわる必要がない。

　石は仕上げ材として最も豪華な材料ではあるが、使用するに当たっては、安全性を考慮して、その種類と仕上げの選択を行うべきである。

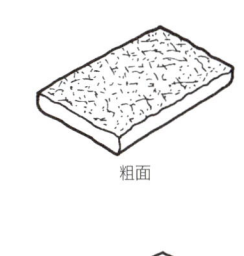

粗面

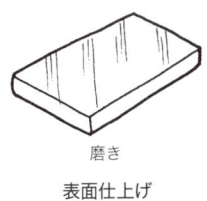

磨き

表面仕上げ

07 左官材料・ボード類

1 左官とは

　江戸時代以前の木造建築は、極端なことをいうと、3種類の職人がいればほとんどつくることができたといえる。その職人とは、大工、屋根工、左官工である。

　大工が木材を使って骨組みを組み立て、屋根工が屋根材料（瓦、草、木皮など）を使って屋根を仕上げ、左官工が壁材料（竹、土など）を使って壁を仕上げる（図7・1）。五重塔や武家屋敷、町家造り（写真7・1）などの建物を見ると、そのことが実感させられる。あとは建築部品といえる畳、建具などを備え付ければ建築の形にはなった。

　現在のように仕事が区分され、タイル工、サイディング工、塗装工その他の職人が登場するのは、比較的新しい時代になってからのことである。すなわち、左官という仕事は、古い時代から建築の重要な役割を担ってきたということである。

　今では、いろいろな事情により仕事が減ってきている状況ではあるが、それは決して左官という仕事自体に意味がなくなってきたからではなく、現場を管理していくうえでの合理化と効率化の波に影響を受けているといってよい。

　しかし最近では、健康志向および環境問題などの面から、左官材料が再び脚光を浴びつつある。

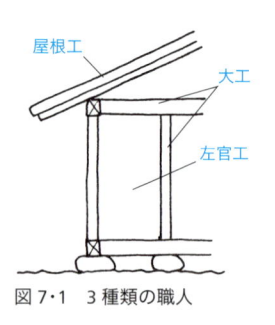

図7・1 3種類の職人

写真7・1 町家造り

▶▶▶左官工事の歴史

　「左官」とは、建築物の壁塗りを仕事としている「職人」のことである。別名を、壁塗り、壁大工、泥工（でいこう）、しゃかんということもあった。

　奈良時代に、建築の仕事をつかさどるグループに「属」（さかん）という役職があり、宮中の修理に壁塗りをしていた。これが現在の「左官」（さかん）の語源であるといわれている。

　左官工事の起源は、竪穴式住居で暮らしていた縄文時代までさかのぼる。当時、壁の材料である土は、最も手に入りやすい素材であった。その土を生のまま団子状に丸めて積み上げていき、土塀をつくったのが左官工事の始まりである。

　その後、飛鳥時代には、石灰を使って壁を白く塗る仕上げ技術や細く割った木や竹で壁の芯をつくる技術などが開発され、左官工事が発展してきた。

　安土・桃山時代になると、茶室の建築に色土が用いられ、砂や繊維を混ぜることで様々な表現が可能となった。

　江戸時代には漆喰仕上げが開発され、建物の耐火性を飛躍的に向上させた。それは商人の土蔵や町家へと普及していき、表面の装飾的施工も行われるようになる。

　明治維新後は、洋風建築の装飾にも柔軟に対応してきた。現在でも左官技術は、新しい素材、新しい工法などを取り入れながら、建築の様々なシーンで利用されている。

2 左官の起源と定義

■1 起源

　左官とはどういう仕事を意味しているのであろうか。日本と西洋では建築の構造の違いにより、左官という仕事の役割が若干異なっている。

　日本においては、木材をつかって軸組工法で柱・梁を架構する。その空いた、壁になるべきスペースを、左官の仕事として埋めて、仕上げていく（図7・2）。

　一方西洋においては、石やれんがなどをつかって組積造で壁をつくり、それを下地に左官の仕事として仕上げていく（図7・3）。

　すなわち西洋に比べて、日本における左官という仕事は、下地を含めて「壁をつくる専門職」ということになる。したがって、一軒の建物の中で仕事量も多く、より重要な役割を担っていたといえる。

■2 左官の定義

　左官＝（原材料）＋水………塗る………固まる
　　　　（または糊）　　　　（養生時間）

（図7・4）

　水を使用するため、湿式工法と呼ばれている。この工法は、乾くまでに養生時間が必要となるため工期が長くなりやすい。したがって、現在のように工期短縮が至上命令のような時代には合わなくなり、すたれつつあるのが実情である。

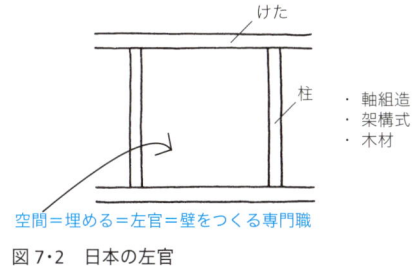

けた

柱

・軸組造
・架構式
・木材

空間＝埋める＝左官＝壁をつくる専門職

図7・2　日本の左官

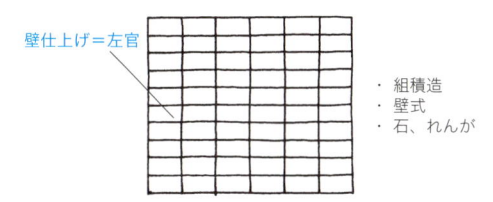

壁仕上げ＝左官

・組積造
・壁式
・石、れんが

図7・3　西洋の左官

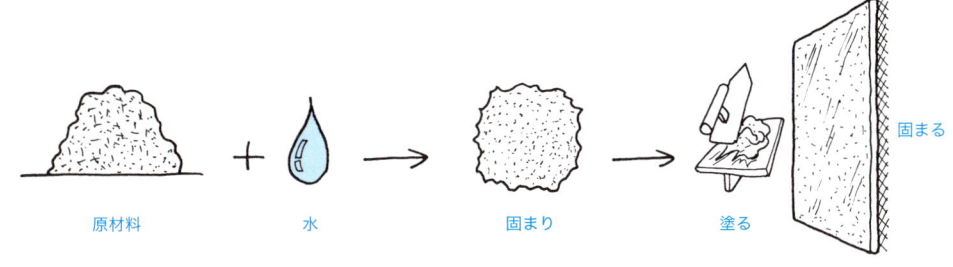

原材料　　　水　　　固まり　　　塗る　　　固まる

図7・4　左官の定義

3 左官の特徴

● 長所

① 形に対する自由度が高い（図 7・5）

② よく伸びて作業性が良い

③ 天然素材（調湿機能）（図 7・6）

④ 不燃材料

● 短所

① 現場が汚れる

② 工期が長い（養生時間必要）（図 7・7）

③ 手間がかかる（図 7・8）

④ 左官工の技量に左右される

⑤ 天候の影響を受けやすい

＊以上は施工の問題であり、左官材料が悪いわけ
　ではない

⑥ メンテナンスが大変

▶▶▶左官材料は防火材料

　ある時、NHK のある大河ドラマを見ていたら、左官材料が防火の役割を果たすことが証明されるような場面が出てきた。

　武田勢があるお城に攻め入ろうとしている時、城を守る軍師が迎え撃つ対策として、木材の板壁の上に薄く泥を塗りつけさせていた。試しに、その壁に火のついた弓矢を放したところ火はしばらくして消えてしまった。

　この対策により、武田勢が火のついた弓矢を一斉に放しても壁板が燃えることなく、とうとう城に攻め入ることができなかった。

　この城を守る軍師は、左官材料が防火材料であるということをこの時代に知っていて、こういう行動をとったわけである。

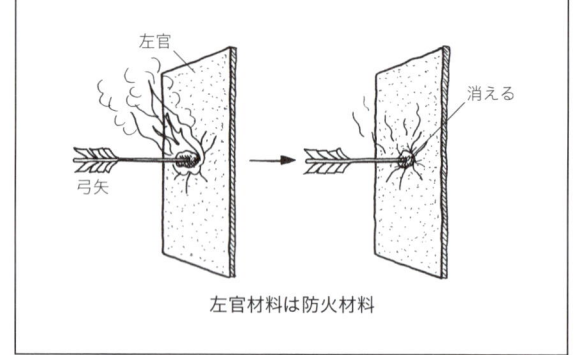

左官材料は防火材料

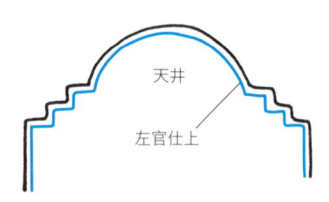

図 7・5　形が自由

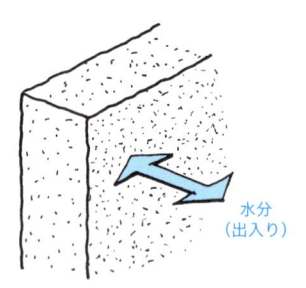

図 7・6　調湿機能

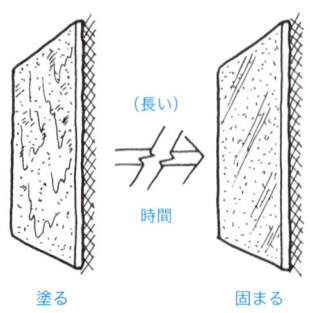

図 7・7　養生時間

図 7・8　手間がかかる

4 近年の左官仕事

■1 木造住宅を例に

例えば、一軒の木造住宅を例にして比較してみると、それぞれの部位の仕上げが工期短縮の名目のために乾式工法（水を使用しない工法）に変更されてきており、左官の仕事は減少傾向にある（表7・1、図7・9）。

以上の例のように、近年は左官の仕事をできるだけ避ける方向で工事が進められている。一件の木造住宅の仕事の中に、左官の仕事がテラス・勝手口土間の仕上げだけであるとしたら、左官という職業は成り立っていかない。

■2 最近の住宅の傾向

最近、プラスチックを中心とした建築材料が多く普及しているが、それによる弊害も指摘されつつある。人間は生物であるため、天然の材料のほうが体には良いのではないか、ということである。

よく使われているスローガンとして以下のようなものがある。

・健康住宅
・環境共生（エコロジー）
・リサイクル
・地球にやさしく

これらのブームに乗って、環境に優しいとされる天然材料の見直しがされるようになってきた。すなわち、木、草、竹、石、土、木皮…など（p.16 図1・3）。

そして、新建材でつくられた壁や床よりも、天然素材である土の仕上げのほうが好まれる時代が再びやってきつつある。

また、壁に使う土はまったく新しいものより、一度建築に使用されたものを混ぜて使用するほうがなじみが良いそうである。これはリサイクルにつながってくる。

そうして、左官というものが見直されるようになり、「本物志向」の時代が再び訪れそうな雰囲気を感じる（写真7・2）。

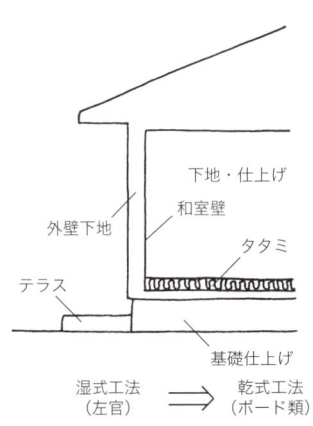

図7・9 湿式工法→乾式工法へ

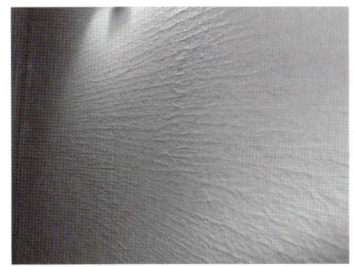

写真7・2 漆喰

表7・1 湿式工法と乾式工法

部位	従来（湿式工法）	変更（乾式工法）
外壁下地	セメントモルタル	窯業系サイディング
基礎仕上げ	セメントモルタル	コンクリート打放し
和室下地	左官系	せっこうボード
和室仕上げ	じゅらく塗り	クロス張り
テラス・勝手口土間仕上げ	セメントモルタル	同左（唯一の左官の仕事）

> **episode ❖ 光の当たる角度によって**
>
> 左官の仕事に限らず、タイル、ボード、クロス、その他の仕上げ材にとって、壁面に当たる光の角度によって見た目の仕上がりの良否が分かれてくる。
>
> 真正面から見るときれいに平坦に仕上がっているように見える壁面も、斜めの角度から見ると、その面の凹凸の状態が目立つものもある。
>
> 「そういうものである」と理解してくれればよいが、やはり「仕上がりが悪い」といわれると、担当するものにとって気分の良いものではない。
>
> それが予測される場合は、施工精度に十分注意をはらうか、または凹凸が目立たないような仕上げ材を選ぶことで対応すべきである。

5 左官の種類

左官は長い歴史があるため、伝統的な仕上げの技法が存在している。しかし、現在その仕事の量は多いとはいえない。ここでは、近年最も多く使用されていたセメントモルタルを中心に話をすすめていく。

1 セメントモルタル

セメントモルタルは、原材料にセメント・混和材料・細骨材（砂）を用い、それに水を加えて練り混ぜたものである。近年の建築に多く用いられた左官材料である。

外壁がラス下地の場合を例にとり、従来の工法と最近の工法について説明する。

ラス下地とは、柱または間柱に下地板を打ち付け、その上に防水紙を張り、ラスと呼ばれる金網などを留め付けた下地である。ラスを使用したモルタル塗りのことをラスモルタルという（図7·10、11）。

● 従来の工法

モルタルを下塗り、中塗り、上塗りに分けて行う。その後、吹付等の最終仕上げを行う（図7·12）。工事期間が長く、最近では利用が減少している。

● 最近の工法

中塗りを省略し、下塗り、上塗りを1日で完了させる。そのために、塗り厚を薄くし、既調合セメントモルタル（セメント、混和材料、細骨材がすでに袋詰めされている製品）を使用する。その後、吹付等の最終仕上げを行う。

既調合セメントモルタルのメリットとしては、

① 軽量である（普通モルタルの1/2程度）
② 作業性が良い
③ ひび割れが発生しにくい
④ 工期短縮につながる
⑤ 防火認定としては塗り厚15mm以上を確保する必要がある

2 左官仕上げの表面

左官仕上げの表面をどの程度にしておくかということは、最終仕上げの材料に何を使用するかによって異なる。厚手の材料か、下地がそのまま現れる材料かなどによって、左官仕上げの表面は変わってくる。一般的な組み合わせは以下のとおりである。

・吹付：刷毛引き仕上げ（図7·13）
・塗装：金ごて仕上げ（図7·14）
・左官が最終仕上げ：金ごて、または木ごて仕上げ（写真7·3）、くし引き仕上げ（写真7·4）
・張物：木ごて仕上げ（図7·15）
・タイル：くし引き仕上げ（図7·16）

3 吹付材料（仕上塗材）（表7·2、図7·17）

主として、吹付ガン（図7·18）による工法が中心となった材料で、吹付材とも呼ばれてきた。最近は、ローラーブラシ塗り（図7·19）、刷毛塗り、こて塗り

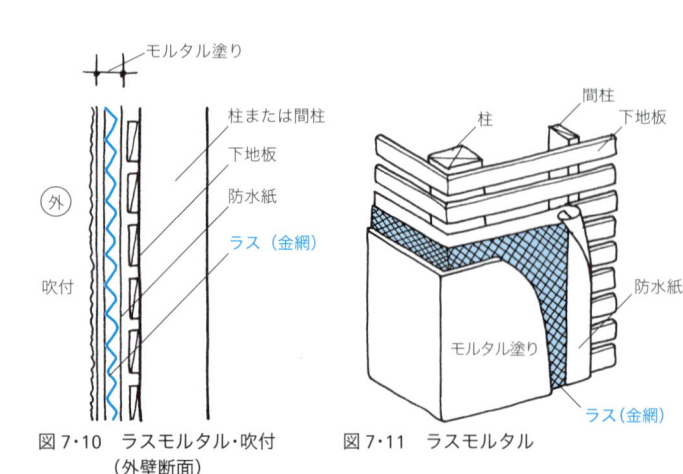

図7·10 ラスモルタル・吹付（外壁断面）

図7·11 ラスモルタル

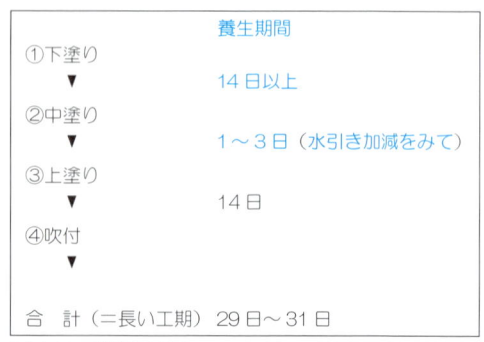

図7·12 従来の工法

①下塗り
▼　　14日以上
②中塗り
▼　　1〜3日（水引き加減をみて）
③上塗り
▼　　14日
④吹付
▼
合 計（＝長い工期）29日〜31日

養生期間

図7・13　刷毛引き仕上げ

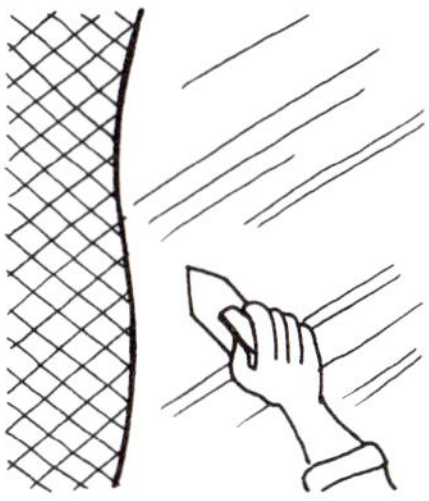

図7・14　金ごて仕上げ

図7・15　木ごて仕上げ

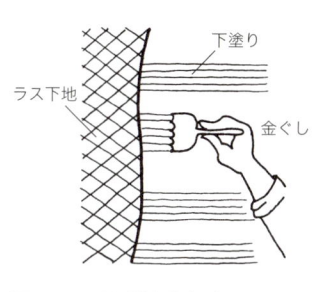

ラス下地　　下塗り　金ぐし

図7・16　くし引き仕上げ

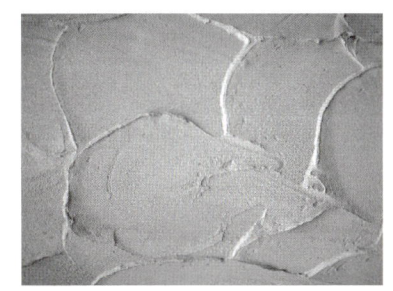

写真7・3　木ごて仕上げ

写真7・4　くし引き仕上げ

写真7・5　吹付スタッコ

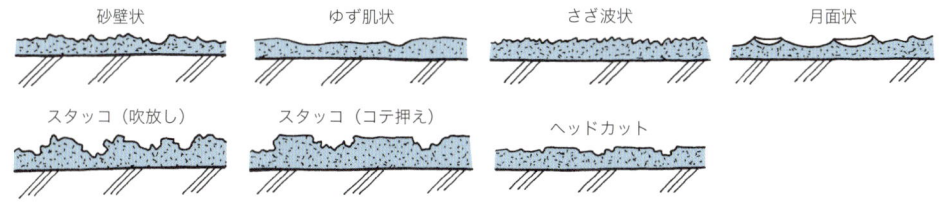

砂壁状　　　　ゆず肌状　　　　さざ波状　　　　月面状

スタッコ（吹放し）　　スタッコ（コテ押え）　　ヘッドカット

図7・17　仕上塗材の仕上がり面

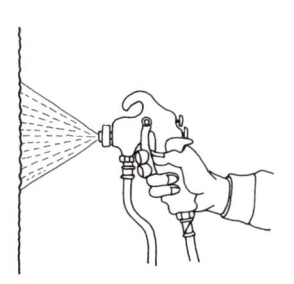

図7・18　吹付ガン

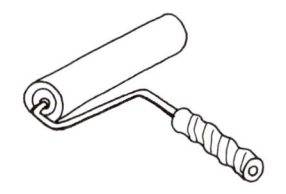

図7・19　ローラーブラシ塗り

表7・2　仕上塗材

種類	特徴	呼び名
薄付仕上塗材	仕上厚さ3mm以下程度で仕上げる。仕上がり面に砂壁状、ゆず肌状などがある。住宅の外装仕上材の主流である。	吹付リシン
厚付仕上塗材	吹付材中で最も厚い仕上げ。表面が吹き放し、コテ押さえなどがある。凹凸模様が大きいため、汚れやすい。	吹付スタッコ（写真7・5）
複層仕上塗材	下塗り・中塗り・上塗りの3工程で吹き重ねていく。仕上がり面に月面状、さざ波状、ヘッドカットなどがある。	吹付タイル

なども含めて、仕上塗材といわれて扱われている。

近年の木造在来軸組工法の外壁の仕上げは、「ラスモルタル刷毛引き下地・吹付リシン仕上げ」（図7・20）が主流を占めていた。

現在では、乾式工法である「塗装済窯業系サイディング仕上げ」（写真7・6）が多く使用されている。

④土壁（図7・21）

日本の伝統的な壁づくりは、まず、柱と柱の間に貫という横材を取り付け、それに小舞竹などを組んで壁下地をつくる。これを小舞壁という（図7・22）。

小舞壁に土とすさ（補強材）を混ぜ合わせ、水を加えて練ったものを塗り付けていく。これを土壁という（図7・23）。

土壁は、下塗り（荒壁ともいう）、中塗り、上塗り（仕上材）の工程を経て、左官の壁の完成となる（図7・24）。

土は自然の材料であり、当然のこととして産地によって種類や表情が異なる。日本の伝統的な建築には様々な土を用いた左官仕上げが利用されてきた。

代表的な土の種類には以下のようなものがある。
- ・荒壁土：荒木田土が有名で、古土を4割以上混ぜて利用するのが良い。
- ・色土：産地により土の色は異なる。浅葱土、黄土、赤土、錆土、聚落土などがある。
- ・色砂：砂壁仕上げに用いる美しい砂（写真7・7）。
- ・珪藻土：植物性プランクトンの死骸が堆積してできた土（写真7・8）。

⑤白壁

ここでは、日本の城郭や土蔵等に用いられてきた白壁についてまとめてみる。白壁の種類にはプラスターと漆喰がある（表7・3、写真7・9）。

それぞれ種類により、主原料や硬化の仕方、のりやすさといった補助材の要・不要などが異なる。

①硬化反応：硬化の仕組み

　水硬性：水との化学反応によって硬化する。

　気硬性：空気中の炭酸ガスと反応して硬化する。

②硬化速度：作業性、養生期間に影響する。

　水硬性：早く硬化する。作業を急ぐ必要がある。

　気硬性：ゆっくりと硬化する。養生期間が長い。

③のり：接着性、施工性を高める。

　　　　米（高価）→海藻（安価）……漆喰が普及
　　　　（現在は化学糊が多い）

④すさ：繊維、補強材……ひび割れ防止

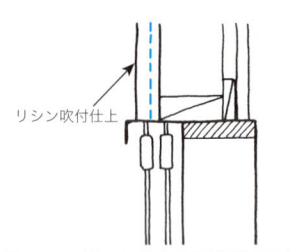

図7・20　ラスモルタル刷毛引き下地

写真7・6　塗装済窯業系サイディング仕上げ

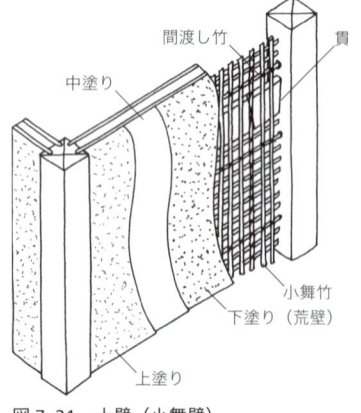

図7・21　土壁（小舞壁）

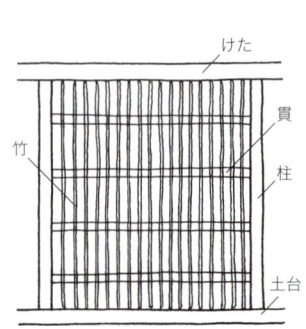

図7・22　小舞壁

表 7・3　白壁

種類	主原料	①硬化反応	②硬化速度	③のり	④すさ
せっこうプラスター	焼せっこう	水硬性	3時間	不要	不要
ドロマイトプラスター	白雲石	気硬性	数ヶ月	不要	必要
漆喰（写真7・9）	消石灰	気硬性	6ヶ月	必要	必要

図 7・23　土壁の材料

①下塗り（荒壁）
▼
②中塗り
▼
③上塗り（仕上材）　色土、色砂、珪藻土、（漆喰）
▼

図 7・24　土壁

写真 7・7　色砂

写真 7・8　珪藻土

写真 7・9　漆喰

▶▶▶土壁は四季を経験させてから仕上げるのが良い

　わが国の伝統的な壁の仕上げである土壁は、ゆっくりと時間をかけて仕上げることが良いとされていた。

　最近のように、工期短縮が最重要事項である時代とは違って、家というものは時間をかけてつくり、何百年も利用するように建てられていた。

　土壁の下塗りから中塗りにかけて時間をかけて行い、中塗りが終了してから一年（四季を経験）ぐらいは養生期間として、そのままの状態で放置されることが多かった。

　したがって、家の他の部分はすでに完成していることになり、壁の上塗りが未完成のままで生活を始めている家も多かった。

　今と違って、ゆったりとした家づくりが行われていたのである。

6 ボード類

ボードとは「板」という意味である（図7·25）。木材の板もボードのひとつである。左官材料のように現場で壁・床のような面を仕上げるのではなく、工場で前もってつくっておいて現場で張り付けるための面状の材料、それをボードと定義してもよい。

それらは、水を使わなくてすむ材料であるため、乾式工法と呼ばれ、工期短縮が見込めることから、最近便利に利用されている材料（図7·26）である。

ここでは、木材の板以外のボード類について紹介する。

これらは、原材料がセメント・コンクリートやせっこうを単一で用いた製品であったり、セメントと繊維、セメントと木片など、他の材料を混ぜ合わせた製品などがある。

1 スレート瓦（セメント瓦）

瓦といえば粘土瓦が一般的ではあるが、セメント系でできた屋根仕上材料が製品化され使用されている。

❶厚型スレート

ポルトランドセメントと細骨材と水を調合し、加圧・脱水成型したもの。

和形、S形、平形、平S形の種類（図7·27）がある。

❷住宅屋根用化粧スレート

セメント、ケイ酸質原料、繊維を主原料として成型し、製造したもの（図7·28）。繊維に従来は石綿を使用していたが、石綿が発ガン性物質であることが判明してからは石綿の代わりに天然繊維を使用している。表面が塗装してあり、いろいろなカラーバリエーションが準備されている。

2 セメント系ボード

セメントを主原料として、これにスラグや繊維を加えて成型した板である。

・防火性、断熱性、加工性、耐久性、耐水性に優れる
・比較的安価
・主に外廻りの壁、天井下地・仕上材

❶繊維強化セメント板

セメントと石灰質原料などを主原料とし、繊維で強化成型した板である。

・フレキシブルボード
・ケイ酸カルシウム板

❷パルプセメント板

セメントと無機質繊維やパーライト（軽量骨材）などを混ぜ合わせて成型した板である。

❸木質系セメント板

セメントに木毛や木片を混入して加圧成型した板である。

・木毛セメント板
・木片セメント板

❹窯業系サイディング（防火サイディング）

セメント、石灰、ケイ酸、スラグなどに繊維質を混入させて板状に成型したもの。

石やタイルのように表面に化粧した塗装済品（写

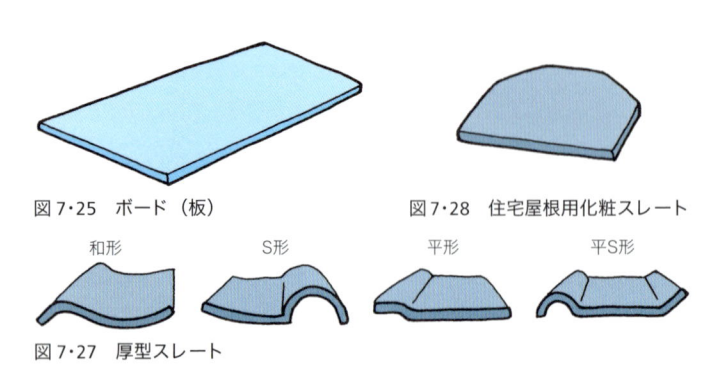

図7·25　ボード（板）　　図7·28　住宅屋根用化粧スレート

和形　　S形　　平形　　平S形

図7·27　厚型スレート

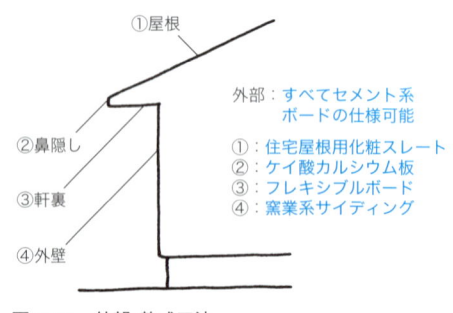

①屋根

②鼻隠し

③軒裏

④外壁

外部：すべてセメント系ボードの仕様可能

①：住宅屋根用化粧スレート
②：ケイ酸カルシウム板
③：フレキシブルボード
④：窯業系サイディング

図7·26　外部：乾式工法

真7·6)と、化粧していない無塗装品がある。乾式工法の外壁材として最近多く使用されている。

❸ せっこうボード（プラスターボード：PB）

せっこうボードは、2枚の厚紙（原紙）の間に水で練った「焼きせっこう」を流し込み、板状に固化させることによってつくられている（図7·29）。

両面の厚紙や芯となるせっこうを付加処理することによって、それぞれ効果を高める種類がある（表7·4）。せっこうボードの特徴としては以下のようなものがあげられる。

- 不燃材料
- 遮音性、断熱性に優れる
- 比較的安価
- 吸水すると強度低下
- 衝撃に弱い：くぎ、ビスが効かない（図7·30）
- 主に内部の壁、天井下地・仕上材
- 壁：厚み 12.5mm 以上、天井：厚み 9.5mm 以上（図7·31）

❹ ALC 板

オートクレイブ養生（高圧蒸気養生）で、混和剤に気泡材を入れて軽量化してつくられた軽量気泡コンクリート製品（Autoclaved Lightweight Concrete、図7·32）。

特徴として、

- 軽量
- 断熱性、耐火性、防音性に優れる
- 切断、穴開けなど加工性もよい
- 防水性に劣る＝外部に使用する場合防水処理が必要
- 壁、床、屋根の下地材（図7·33、写真7·10）

❺ 繊維補強コンクリートパネル

FRC（Fiber Reinforced Concrete）パネルともいい、鉄筋コンクリートの鉄筋の代わりに、補強材としてガラス繊維やカーボン繊維を混入した材料。

軽量化されているため、カーテンウォール、間仕切壁などの非構造壁に利用されている。

❻ 木質系ボード

エンジニアリングウッドの項目で説明しているが、木質系のボードとして下記のものもあるので、ここで再び簡単に紹介をしておく。

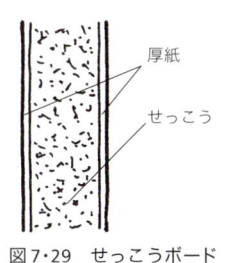
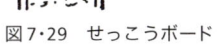

図7·29　せっこうボード

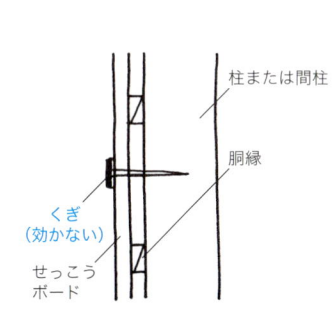

図7·30　せっこうボード＝くぎが効かない

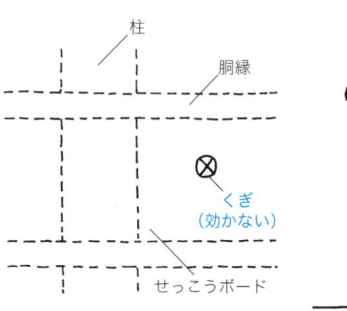
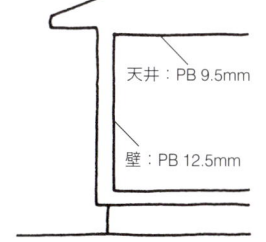

図7·31　せっこうボードの厚み

表7·4　各種せっこうボード

種類	特徴	用途
せっこうボード	標準品	塗装・クロス下地
強化せっこうボード	耐火性を向上させたもの	防火・耐火構造の構成材料
化粧せっこうボード	表面化粧処理がされている	壁仕上げ
普通硬質せっこうボード	硬質・高強度にしたもの	壁下地（衝撃性に対応）
シージングせっこうボード	防水処理がされたもの	水廻りの部屋（便所、洗面所）
せっこうラスボード	表面に凹みをつけたもの	左官下地（和室の壁下地）
化粧天井せっこうボード	表面化粧処理がされている	天井仕上げ
吸音せっこうボード	穴があけてあるもの	天井仕上げ（吸音材）

①合板（構造用合板、普通合板、化粧合板）：床、壁の下地・仕上材

②繊維板（ファイバーボード）：壁下地材

③パーティクルボード：家具・建具の芯材

以上、ボード類として準備されている材料を大まかに紹介してきたが、これらは乾式工法といって、現在の施工に求められている「工期短縮」を担える材料である。

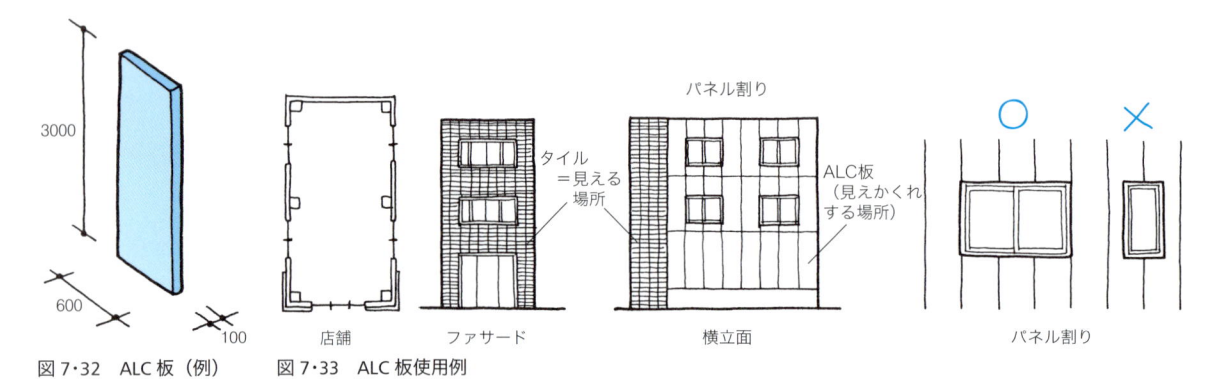

図7・32　ALC板（例）　　図7・33　ALC板使用例

写真7・10　ALC板（例）

▶▶▶「工期短縮」は最重要事項か

最近建築の合理化策が盛んに進められている。「プレハブ化」して工場で製品をつくり、現場での作業をできるだけ減らすように工夫がされている。

労務対策、要求品質の向上、工期短縮などを目的としてほとんどの建設過程で行われている。ボード類の使用もそのひとつの手段といえる。

その中で「工期短縮」が、最重要事項のように考えられている。はたして、本当にそうなのだろうか。「工期短縮」とは、つくる側の論理を中心に考えられた合理化策である。

使う側の論理はどうなっているのだろうか。使う側にとっては少々時間がかかっても、本当に満足のいくものであれば、そのほうを選択したいものではないだろうか。

左官材料のように天然材料で、時間をたっぷりかけて仕上げる工法がもう一度見なおされてもいいのではないかと思える。

▶▶▶せっこうボードは火に強い！

せっこうには、その重量の約21%に相当する結晶水が含まれている。その結晶水は、通常の状態では安定していて発散することはない。

ところが、ひとたび火熱に接すると、この結晶水が熱分解を起こして蒸発を始める。結晶水がすべて分解して水蒸気となり放出されるまで、せっこうは一定の温度を保ったままである。

すなわち、熱エネルギーが水を蒸発させるエネルギーに置き換えられるわけである。この性質が、火災時の伝熱防止や燃焼防止に効果を発揮する。

そういうわけで、せっこうボードは不燃材料・準不燃材料として建築基準法で認定されている。

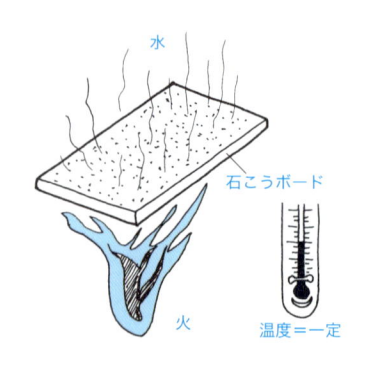

▶▶▶呼吸する建材の話

　最近、ある建材メーカーから、乾式工法のボードでありながら、しかも湿式工法の特徴である湿気を吸収することができる建材が発売されている。「呼吸する壁」と説明され、市場に出回っている。洗面所または居間の一部の壁仕上げなどに利用してもらおうとの思惑である。

　乾式工法の良さはいうまでもなく、便利で工期短縮となり、現在のように合理性を重要視する時代にはもってこいの工法であると思う。

　しかし反面、人間の環境の面から見ると、湿式工法のもつ天然素材のふところの深さのようなものにあこがれるところも存在する。左官仕上げが最近見直されつつあるのは、こうした感覚によるところがある。

　「呼吸する壁」と説明されて開発された製品も、乾式工法の良さと湿式工法のもつ環境にやさしい面を生かそうとした提案である。

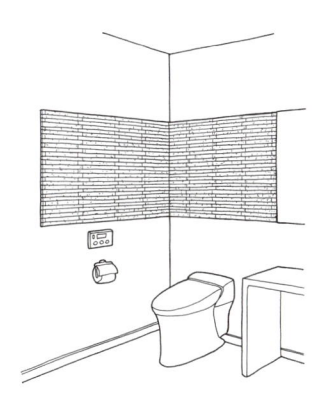

調湿機能付ボード

episode ❖ 化粧サイディングの施工法の変化

　私が建築の仕事につき始めた頃、木造住宅の外壁の仕上げは「ラスモルタル刷毛引き下地・リシン吹付仕上」というものが主流であった。

　その後、乾式工法である防火サイディングが登場し、「防火サイディング下地・リシン吹付仕上」という流れになる。その時の防火サイディングの留め付けには、表面からくぎ・ビスが使用されていた。下地の防火サイディングは無塗装品で、くぎ・ビス共にその上から仕上げ材として自由な色のリシンを吹付けていた。

　次に、化粧済みの防火サイディングが登場し、その留め付けには同様に表面からくぎ・ビスが使用された。この場合、くぎ・ビスの色が化粧サイディングの色と異なるため、その頭に同色の塗装材でタッチアップするのが一般的な仕上げ方法であった。この場合、よく見るとくぎ・ビスを塗装したタッチアップ部分を確認することができた。

　ある時、私の自宅の近所で建売住宅が建築中であった。化粧サイディングが使用されていた。その仕上がった壁面を見ると、あるべきくぎ・ビスのタッチアップ部分を見つけることができなかった。どのようにしてサイディングを留め付けているのだろうと思った。

　後で調べると、最近の工法はサイディングの裏側の胴縁に専用の金物を取り付け、その金物でサイディングを留め付ける方法がとられていることがわかった。この方法だと、サイディングの表面にくぎ・ビスは出てこない。

　今では、化粧サイディングが木造住宅の外壁仕上げの主流となっている。その材料および工法も改良され、日々変化している状況である。

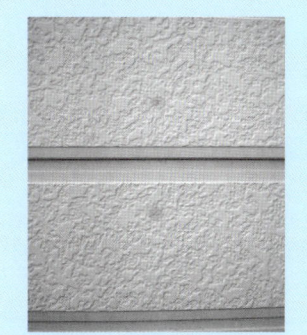

化粧サイディング（くぎのタッチアップ）

化粧サイディング（金物施工）

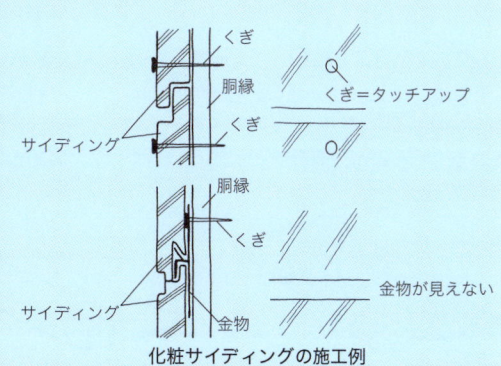

化粧サイディングの施工例

08 その他の材料

1 プラスチック材料

プラスチックは、「Plastic＝可塑の、思い通りの形につくられる」である。

すなわち、プラスチックとは、自由な形につくられる材料という意味を持っている。今では、石油化学を中心に日々新しい材料が研究・開発され、数多くのものが我々の身の回りに登場している。

それらの材料のうち、「建築材料」として使用されているものについて紹介する。

その種類としては、固体で使われているプラスチック成型品（図8・1）と、液体として使われている合成樹脂塗料（図8・2）や合成樹脂接着剤（図8・3）とに分かれる。

■プラスチックの歴史

プラスチックが建築材料として本格的に使用され始めたのは、1950年ごろからである。

まずはじめに、合板（図8・4）の接着剤としてフェノール樹脂やユリア樹脂が使用されるようになる。フェノール樹脂は、耐水性が大きいが高価なもので

あった。

次に、板（図8・5）やシート（図8・6）、パイプ（図8・7）の材料としてポリ塩化ビニルが使用された。ポリ塩化ビニルは、安価で成形が自由にでき、建築材料の多くの場面に利用されるようになる。

さらに、プラスチックに強度が求められるようになり、ガラス繊維で補強された強化プラスチックのFRP（Fiberglass Reinforced Plastics）（図8・8）が、建築設備などに使用されるようになった。

同時に、化粧表面材（図8・9）としてメラミン樹脂が使用されるようになる。メラミン樹脂は耐熱性に優れており、化粧表面材を「デコラ」という。これは、タバコの熱でも焦げないため、カウンターや壁の材料に利用された。

また、断熱材（図8・10）として発泡ポリスチレンが使われるようになる。それまでの主な断熱材であるグラスウールと併用されて、住宅などに使われるようになった。

以上のように、プラスチックはさまざまな形で製品化されるようになり、建築材料として現在に至っ

図8・1　プラスチック成形品　　　　　　　図8・2　合成樹脂塗料　　図8・3　合成樹脂接着剤　図8・4　合板

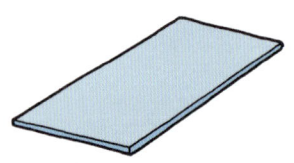

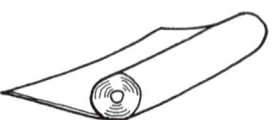

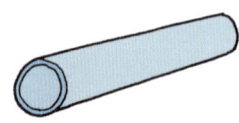

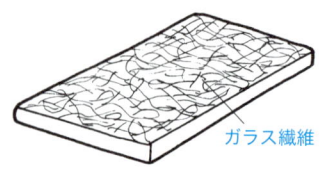

ガラス繊維

図8・5　板　　　　　　　　図8・6　シート、クロス　　　　図8・7　パイプ　　　　図8・8　FRP

ている。

2 プラスチックの特徴

● 長所

①用途に応じたものが生産できる：便利（図8・11）

②大量生産できる：コストダウン（安価）（図8・11）

③加工性に優れている

④着色が自由にできる

⑤軽量で強度も高い

⑥耐水性、防水性が高い

⑦さびない、腐らない

● 短所

①燃焼すると有害ガスを発生するものがある

②石油化学製品：環境問題につながる（図8・12）
　環境ホルモン、ダイオキシン、ホルムアルデヒド、PCBなど

③可燃性である

④耐候性の良くないものが多い

⑤耐熱性が低く変形・変質を起こしやすい

⑥溶剤によって溶ける

⑦表面硬度が小さいものが多く、傷がつきやすい

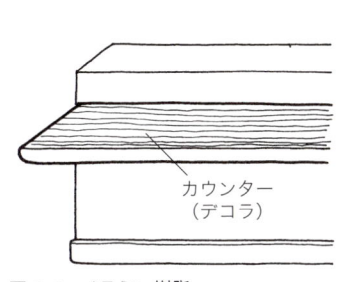

図8・9　メラミン樹脂

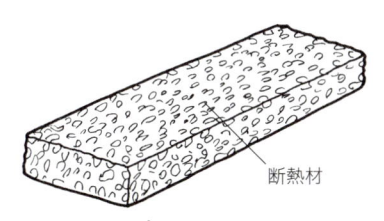

図8・10　発泡ポリスチレン

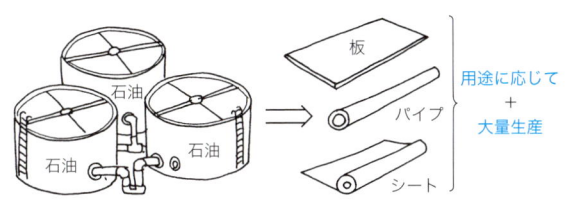

図8・11　安くて便利！

石油化学工場

図8・12　石油化学製品

▶▶▶ 廃棄プラスチック再生ボード

　コンクリートの型枠に使用される材料のうち、最も多く使用されているのはベニヤ板製のものである。

　ところが最近、木材伐採による環境破壊と使用後の焼却による二酸化炭素の発生で、地球温暖化への影響が問題になってきている。

　そこで最近開発されたものに、廃棄プラスチックのリサイクルによってつくりだされたリサイクルボードがある。軽くて、曲がりにくいうえ、切断しやすい。かんながけや釘打ちもでき、ベニヤ板とほぼ同じ特性を持つ。当初の価格はベニヤ板の約3倍くらいするが、再使用が50回以上でき、最終的にベニヤ板の1/3以下の費用に抑えられるという。

　現在の大きな社会問題となっている、資源の再利用、地球温暖化対策などの取り組みのひとつとして大いに期待したいものである。これからはこういった産業が脚光を浴びてくるだろう。

❸プラスチックの種類

プラスチックは、分子の形およびその結合力の強さの違いから、熱硬化性プラスチックと熱可塑性プラスチックに大きく分けることができる。それぞれの主な種類と、建築での用途について説明する。

❶熱硬化性プラスチック

加熱しても軟らかくならない（表8・1）。

❷熱可塑性プラスチック

熱を加えると変形しやすくなる（表8・2）。

表8・1　熱硬化性プラスチック

種類	特徴	用途
フェノール樹脂	強度大、耐熱性・耐水性大、アルカリ性に弱い。	耐水接着剤、耐水合板、塗料、化粧版。
メラミン樹脂	表面硬度大、耐水性大、耐熱性大。	化粧板、天板、接着剤。
ユリア樹脂	耐水性・耐候性小、比較的安価。	接着剤、普通合板、塗料。
ポリエステル樹脂	FRP用樹脂材料、成形性・耐熱性大、安価（図8・13）。	建築設備（浴槽、ユニットバス、浄化槽）、化粧板（図8・14）。
エポキシ樹脂	強度大、接着力大、高価。	接着剤、注入補修材（コンクリート補修用）
シリコン樹脂	耐候性・撥水性大、耐熱性・耐化学性大、弾性あり、高価。	シーリング材、コーティング材（図8・15）。
ポリウレタン樹脂	強度大、耐摩耗性・耐候性大、耐熱性・耐酸性・耐アルカリ性に劣る。	発泡材、塗膜防水材、塗材床。

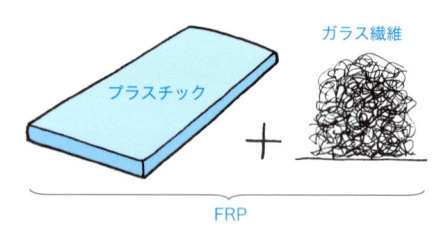

図8・13　FRP

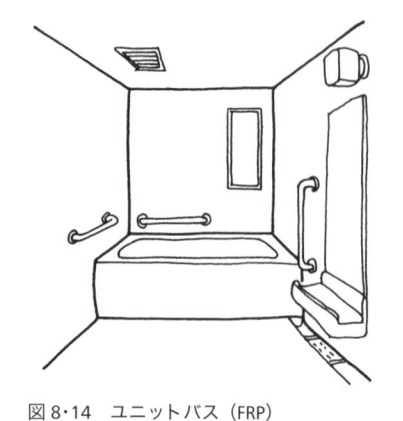

図8・14　ユニットバス（FRP）

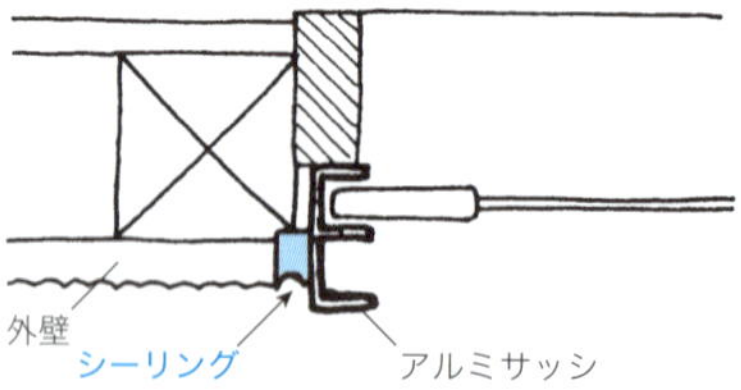

図8・15　シーリング材（シリコン樹脂）

表 8·2　熱可塑性プラスチック

種類	特徴	用途
ポリ塩化ビニル	耐薬品性・耐候性大、軟質から硬質まで自由に成形可能、可燃性、安価。	板材、タイル、パイプ類、シート、クロス（図8·16）。
ポリ酢酸ビニル	耐候性小、接着性・光沢に富む。	接着剤（木工用）、塗料。
アクリル樹脂	透過性大、耐候性・耐薬品性大、傷つきやすい、高価。	ガラスの代用品（照明（図8·17）、水槽、手すり壁）、塗膜防水（図8·18）。
ポリエチレン	軽量・弾性あり、耐寒性あり。	フィルム、シート、発泡材。
ポリスチレン	透明・軽量、成形容易、衝撃に弱い。	照明器具、発泡断熱材。
ポリカーボネート	透明性・耐衝撃性に優れる。成形収縮小。	屋根材料（トップライト（図8·19）、折版、波板）

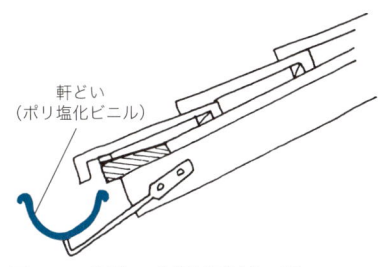

図 8·16　軒どい（ポリ塩化ビニル）

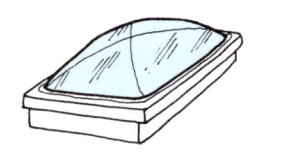

図 8·19　トップライト（ポリカーボネート）

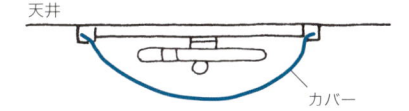

図 8·17　照明カバー（アクリル樹脂）

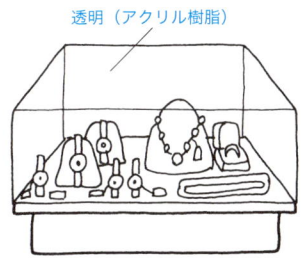

図 8·18　ショーケース

▶▶▶人造大理石

　最近、システムキッチン・洗面化粧台などのカウンターおよび浴槽に、プラスチックからつくられた人造大理石のものが普及してきている。

　石質の骨材をポリエステル系またはアクリル系のプラスチックで固めて表面を研磨することで、プラスチックには無い質感や重量感が出せる。

　天然石同様の深みのある質・色・柄や外観を見せ、耐熱性、耐水性、耐薬品性に優れているものもつくりだされている。

　インテリアにマッチした仕上がりとなりやすく、最近女性に人気の製品といえる。

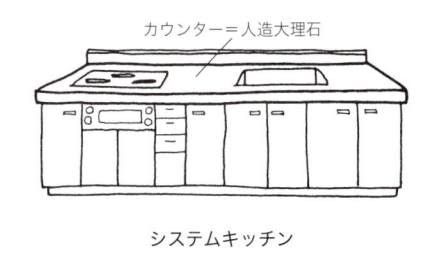

システムキッチン

2 塗料

下地（図8・20）となる材料の表面に、塗料を付着させることを塗装という。付着させる方法には、刷毛塗り（図8・21）、ローラーブラシ塗り（図8・22）、吹付（図8・23）などがある。塗装する目的および塗装の種類について大きく整理してみると、下記のようになる。

■1 塗装する目的

①表面の保護：防腐、防錆、防水、汚染防止など（図8・24）

②装飾：美観（色彩、光沢、模様）（図8・25）

③機能性：色の意味、標識機能（図8・26）

■2 塗装の種類

①不透明の膜をつくる：素地を隠す（図8・27）

②透明の膜をつくる：素地を見せる（図8・28）

③透明で着色する：素地に浸透させ色をつける（図8・29）

■3 建築用各種塗料

現在、建築によく使用されている代表的な塗料について、その種類と特徴・使用場所などを説明する。なお、建築図面等には英語を略した記号での表示が多いため、それを解説することも兼ねておこなう（表8・3）。

■4 その他の塗料

①オイルステイン（OS）
・木部に浸透・着色（屋内）

②木材保護塗料（WP）
・木部に浸透・着色（屋外）
・耐候性・防腐効果あり

③ウレタン樹脂ワニス（UC）
・木部の透明仕上げ

④ラッカーエナメル（LE）
・木部の着色不透明仕上げ（屋内）

⑤クリアラッカー（CL）
・木部の透明仕上げ

⑥うるし：木部（床の間・建具等）、高級仕上げ

⑦カシュー：うるしの代用品、普及仕上げ

⑧柿渋：木部（自然塗料）、防腐効果あり

⑨オイル：木部（自然塗料）、浸透・透明仕上げ

⑩健康塗料：舐めても安全な成分でできている

⑪錆止め塗料（図8・30）
・鉄鋼面、亜鉛めっき鋼面の防錆
・エンジ色、グレー色あり

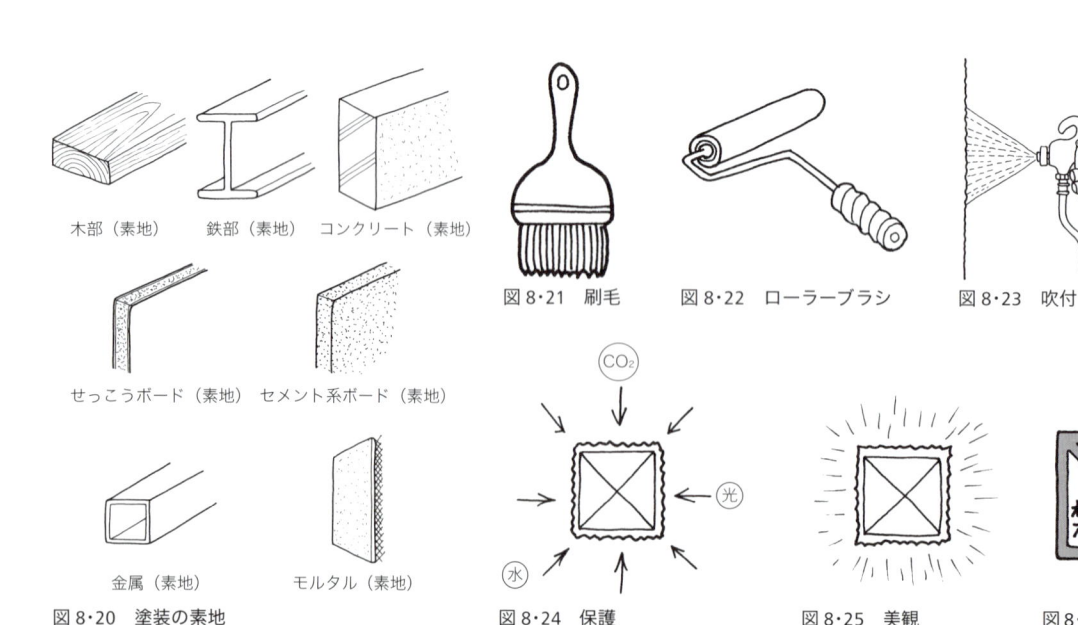

木部（素地）　鉄部（素地）　コンクリート（素地）

せっこうボード（素地）　セメント系ボード（素地）

金属（素地）　モルタル（素地）

図8・20　塗装の素地

図8・21　刷毛

図8・22　ローラーブラシ

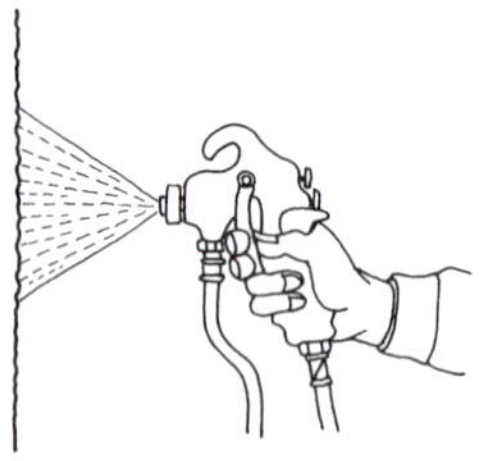

図8・23　吹付

図8・24　保護

図8・25　美観

図8・26　色の意味

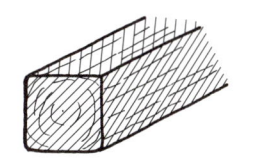
図8・27 素地を隠す

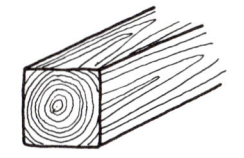
図8・28 素地を見せる

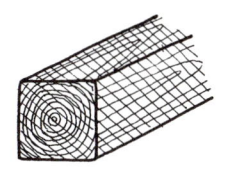
図8・29 浸透着色する

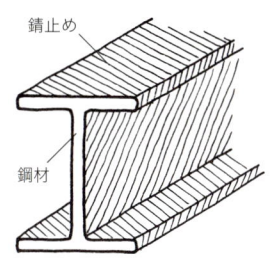
図8・30 錆止め

表8・3 建築用各種塗料

種類	記号	特徴	使用場所
合成樹脂調合ペイント	SOP	耐アルカリ性がないため、コンクリート・モルタル面には不可。	木部、鉄鋼面、亜鉛めっき鋼面
アクリル樹脂系非水分散形塗料	NAD	作業性がよく、耐水・耐アルカリ性に富む。	屋内のコンクリート面、モルタル面
耐候性塗料	DP	屋外の耐候性に富む。	屋外の鉄鋼面、亜鉛めっき鋼面、コンクリート面
つや有合成樹脂エマルションペイント	EP-G	せっこうボード面、その他ボード面並びに屋内の木部、鉄鋼面、亜鉛めっき鋼面も可。	コンクリート面、モルタル面、プラスター面
合成樹脂エマルションペイント	EP	水溶性のため鉄部は不可。せっこうボード面、その他ボード面は可。	コンクリート面、モルタル面、プラスター面
合成樹脂エマルション模様塗料	EP-T	屋内のセメント系素地、せっこうボード面は可。	屋内のコンクリート面、モルタル面、プラスター面

（国土交通省大臣官房官庁営繕部監修「公共建築工事標準仕様書（建築工事編）」平成28年版より）

▶▶▶色の意味について

　塗装する目的のひとつに、「機能性＝色の意味、標識機能」（図8・26）というのがある。ある材料に色を付けることによって、何かの意味合いを持たせようとすることである。

　例えば、ある場所に赤い色を塗って「危険」という意味合いを持たせることもある。黄色を塗って「注意」という意味を持たせることもある。

　使用されている塗装の色によって人間の心理に働きかけ、居心地の良い空間をつくり上げることも可能であろう。暖色系や寒色系を使い分けることで、その部屋の雰囲気を変えることもある。

　色彩心理学的にも、色にはそれなりの意味があるようである。しかし、どの色にもいい面と悪い面があり、すべて裏返しであることも知っておかなければならない。

　詳しくは「色彩学」専門の情報によって調べてほしい。

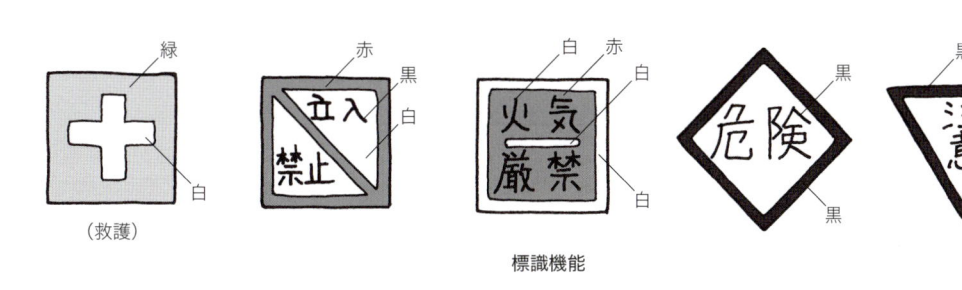
標識機能

▶▶▶化学物質過敏症について

　以前テレビを見ていたら、身の回りの化学物質に異常に反応する人についてのドキュメンタリーがあった。その人は、とにかく石油化学物質でできたものに触れると皮膚が荒れたり、かゆみが出たり、呼吸が困難になったりして、日常の生活にも支障が出るとのことであった。

　生まれたときからそういう状態であったわけではなく、ある日突然に異常を感じるようになり、病院に通わざるを得なくなったということであった。

　病院の先生の説明によると、少しずつ化学物質を摂取し、体はそれに対して抵抗してきていたが、ある一定量を超えると体が異常に反応するようになる。それ以降は少しの化学物質でもすぐに反応し、日常生活に支障が出るような状態になるとのことであった。

　我々の身の回りには、建築材料も含めてたくさんの化学物質が存在している。それは我々の生活を便利で豊かにしてきたかもしれないが、同時にそれにはマイナスの部分も存在しているということを知っておかなければならない。

▶▶▶健康塗料について

　塗料にはさまざまな種類がある。その中で、「自然塗料」と変わらない安全性と長持ちすることができることを併せ持つもの、さらに、塗料によってさまざまな居住環境を良いほうに変えることができるものがある。これを「健康塗料」と呼んでいる。「健康塗料」とは、

①体に悪い影響を与える有機化合物が入っていないもの
②自然塗料ではないが十分に安全で塗膜が長持ちするもの
③国の安全基準を十分に満たしているもの
④消臭、防カビ、抗菌、ホルムアルデヒド除去、湿度調整機能、などを持つもの

具体的な塗料としては、

①珪藻土
②VOC（揮発性有機化合物）ゼロ塗料
③「学校環境衛生の基準」対応塗料
④消臭、抗菌塗料
⑤防カビ塗料

などがあげられる。

　今後、室内で使用する塗料には、「人に優しく、安全」という居住環境に配慮したものしか利用できない時代がやってくると思われる。

episode ❖ 「うるし」に負ける

　学生の頃、能登半島を旅したことがある。そのとき、輪島に行き輪島塗の店に立ち寄って作業場を見学した。ご存知のように、輪島塗は「うるし」の塗料を何層にも塗り込んで仕上げるという、非常に高級な漆器として全国でも有名である。

　お土産に輪島塗の盆と、自分が使うための塗り箸を購入して帰った。ところが、輪島塗の箸を使い始めてまもなく、指の皮膚と箸が接触するところが痒くなり、やがて指の皮膚が荒れだした。せっかく当時としては高いお金を出して買ってきたということと旅の記念にという思いのため、あの手この手で慣らそうと努力したが、結局その塗り箸は私に合わなかった。私は「うるし」と、体質的に相性が悪いことがわかった。

　「建築材料」としても、「うるし」は高級な仕上げとして利用されている。用途としては、襖の縁や床の間廻りの仕上げ材などに重宝されている。和風の雰囲気によくマッチする仕上げであると思う。

　ところで、私と同じように「うるし」と体質的に相性が悪い人がいても不思議ではないが、「建築材料」として利用されている状態で、体調に異変が起きるような事実を聞いたことはない。

うるしでかぶれる

3 接着剤

　2つ以上の材料を接着させる目的で使われる材料が、接着剤（図8・31）である。元々は天然の素材から作られているものが多かったが、現在は合成樹脂系が主流となっている。

　合成樹脂接着剤の出現で、それまでには考えられなかった様な材料を接着することも可能となってきている。

❶天然系

　①でん粉糊：耐水性に劣る。紙などの接着

　②植物性にかわ：耐水性はある。粘性に劣る。軟らかい木材の接着

　③動物性にかわ：耐水性に劣る。木材の接着

❷合成樹脂系

　①ユリア樹脂：集成材、普通合板の接着剤（図8・32）

　②酢酸ビニル樹脂：木工用接着剤（大工工事）、耐水性に劣る

　③エポキシ樹脂：万能型（金属、石材、コンクリート、陶磁器、プラスチック）

　④フェノール樹脂：集成材、耐水合板の接着剤（図8・32）

　⑤合成ゴム：木材、プラスチック　弾性、伸縮性あり

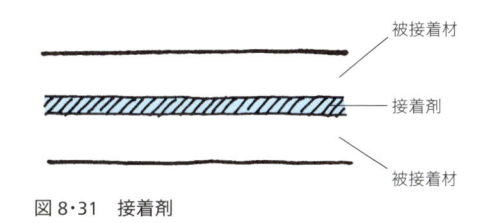

図 8・31　接着剤

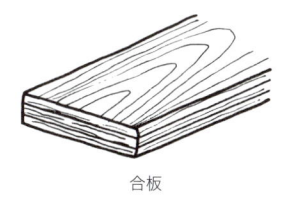

合板

集成材

図 8・32　接着剤

> **▶▶▶ホルムアルデヒドについて**
>
> 　接着剤、塗料、防腐剤などの成分で、フェノール樹脂・ユリア樹脂などの原料としても用いられている。安価なため、多くの建材に使用されている。
>
> 　しかし、建材から空気中に放出されることがあり、低濃度でも人体に悪影響を及ぼすことがある。主に粘膜への刺激性を中心とした急性の毒性がある。いわゆる、「シックハウス症候群」の原因物質のうちのひとつとされている。
>
> 　現在は、建築基準法により、ホルムアルデヒドを放散する建材の使用制限が設けられている。建材にはＦ☆からＦ☆☆☆☆までの放出量によるランクがあり、Ｆ☆☆☆☆が最も放出量が少ない。
>
> 　建材にはＦ☆からＦ☆☆☆☆のマークが表示されている。今後は、このＦ☆☆☆☆を中心とした建材が使用されることになる。

私の父は大工であった。家には狭いながらも作業場があった。その家で生まれ育った関係で、私はのこぎりを使って木材を切る音やカナヅチで釘を打つリズムなどは、自然と体に感じて大きくなっていたと思う。

ある日、父が作業場で障子の桟をつくっていた（昔の大工は家を建てる以外にもいろいろな作業をこなしていたようだ）。

家の中で遊んでいると作業場に呼ばれた。「ご飯を茶碗に半分くらい入れて持ってきてくれ！」と。さっそく、台所にあるオヒツから茶碗にご飯をよそって作業場に持っていった。

何をするのかと見ていたら、父はそのご飯を木の板の上に置き、竹のヘラでそれを練りだした。しばらく練っていると、それは白い粘り気のある糊になっていた。

父は障子の桟と桟の間の仕口（目違い）にその出来上がった糊を塗りつけ垂直部分と水平部分をくっ付けていた。

今では化学糊が当たり前の時代であるが、昔は米を糊として建築に使うことがあったということを、私は幼心にもはっきりと覚えている。

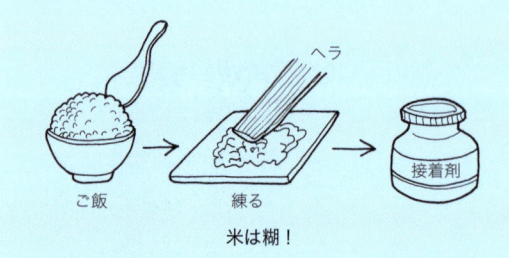

ご飯　　→　　練る　　→　　接着剤

米は糊！

最近よく話題になる言葉に「シックハウス症候群」というのがある。もう少し範囲を拡大して考えると、「シックビル症候群」ということになる。「ハウス」と「ビル」の違いがあるが、ともに新築の建物に入居した時に起こる症状であり、社会問題にもなっている。

新建材などに含まれる化学物質であるホルムアルデヒドやトルエンなどが、人間に害を与え、目がチカチカしてきたり、頭痛、喉の痛み、アレルギー、くしゃみなど、さまざまな症状に襲われる。その症状は人によって異なる。

実は私もこの経験がある。住宅会社に勤務していた頃、新築の竣工現場に行くと、玄関のドアを開けた瞬間に、鼻を突くような臭いがすることがあった。しばらくすると、くしゃみが出たり喉の違和感などを感じて、そのまま密閉された室内には居られないような状況に陥ったことがある。

すぐにすべての窓を開けて室内の換気をした後、現場検査を行うようにした。当時「シックハウス症候群」という言葉はあまり聞きなれないものであったが、今にして思うと、使用していた建材にそのような化学物質が含まれていたことは明らかである。

家をつくる目的は、そこに住む人の安らぎや健康を育むためのものであり、住むことによって健康を害するような家をつくってしまっては本末転倒である。

建築材料の選択は、安くて便利なものだけでは決定できない、奥の深いものであることを知っておかなければならない。

▶▶▶糊の話

私が小学生の頃、図工という授業があった。その授業で、画用紙に切り絵を張ったり色紙を張ったりしていたことを覚えている。

その時に使っていた糊は、今にして思うと、米・小麦・とうもろこしといった天然素材のでんぷん質でできていたようだ。口の中に入れても害の無いようなものが使われていた。

今ではほとんどの糊が化学物質でできている。中には、瞬間的に接着できるような強力なものも登場している。陶磁器を接着できるようなものもある。

ところで、左官仕上げの漆喰には糊が必要である。はじめはその糊は米からつくっていた。米は年貢として扱われていたくらいであるから、その糊は当然高価なものになる。したがって、漆喰壁はお金のある特定の建築にしか利用できなかった。

後に、海藻から取れることが発見され、糊が安価につくることができるようになる。これによって漆喰が、日本の伝統的な白壁に多く使われるようになった。

今では、漆喰に使われている糊は化学糊がほとんどである。ただ最近、健康志向により見直されつつあり、再び天然素材の糊が復活するかもしれない。

▶▶▶コンクリート補修にエポキシ樹脂接着剤

　コンクリートは、ひび割れしやすい材料である。特に大きな地震などの後には、コンクリートにひび割れが発生していることがある。また、コンクリートの打継ぎ部分などにも、施工不良のひび割れが発生していることがある。

　ひび割れをそのまま放っておくと鉄筋コンクリートの鉄筋がさびやすくなり、耐久性が低下してくる。そのため、ひび割れを補修してやる必要がでてくる。

　その補修用に、エポキシ樹脂の接着剤が利用されている。ひび割れのところどころに穴を開けて、そこにエポキシ樹脂接着剤を圧入させ、隙間をふさいでやる。

　そのままで終わると、補修の後がみみず腫れのように目立ち醜くなるため、吹付材などでその上から仕上げておくことが一般的である。

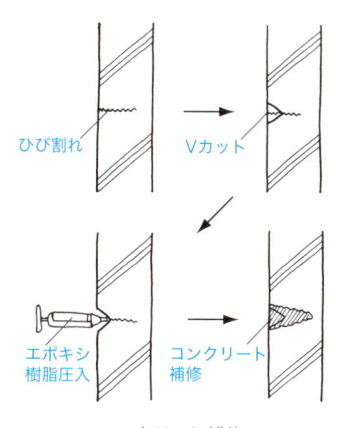

コンクリート補修

episode ❖ 原爆ドーム保存にエポキシ樹脂が活躍

　原爆ドームは広島の、いや日本の平和の象徴となっている。その原爆ドームの保存のため、過去にはいろいろな案が検討されたようだ。

　以前は、原爆ドームは日に日に崩れて危険を伴う状態になっていた。それを、当時のままで危険のない程度に残したいという相談が、ある先生にあったそうである。

　私はその相談を受けた先生にお世話になったことがある。保存に関しての講義を受けたわけではないが、学生時代に建築史・建築意匠の講義を受けたことがある。

　特に、れんがやモルタルの保存に関してどのように対処するかということが大きな課題であったようである。そのまま放っておくと、れんがやモルタルが崩落する可能性が高かった。

　そこで、れんがやモルタルを固定するために考えられたのがエポキシ樹脂を使って隙間に圧入し、接着固定する方法であった。

　今では、原爆ドームは世界遺産にも登録され、世界中から注目されている。「原爆ドームの保存にエポキシ樹脂が活躍している」ということを、建築に関係する者として知っておいて欲しい。

原爆ドーム補修

09 部位別・性能別材料

1 はじめに

　ここでは今までとは見方を変えて、内部仕上表をイメージした床・壁・天井という部位ごとに分類して、材料を解説してみる。

　したがって、すでに説明をした材料もあり、重複するものは簡単に列記しておくこととする（表9・1、図9・1、2）。

表9・1　内部仕上表（例）

部屋名	床	壁	天井	備考
玄関	磁器質タイル	ビニルクロス	ビニルクロス	腰壁：檜無垢板
ホール・廊下	フローリング	ビニルクロス	ビニルクロス	腰壁：檜無垢板
居間・食堂	フローリング	ビニルクロス	ビニルクロス	腰壁：檜無垢板
台所	フローリング	ビニルクロス	ビニルクロス	流し前：タイル
和室8畳	畳	じゅらく塗り	杉貼り化粧合板	
広縁	縁甲板	じゅらく塗り	杉貼り化粧合板	
洗面・脱衣室	クッションフロア	ビニルクロス	ビニルクロス	
便所	クッションフロア	ビニルクロス	ビニルクロス	
浴室	—	—	—	ユニットバス
勝手口	モルタル金ごて	ビニルクロス	ビニルクロス	
寝室	カーペット	布クロス	布クロス	
子供室	フローリング	ビニルクロス	ビニルクロス	
納戸	フローリング	化粧ボード	化粧ボード	
押入・物入	ラワン合板	ラワン合板	ラワン合板	

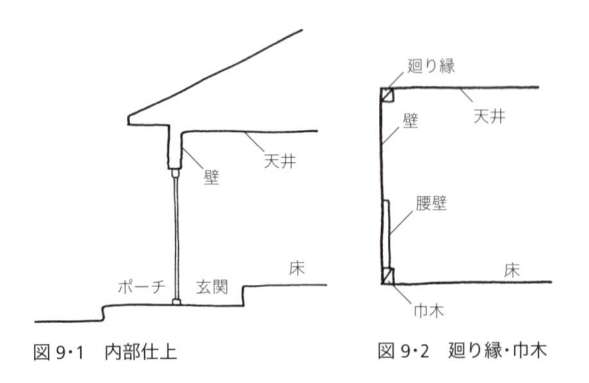

図9・1　内部仕上　　　図9・2　廻り縁・巾木

▶▶▶巾木・廻り縁はなんのため？

　床仕上材と壁仕上材とが直角にぶつかり合うところに、巾木という造作材を取り付けることが一般的である。また、壁仕上材と天井仕上材とが直角にぶつかり合うところに、廻り縁という造作材を取り付けることも多い。

　この造作材はなんのために取り付けるかというと、建築用語で言う「逃げ」のためである。私が始めて、この「逃げ」という言葉を聞いたのは、建築の学生時代に建築材料の先生からであった。

　仕上材同士が直角にぶつかり合うと、どうしてもそこに隙間や凸凹が目立つところが出てくる。それを完全に防ぐことは、理論的にはできても実際に施工することは難しい。

　それを目立たさないように納める（すなわち「逃げ」の）役割で使われるのが、巾木・廻り縁というわけである。

2 床仕上材

■ 床仕上の要求性能

　素足で触れるか、靴またはスリッパなどの緩衝材を挟むかによって異なるが、基本的には人体を支え、人が身近に触れる材料であることから、以下のような性能が要求される。

　①重量に耐えられること（下地共）

　②耐摩耗性があること

　③滑りにくい材質であること

　④耐久性・耐水性に優れること

　⑤弾力性・感触が良いこと

　⑥汚れにくい材質であること

　床の仕上材としては以下のようなものがある。

■ 木質系床材 （図 9・3）

　・床仕上材の主流となる材料である

　・強度、弾力性、肌触り、色調などに優れる

　・火に弱く、傷がつきやすい

・無垢材はそりや収縮などの欠点がある＝乾燥されたものを使用すること

❶ 縁甲板 （図 9・4）

・縁側や廊下などに使われる和風の床材（写真 9・1）

・ヒノキやマツやスギなどの木目の美しい針葉材が用いられることが多い（写真 9・2）

・無垢材を人工乾燥して本実加工したものが使われる（図 9・5）

❷ 単層フローリング （図 9・6）

・無垢材のもの、および集成材の表面に 1.2mm 以下の化粧用単板を張ったものも含まれる

・洋風の床材

・ナラ、ブナ、サクラなどの広葉樹やオーク、チークなどの輸入材が主に用いられる

❸ 複層フローリング （図 9・7）

・合板の基材の上に化粧用単板を張ったもの

・洋風の床材

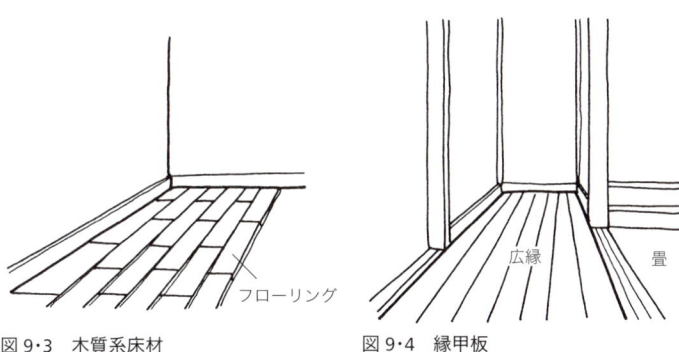

図 9・3　木質系床材　　　　図 9・4　縁甲板

写真 9・1　広縁（縁甲板）

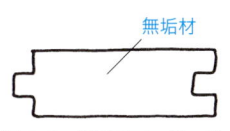

図 9・5　本実加工

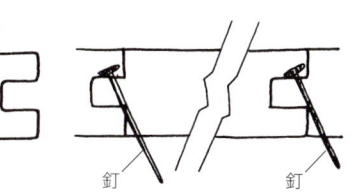

図 9・6　単層フローリング　　図 9・7　複層フローリング

写真 9・2　縁甲板

- 表面の化粧用単板にナラ、ブナ、サクラなどの天然木を使ったものや、表面にプラスチック処理（WPC：Wood Plastic Combination）を施して傷がつきにくくしたものなど、多くの製品が準備されている
- そりや収縮が少ないのが特徴である

❸ プラスチック系床材

- 塩化ビニル樹脂製でタイル状やシート状につくられた材料
- 耐久性、耐水性に優れる

❶ Pタイル（プラスチックタイル）（図9・8、写真9・3）

- 多くは30cm角のタイル状の床材
- 傷に強く、手入れが楽で安価
- 熱、薬品にも強く、変質やそりも発生しにくい
- 硬くてもろいので歩行感や耐摩耗性に劣る
- 事務室、教室などに使用

❷ 長尺シート（図9・9）

- 幅が1,320〜1,800m程度のビニルシート
- 継ぎ目が少なく防水性もある
- メンテナンスが容易

- 水や薬品を扱う用途の部屋に使用

❸ クッションフロア（図9・9）

- 長尺シートと同様のビニルシートで中間に発泡系樹脂層が入ったもの
- 保温、断熱、衝撃吸収性に優れる
- 色や模様が豊富にある
- 軽歩行用（住宅）と重歩行用（店舗）がある
- 水廻りの部屋（台所、洗面所、便所）や店舗に使用

4 カーペット

- インテリア性が高く、高級感のある洋室の仕上材である
- 歩行性、吸音性、保温性に優れる
- 水、汚れ、ダニの発生などに注意が必要である
- 素材にウールとアクリルやナイロンがある

❶ 敷きこむタイプ（図9・10、写真9・4）

- 織物カーペット
  英国の地名であるウィルトンやアキスミンスターがホテルなどに使用される。毛足（パイル）が長く高級感があるが、高価である。

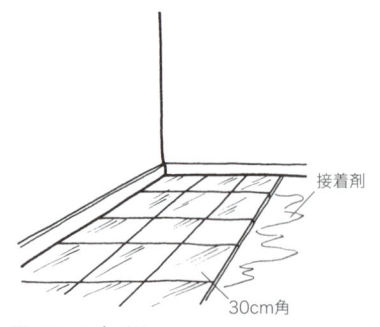

図9・8　Pタイル

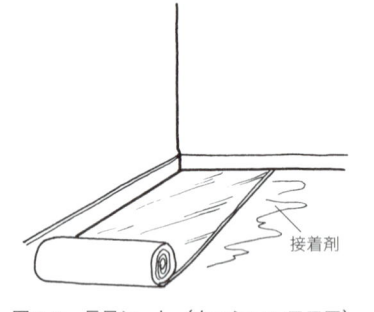

図9・9　長尺シート（クッションフロア）

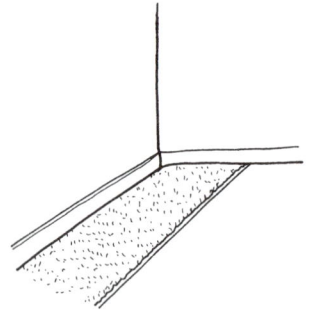

図9・10　カーペット（敷きこむタイプ）

写真9・3　Pタイル

写真9・4　カーペット

図9・11　ループパイル

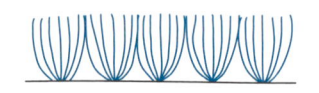

図9・12　カットパイル

・刺繍カーペット

別名タフテッドと呼ばれ、国内のカーペットの90%以上を占めている。パイルの処理方法にループパイル（図9・11）とカットパイル（図9・12）がある。寝室や高級感のある居間などに使用される。

・ループパイル：耐久性や歩行性に優れる

・カットパイル：性能面では劣るが、繊細なパターンや色合いが豊富である

・ニードルパンチカーペット

繊維をフェルト状に集積し、繊維を絡ませてつくったもの。デザイン性には乏しいが、安価である。

❷ タイルカーペット（図9・13）

・50cm角のタイル状のカーペット（図9・14）

・表面にタフテッドが使われ、裏はゴム状のパッキンとなっている

・運搬、施工、張替えが容易

・汚損、劣化してもその部分だけの取替えやクリーニングが可能

・オフィスで使用（写真9・5）

・**フリーアクセスフロア**（図9・15）の仕上げ材の定番

5 畳

・多湿な日本の気候風土に適した伝統的な床材である

・一時期、需要が激減したが、最近再びその良さが見直されている。中でも縁なし畳（琉球畳）や置き畳（座布団のように移動が可能）に人気が集まっている

・吸湿・放湿性、弾力性、保温性、遮音性、断熱性に優れる

・風合いや感触が良い

・ダニ、カビの発生に注意が必要

・しみ、汚れ、焼け焦げに注意が必要

・主として和室（図9・16、写真9・6）。洋室の一部に置き畳をすることもある

● 畳の構造（図9・17）

畳は、畳床・畳表・畳縁の3つの構造からなり、それらに用いる材料によって様々な種類や等級が準備されている。

❶ 畳床（たたみどこ）

畳の芯になる部分である。従来はクッション性に優れる稲わらを使用していたが、重くて高価なため、最近では流通量が少ない。代わりに、ダニ・カビを考慮して、インシュレーションボード（繊維板）や

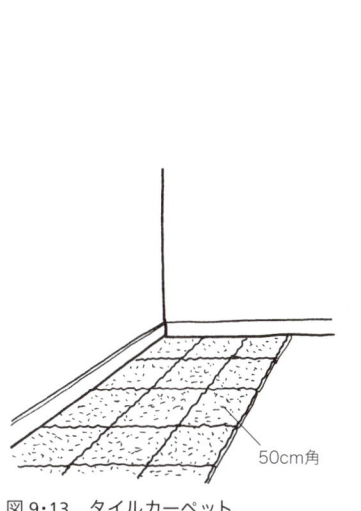

図9・13　タイルカーペット

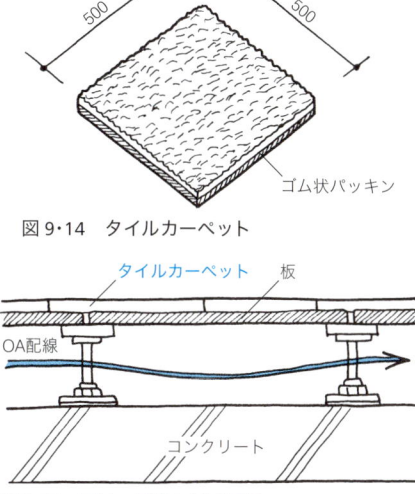

図9・14　タイルカーペット

図9・15　フリーアクセスフロア

写真9・5　タイルカーペット

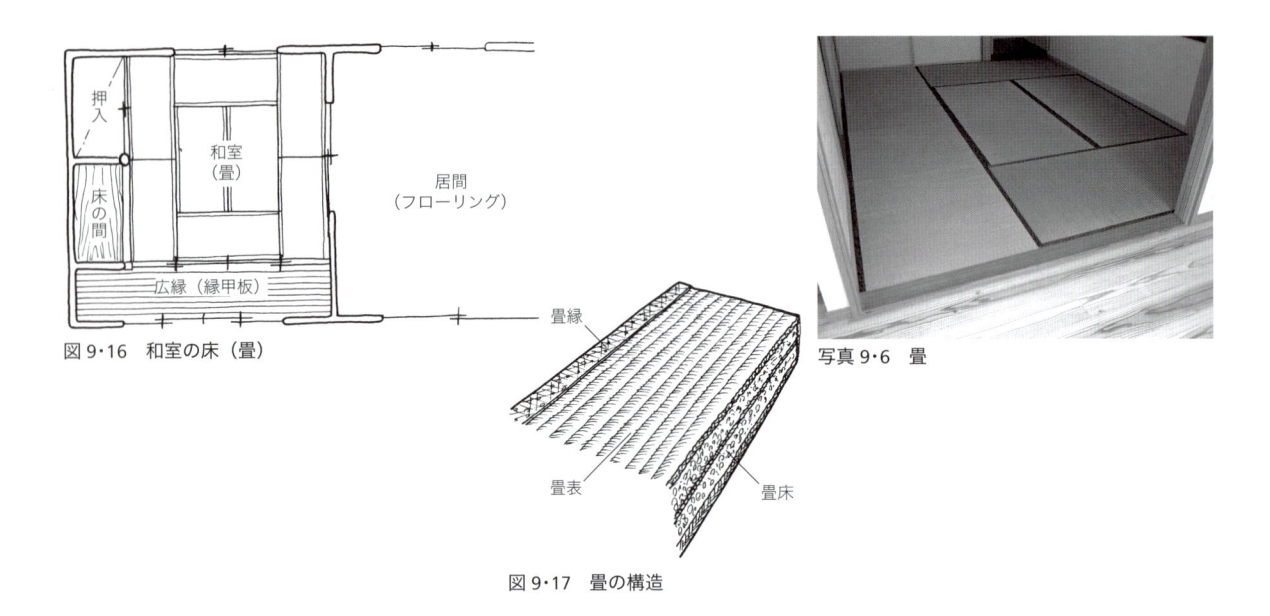

図 9·16　和室の床（畳）

写真 9·6　畳

畳縁

畳表　　畳床

図 9·17　畳の構造

episode ❖ 畳の寸法と建物の寸法の関係

　私が小さい頃、いろいろな家庭で畳の天日干しが行われていた。一年に一度くらい天気の良い日に、敷き詰めていた畳を部屋から運び出し、庭や道路で立て掛けて、天日干しにするわけである。時々、畳の運び出しを手伝った記憶がある。

　これは、今の布団を天日に干す意味と同じであろう。すなわち、乾燥させることと、ダニや小さな虫を駆除する目的で行われていたと思われる。最近は畳を天日に干している風景を見たことがない。床下の湿気対策が向上して畳が湿気なくなったお陰なのか、あるいは畳そのものが少なくなったせいなのだろうか。

　ところで、畳の寸法の決め方には大きく分けて2種類のものがあった。それによって運び出された畳の扱いが異なった。

　ひとつは、縦と横の寸法が統一されていて、短辺方向の2倍が長辺方向の寸法としているものである。その畳の外寸法に合わせて建物の壁がつくられていた。畳優先で建物の寸法が決められていたことになる。その畳は元に戻す時にあまり気をつけなくても良いものである。時には、畳の痛み具合によってわざと場所を変えたりしていた。

　もうひとつは、壁の芯－芯寸法を決めた後、その内側に敷き詰める形で畳の寸法を決めるものである。その場合、畳の寸法はそれぞれ場所によって異なることが多い。短辺方向の2倍が長辺方向の寸法になるとは限らないのである。仮に、畳を一度はずした後、戻す時には、元あった場所に戻さないと納まらないようになっている。その時の畳の裏には、後から戻しやすいように番号などがしるされていた。

　今では畳よりも壁優先で、建物の寸法を決めるのが常識となっている。したがって、畳は元あったところに戻さないとうまく納まらないようにできている。

　日本の木造家屋の寸法と畳の寸法の決め方には、それぞれ深い関係があった。

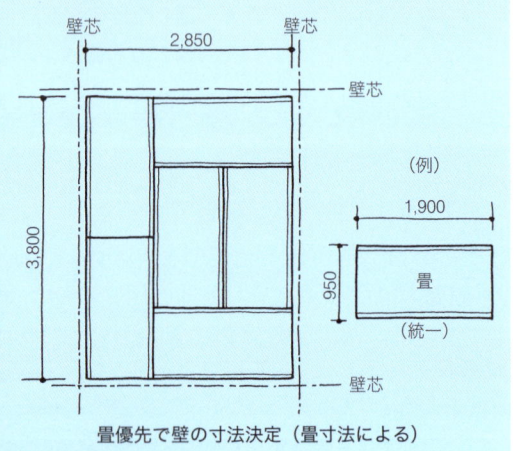

畳優先で壁の寸法決定（畳寸法による）

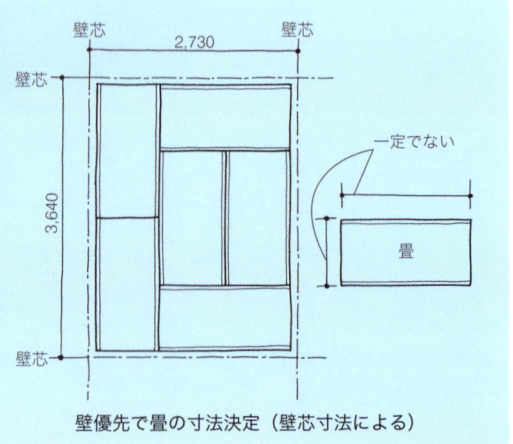

壁優先で畳の寸法決定（壁芯寸法による）

ポリスチレンフォームなどを使用したものが多い。

❷畳表（たたみおもて）

　畳の表層に張る敷物で、乾燥した井草を横糸に麻や木綿糸を縦糸にして織り上げてあるもの。寿命は、日当たりや摩擦、手入れによって異なるが、表面が擦り切れ、ささくれ立ってきたら交換したほうがよい。柔道場などの畳表は、耐摩耗性を考慮して塩化ビニルシートを利用しているものが多い。

❸畳縁（たたみぶち）

　畳の縁に付けられるもので、昔は家の格式により色分けされていた。材料は、絹、麻、木綿などの天然素材とナイロンなどの化学素材が使われている。それぞれの素材に、色・柄が準備されている。最近では、縁のない縁なし畳も多く利用されている。ただ、一般の畳より耐久性に劣り、コストがかかるこ

> **▶▶▶畳の歴史**
>
> 　畳は、わが国独特の床材である。平安時代の住宅であった寝殿造の板床の上に、現在の座布団と同じように、人が座る部分にのみ置かれて用いられたのが始まりであるとされている。
>
> 　置かれた畳は、使う人の身分によって、その厚さや縁の色・柄などが異なっていた。大河ドラマなどを見ていると、その様子が良くわかる。
>
> 　やがて、室町時代に完成した書院造から、和室の部屋全体に敷き詰められるようになったといわれている。
>
> 　現在でも、和室の床仕上げとしては畳を敷くことが一般的である。最近では、洋間の一角にフローリングの上から畳を置いて納める置き畳も盛んに利用されるようになってきている。
>
> 　畳は、断熱性、調湿性、弾力性などに優れ、日本の気候風土に最も適した床材であるといえる。日本の建築の良さを表現する代表的な建築材料である。
>
>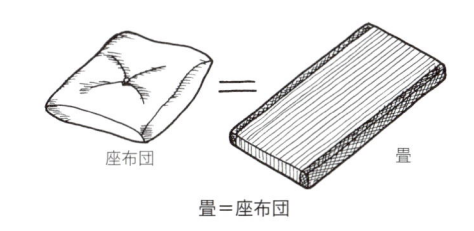
> 座布団　＝　畳
>
> 畳＝座布団

とが多い。

6 コルクタイル（図9・18）

・コルク樫の樹皮を原料にした床材

・コルクを薄くスライスした30cm角のタイル状のものと、コルクの粒を接着剤で固めて薄いタイル状にしたものとがある

・軽量で弾力性があり、断熱性や吸音・遮音性に優れる

・暖かい質感の仕上がりとなる

・天然素材でなじみやすい

・無塗装品とコーティング加工品がある
　無塗装品：歩行感に優れる。黒く汚れやすい。引っかき傷で欠けやすい
　コーティング加工品：汚れにくい。掃除がしやすい。歩行感に劣る

・水廻りの部屋（台所、脱衣室）、居間、子供室、老人室などに使用（写真9・7）

7 石材（図9・19）

・内装材としては御影石、大理石、玄昌石（げんしょうせき）、テラ

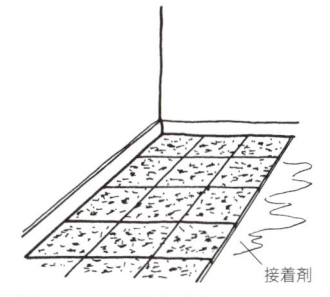
接着剤

図9・18　コルクタイル

写真9・7　コルクタイル

ゾーなどがある（写真9・8、9）

- 石により洋風、和風とデザイン性に優れる
- 床材の中では最高級の材料
- 水濡れしても滑らない仕上げが必要（ジェットバーナー仕上げなど）
- 質感は冷たい
- 価格が高い
- 玄関、高級感のある部屋、浴室などに使用

8 タイル（図9・19）

- タイル素地は磁器質、せっ器質を使用する
- 洋風タイプから和風タイプまでデザインが豊富である
- 掃除がしやすい
- 水濡れしても滑らないような凹凸の付いたものを使用する
- 質感は冷たい
- 玄関、浴室などに使用

9 塗り床材（図9・20）

　左官材料や合成樹脂などを下地に塗ることで床を仕上げる方法である。大きく分けて2つの方法がある。施工が容易で、継ぎ目がなく、下地の形状に無関係に仕上げることができる。

❶ セメントモルタル（左官材料）

- 土間下地にセメントモルタルを塗り金ごてまたは木ごてで仕上げる
- 色をつけた色モルタルもある
- 土間の仕上げのうち最も安価である
- 仕上げの美しさに劣る
- 汚れが落としにくい
- 玄関、勝手口に使用

❷ 合成樹脂塗り床材

- 土間下地に合成樹脂の塗料を塗り仕上げる
- 防水を兼ねることもある
- 耐薬品性に優れる
- 油などの汚れが落としやすい
- 塗料と同様に多くの色が用意されている
- 熱、表面の傷、摩耗性などに注意が必要である
- ガレージ、工場などに使用

10 その他（図9・21）

　最近は健康志向などを考慮して、「竹」や「籐」といった天然素材が加工され、床材として製品化されているものもある。特に、福祉施設や大衆浴場などの脱衣室によく利用されている。

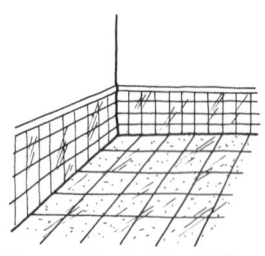

図9・19　石、タイル（土間）

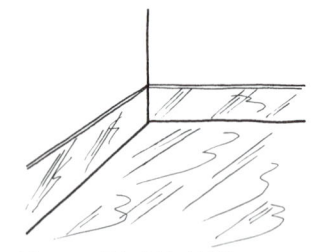

図9・20　塗り床材（土間）

図9・21　竹・籐

写真9・8　大理石

写真9・9　テラゾー

3 壁仕上材

❶壁仕上材の要求性能

壁の役割は部屋の間仕切りとなり、人の肌が直接触れる可能性があり、目線が真正面となるため、以下のような性能が要求される。

①美しいこと
②断熱性、不燃性があること
③感触が良いこと
④汚れにくいこと
⑤衝撃に強いこと

❷壁仕上材の種類

壁の仕上材としては以下のようなものがある。

①クロス類（図9·22、写真9·10）
②化粧合板（図9·23）
③化粧せっこうボード（図9·24）
④木材（無垢板材）（図9·25）
⑤左官仕上（図9·26）
⑥金属類（図9·27）
⑦プラスチック類（図9·28）
⑧塗装（図9·29）
⑨タイル（図9·30）
⑩石材（図9·31）

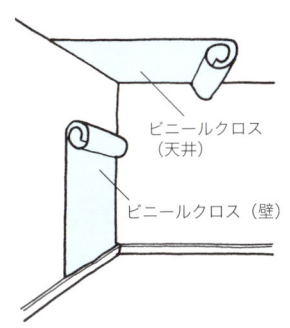

図9·22 クロス類

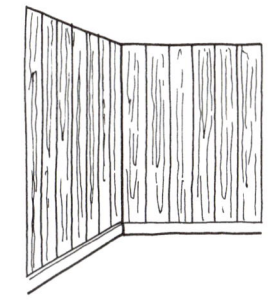

図9·23 化粧合板

写真9·10 クロス貼（壁・天井）

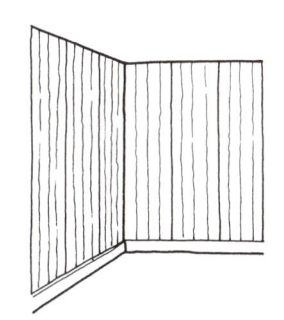

図9·24 化粧せっこうボード

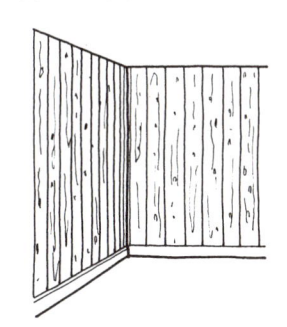

図9·25 無垢板材

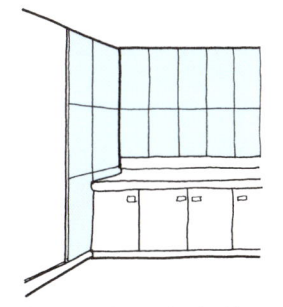

図9·28 プラスチック（キッチンパネル）

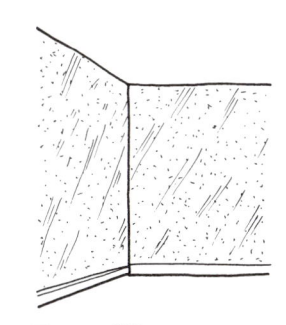

図9·29 塗装

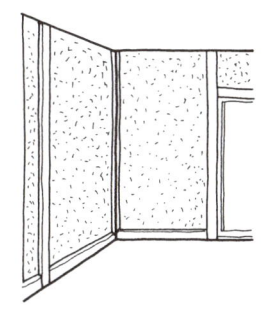

図9·26 左官仕上

図9·27 金属類（ステンレス）

図9·30 タイル

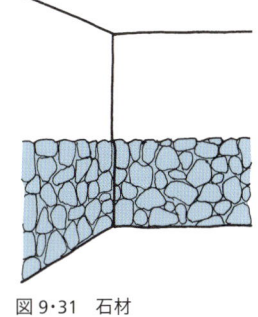

図9·31 石材

②から⑩の材料はすでに前の項目で説明済みである。ここでは、この項目でしか出てこないクロス類を中心に解説する。

3 クロス類

現在、壁仕上材として最も多く使用されているのがこのクロス類である。素材、色彩、模様などに多種多様な製品があり、施工性・経済性の点からも内装材の中心的な材料といえる。

● クロスの分類と特徴

クロスの種類、特徴、用途について表9・2にまとめる。

● クロス類の注意点

クロスは安くて便利な材料であるため、現在の建築の内装材としては欠かせないもののひとつである。ただ、その性質をよく理解しておかないと、部屋の用途や雰囲気にマッチしないものとなってしまう。

以下にクロスを選択するときの注意点を説明する（表9・3）。

表9・2　クロスの分類と特徴

種類	特徴	用途
紙クロス	・通気性がある ・施工が容易 ・自然素材のテクスチャー ・水、湿気に弱い ・摩擦に弱い ・汚れが落ちにくい	和室まわり ふすま（図9・32） 障子（図9・33）
布クロス	・織物特有のテクスチャー ・接合部分がほつれやすい ・施工が難しい ・汚れが落ちにくい	和室まわり 寝室・応接室
ビニルクロス	・種類が多い ・施工性に優れる ・水、湿気に強い ・汚れが落としやすい ・安価 ・冷たい質感	水廻りの部屋 （便所、洗面所、台所） その他の部屋全般

表9・3　クロス選択時の注意点

注意点	説明
①部屋の用途と材質は適当か	水分・湿気の多さ、汚れやすさなど、その部屋の用途に適した材質であること。
②色・柄は控えめに	部屋の用途にもよるが、小さいサンプルで品番を決めると、施工後、派手になり過ぎて思いと違った雰囲気となることがある。
③下地によりクロスが合わないことがある	クロスの厚さが薄い場合、下地の凹凸状態がそのまま表に出てくることがある。下地を直せない時は厚手の品番を選択する方が良い。
④図・柄によりロス率を考えること	クロスの図・柄により接合部分で柄合わせの必要が出てくる場合がある。切り捨てる部分があることを考慮しておく。積算に影響（図9・34）。
⑤防火指定の材質に注意	部屋の用途により防火認定された材質を指定されることがある。認定された材質の品番で決める必要がある（図9・35）。

図9・32　ふすま紙

図9・33　障子紙

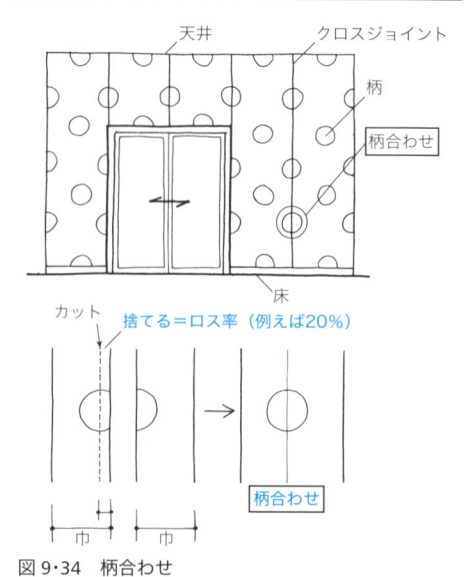
図9・34　柄合わせ

episode ❖ 光線の都合でクロスをやり変えた！

　私が住宅会社に勤務していた頃、当初は今のようにインテリアコーディネーターという職種の人がいなかった。そこで、内装の品番の決定は工事担当者が見本を現場に持って行き、建築主立会のもと1日がかりで行ったものである。

　ある木造住宅の現場でも、同じように建築主立会の上打合せを行い、各部屋の内装の品番を決定して数日後現場施工に入った。

　クロスを張り終えて竣工直前になって、建築主からひとつの部屋のクロスの張り方がどうしても気に入らないとの指摘を受けた。

　よく調べてみると、クロスの張り方に問題があるわけではなかった。原因は「窓から入ってくる光線の反射の仕方でクロス下地の接合部分が浮いて見える」ということがわかった。クロス下地の施工は、極端に悪いわけではなかった。そう見えるのはその部屋全体のことではなく、ひとつの面だけに限られていた。

　同じクロスを張り替えたとしても、同様の結果となることが予想された。そこで思い切って、その壁面だけを厚手のまったく種類の異なったクロスで張り替えることを提案した。

　建築主の了解を得てクロスの張替えを行った。結果は建築主も納得する仕上がりになった。光線と下地の状態によっては、クロスの種類に注意をしなければならない。

▶▶▶腰壁のすすめ

　洋室・廊下などの部屋の壁下地・仕上に、現在最も多く利用されているものは、「せっこうボード（厚 12.5mm）下地・ビニルクロス仕上」である。ほとんどの住宅で使われている。

　普通の場合はこれで問題はないと思われるが、車椅子などを使うような場合は支障がでることがある。それは、車椅子のフットレスト（足台）が当たり、壁を傷つけることになるからである。また、後で手すりをつけたいと思っても、下地が準備してあればよいが、ない場合は壁を壊して補強する必要が出てくる。

　そこで提案したいのが、床から900mm 位の位置まで木材の腰壁で仕上げておくことである。ヒノキまたはスギなどの板材で仕上げておけば、デザインの面も効果があり、車椅子がぶつかっても少しの傷はつくが穴があくことはない。また、手すりが必要になった場合でもそのまま下地として使える。

　建築費としては少し高くつくかもしれないが、デザイン効果および後から施工する時の費用などを考えると、これからの高齢社会に向けてぜひおすすめしたいアイデアである。

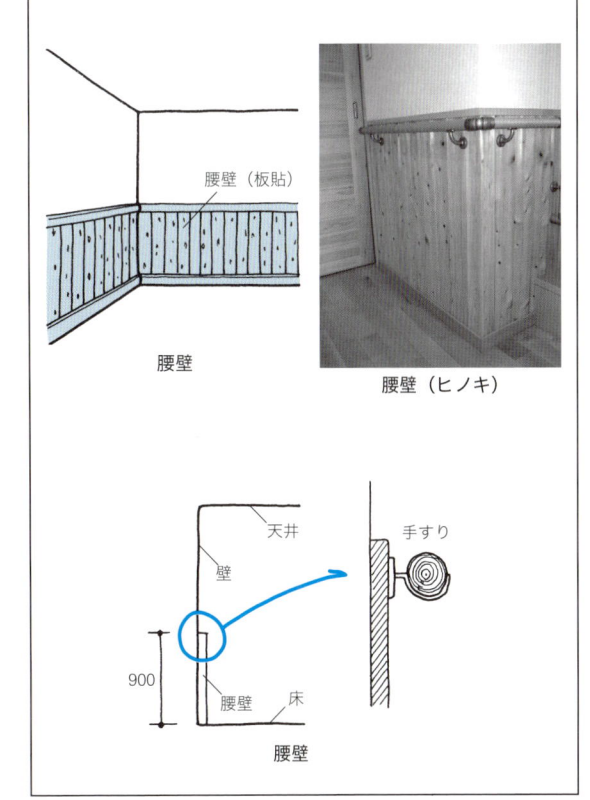

腰壁（板貼）

腰壁　　　腰壁（ヒノキ）

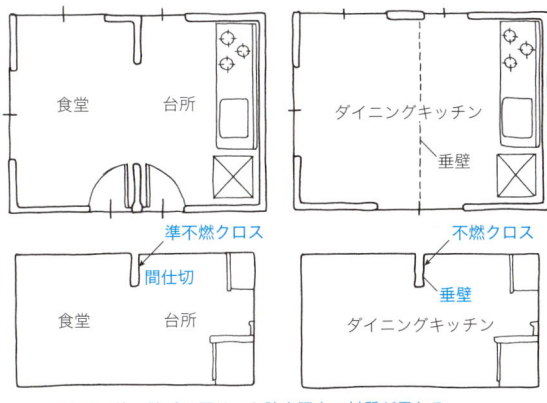

準不燃クロス　　　不燃クロス

間仕切　　　垂壁

食堂　台所　　　ダイニングキッチン

＊平面図、使い勝手は同じでも防火認定の材質が異なる

図 9・35　防火指定

09
部位別・性能別材料

4 天井仕上材

■ 天井仕上材の要求性能

　天井の役割は、屋根からの熱の遮断や、天井裏の構造を隠す目的のためである。人の肌が直接触れる可能性が少なく、以下のような性能が要求される。

①美しいこと

②断熱性、不燃性があること

③吸音性があること

④温度に対して変形しないこと

⑤軽量であること

■ 天井仕上材の種類

　天井の仕上材としては以下のようなものがある。

①クロス類（図 9・22、写真 9・10）

②化粧合板（図 9・36、写真 9・11）

③化粧天井せっこうボード（図 9・37）

④木材（無垢板材）（図 9・38、写真 9・12）

⑤左官仕上（図 9・39、写真 9・13）

⑥金属類（図 9・40）

⑦プラスチック類（図 9・40）

⑧塗装（図 9・39）

　基本的には壁仕上材を、そのまま天井仕上材として使用することは可能である。ただ、天井仕上材は軽量であることが求められるため、壁仕上材として選択できたタイルや石材は避けるべきである。

　①から⑧についての材料は、すでに他の項目で説明済みである。ここでは説明は省略する。

　天井仕上の中には、日本の伝統的な納め方のものがある。特に、和室・広縁・広間などにおいては、いまだにそれらの技法が採用されているものも少なくない。

写真 9・11　目透かし天井（化粧合板）

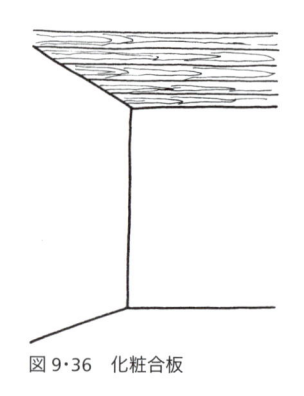

図 9・36　化粧合板

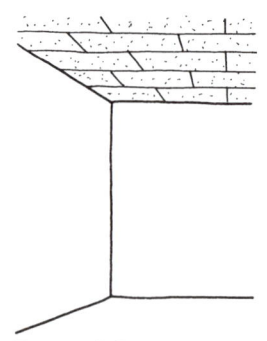

図 9・37　化粧せっこうボード

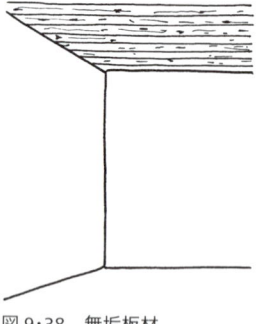

図 9・38　無垢板材

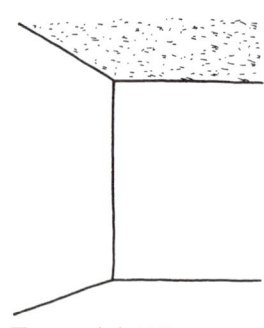

図 9・39　左官・塗装

写真 9・12　天井無垢板材

写真 9・13　天井左官仕上

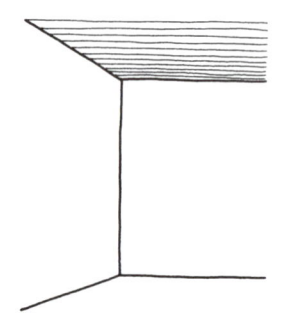

図 9・40　金属・プラスチック

ここでは、和風の天井仕上の名前とその利用場所について解説する。

　なお、使用される材料としては、銘木（無垢材）、化粧合板、クロス類、化粧天井せっこうボード、その他の材料が用いられている。

3 和風天井の種類

- ・目透かし天井（図9・41、写真9・11）：和室、広縁、床の間
- ・さお縁天井（図9・42）：和室、広縁、床の間
- ・格天井（図9・43）：広間、玄関
- ・網代天井（図9・44）：玄関、床の間
- ・数奇屋造り：茶室

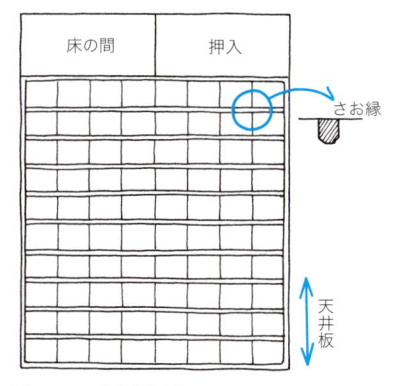

図9・42　さお縁天井

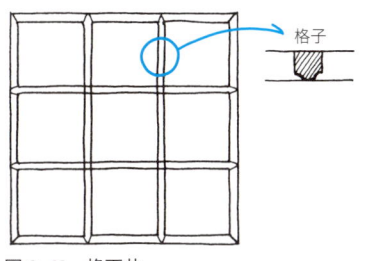

図9・43　格天井

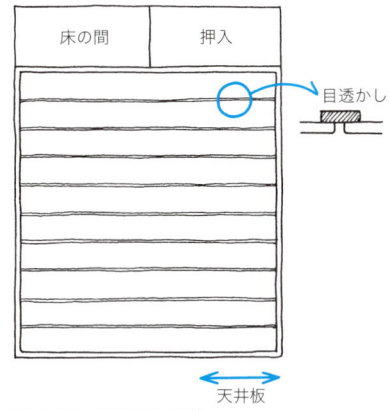

図9・41　目透かし天井

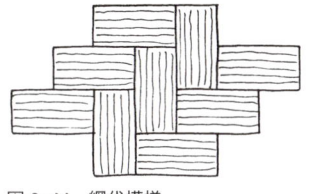

図9・44　網代模様

▶▶▶陰翳礼讃について

　ひと昔前の日本の住宅は、和室の部屋がほとんどであった。そして、その部屋に使われる建具は「襖」や「障子」といったものが多かった。その建具には「紙」が使用されていた（図9・32、33）。

　最近の住宅は和室が少なくなってきている。住宅展示場などに行っても、和室の部屋が一つあればよいほうである。したがって、「襖」や「障子」といった建具も少なくなってきている。

　我々の小さい頃の遊びに、「障子」を使った「影絵遊び」というものがあった。裏から光を当てて鳥や犬の形に手や腕を組み「障子」に影を写し、それを見て楽しむ遊びである。今では家庭でそのような遊びをすることはあまり見かけない。

　ところで、外国から見て日本の住宅文化の特徴のひとつに「障子」というものがあげられている。外国にはない、日本独特の雰囲気を醸し出す住まいの道具としても紹介されている。

　谷崎潤一郎の『陰翳礼讃』にも、「障子」の持つ日本文化の微妙な光と翳（かげ）の世界が紹介されている。

　「紙」という素材の持つ日本特有の微妙な世界が、和室だけでなくもっといろいろなところで発揮されてもいいように思う。

影絵

▶▶▶ さお縁天井の「さお」、
目透かし天井の「目透かし」の納まり

和室天井で、さお縁天井の「さお」は、床の間に平行に取り付けることが常識となっている。したがって、天井板はさおとは直角に取り付けられることになり、天井板は床の間に直角に納まる（図9・42）。

目透かし天井の「目透かし」は、床の間に平行に取り付けることが常識となっている。したがって、天井板は自然と床の間と平行に納まる（図9・41、写真9・11）。

すなわち、両者の仕上げでは、天井板の納まりはまったく逆となっている。

これは、さお縁天井の「さお」、目透かし天井の「目透かし」が床の間のほうに直角に向くことを、「床刺しの間」といって忌み嫌う習慣のためである。

昔、「床刺しの間」とは、お殿様が切腹するために準備された特別な部屋のことを意味していたとのことである。和室の納まりの歴史を、少しは知っておくべきである。

なお同様に、畳の敷き方に「床刺しの間」という納まりがあるということも合わせて知っておいてほしい。

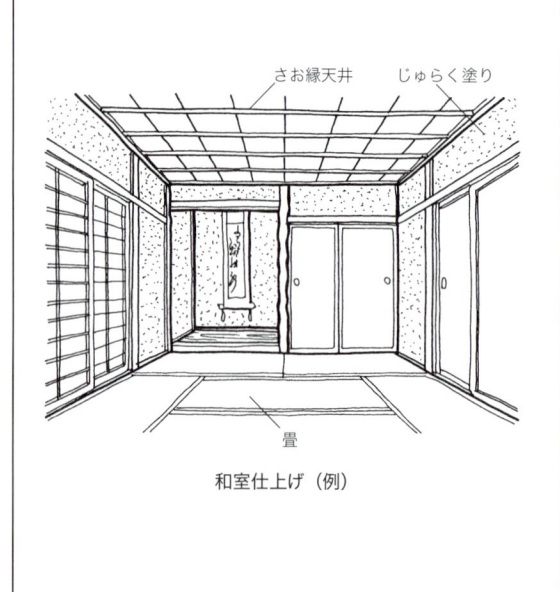

和室仕上げ（例）

また次に、いろいろな条件に対して建築の環境を維持するために、要求される性能別に材料を分類して説明する。

すなわち、水に対して防水性、火に対して防火性・耐火性、熱に対して断熱性、音に対して防音性・吸音性というように分けて、それぞれの材料の種類と特徴などを解説する。

5 防水材料

　防水材料は、雨水、雪水、地下水などが建築内部に浸入することを防ぐための材料である。ここでは、陸屋根やプールなどといった面状の連続した防水層をもつものと、サッシとコンクリートなどの隙間を埋めるための線状の防水材について説明する。

■ メンブレン防水

　下地となる材料の上に、膜をつくることで防水す

る方法である（表9・4）。

② シーリング防水 （図9・49）

　線状の防水で目地防水ともいわれる。隙間を埋める目的で利用されることもある。目地の動きに追従できる弾力性や耐久性が必要である。

　あらかじめ形状が定まっている定形シーリング材と、形状が定まっていないペースト状のものがある。

表9・4　メンブレン防水

種類	特徴	用途
アスファルト防水	アスファルト製品を使って防水層をつくる。準備する設備が大がかりとなる。大面積に適す（図9・45、46）	ビルの屋上
シート防水	合成ゴムやプラスチック系のシートを接着剤で張り付けて防水層をつくる。接合部が弱点となる（図9・47）	屋根防水
塗膜防水	液状の合成ゴムやプラスチックの塗膜材を塗って防水層をつくる。小面積に適す。FRP防水（図9・48）	住宅のバルコニー

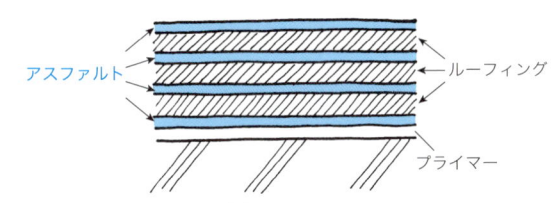

図9・45　アスファルト防水

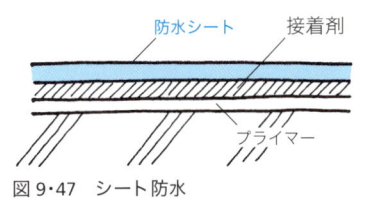

図9・47　シート防水

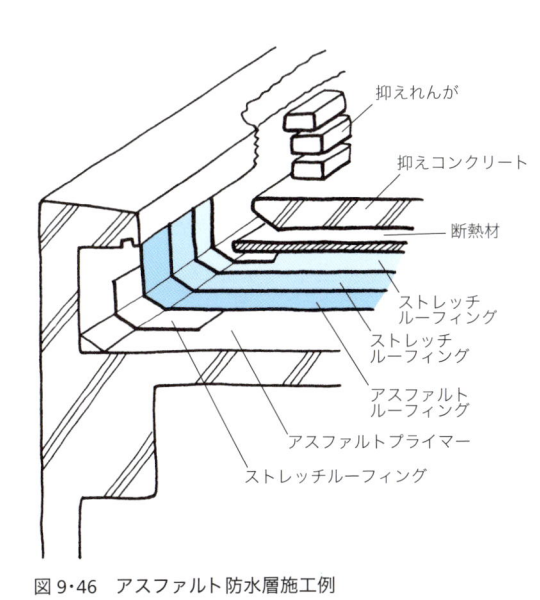

図9・46　アスファルト防水層施工例

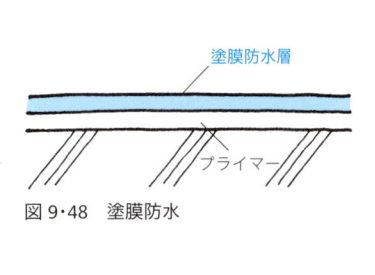

図9・48　塗膜防水

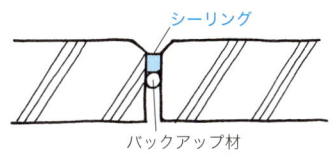

図9・49　シーリング防水

　私が住宅会社に入社した頃、木造住宅の2階にバルコニーを計画する場合は、総2階建ての場合を除くと、1階の屋根を完全に仕上げておいて、その上に鋼製かアルミニウム製のバルコニーを載せる方法が多くとられていた。

　それは、バルコニーから雨が漏れても、その下にある屋根によって1階の建物内部に雨が入ってこないように配慮されていたからである。バルコニーの床を防水するという発想は、当時あまり考えていなかったようだ。

　ただしこの方法は、2階の床からバルコニーの床に出るのに大きな段差が生じるという欠点があった。そこで、1階の屋根部分を金属製の材料で仕上げることで屋根勾配を緩くしてできるだけ段差を小さくするような工夫もされていた。

　その後時代が進み、屋根材料に代わる防水効果の高い材料が考案されて、バルコニーのデザインが変化してくる。それは、バルコニーの勾配を緩くし（水勾配程度）、2階の床面からバルコニーの床面の間に水返しができる立ち上がり寸法を確保しさえすれば、段差を極力小さくできるような納まりが提案されるようになった。こうして1階の部屋の上に屋根をつくらないで、直接バルコニーが設置されるようなデザインが可能となってきた。

　その時、はじめに使用された防水材料が、シート防水およびステンレス防水という一種の屋根材料が変化したものであった。次に、現場施工が比較的簡単な塗膜防水が提案され、狭い場所や凹凸のある場所などでも防水材料として、バルコニーの床面に使用されるようになった。今では木造住宅のバルコニーのほとんどは、塗膜防水の一種であるFRP防水が使用されている。

　この防水材料の提案のお陰で、以前には木造住宅では考えられなかったような陸屋根的な納まりが可能となり、木造住宅のデザインに大きな変化をもたらした。

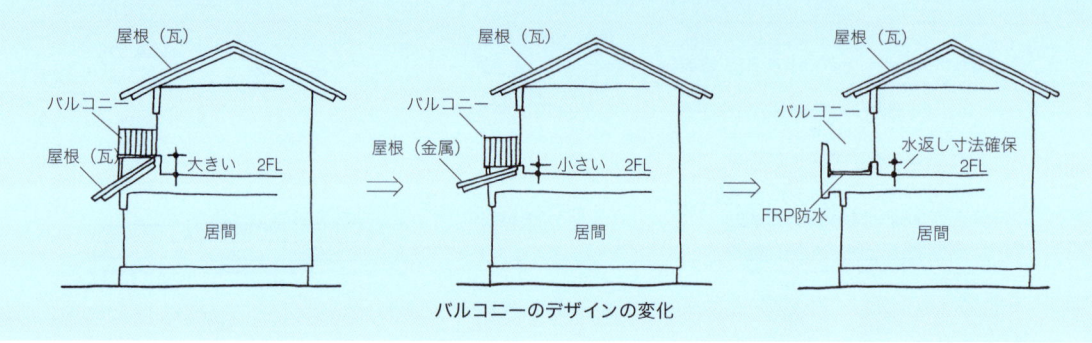

バルコニーのデザインの変化

▶▶▶タイルの目地にシーリング

　シーリングというのは、一般にコンクリートとサッシの隙間（p.136 図8・15）やサイディングの接合部などの隙間を埋めるために行われる、線状の防水のことを意味する。

　異種の部材の動きの違いに追従できるように、弾力性を持つように工夫されており、目地を詰める役割もする。

　その弾力性を持つ性質を利用して、外壁などの大きな面積にタイルを張る場合、一定の面積ごとに区画してシーリングしていることがある。これは、タイルの動きによる目地のひび割れを防止するクッション材の役割を期待してのことである。

　一般の目地は、硬いセメント系の目地で施工されているが、ところどころに同色のシーリングがされている施工例を目にする。そこを触ってみると軟らかい弾力性を持っていることがわかる。

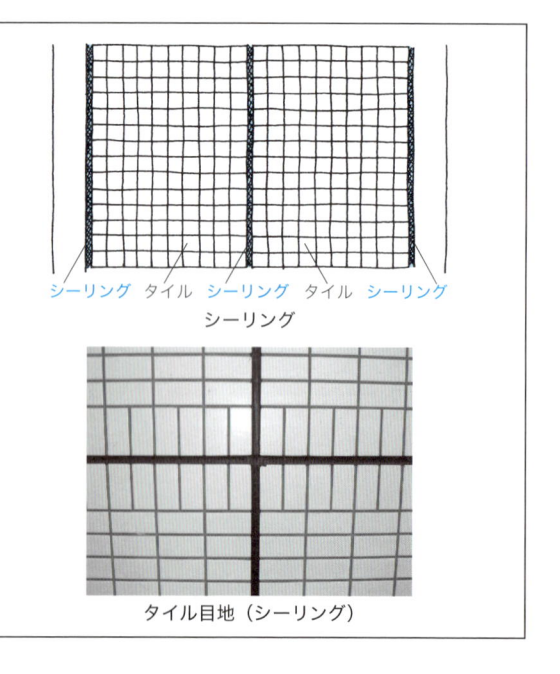

シーリング

タイル目地（シーリング）

6 防火材料

防火材料は、通常の火災の熱に対して燃えない、または燃えにくい材料のことである。火災時に火の拡大を防ぐ材料となる。

建築基準法ではその性能により3つの分類に分けて規定している。

その前提条件として、

①燃焼しないものであること

②防火上有害な変形、溶融、き裂その他の損傷を生じないものであること

③避難上有害な煙またはガスを発生しないものであること

以上、3つの条件を満たす材料であることとしている（表9・5、図9・50）。

表9・5 防火材料

種類	条件	材料
不燃材料	加熱開始後20分間本文中の前提条件①〜③を満たす材料	コンクリート、れんが、瓦、タイル、鉄鋼、金属板、ガラス、モルタル、しっくい、石
準不燃材料	加熱開始後10分間本文中の前提条件①〜③を満たす材料	厚さ9mm以上のせっこうボード、厚さ15mm以上の木毛セメント板
難燃材料	加熱開始後5分間本文中の前提条件①〜③を満たす材料	難燃合板で厚さが5.5mm以上のもの、厚さが7mm以上のせっこうボード

▶▶▶火災の熱より煙のほうが怖い

一昔前の建築に火災が発生すると、当然火による炎や熱によって火傷をすることで、人に被害が及ぶことが多かった。

建築に使用されている材料が、燃えやすい天然材料でできていることが一般的であったため、炎や熱が怖かった。

ところが最近の火災は、火による炎や熱といったものよりも、有害な煙やガスといったものによる窒息死のほうが危険とされている。

これは建材に使われている物質が、以前のような天然材料でできているものではなくて、化学物質であるプラスチック系のものが増えたためである。

建築基準法において、防火材料として避難上有害な煙やガスを発生しないように規定しているのは、そういった理由によるものである。

火災があっても燃えない
変形やき裂がない
有毒ガスを出さない

ほとんど燃えない
10分間の火災に耐える

5分間の火災に耐える
難燃処理で
燃えにくくしている

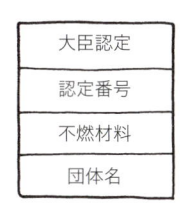

大臣認定
認定番号
不燃材料
団体名

不燃材料

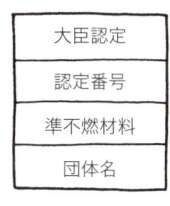

大臣認定
認定番号
準不燃材料
団体名

準不燃材料

大臣認定
認定番号
難燃材料
団体名

難燃材料

図9・50 防火材料

7 耐火材料

耐火材料は、不燃性で熱に耐える特性に優れる材料のことである（表9·6、図9·51）。

表9·6 耐火材料

種類	条件	材料
構造材	ある程度の高温でも変形せず、強度を発揮できること	コンクリート、れんが、石材*
被覆材	高温加熱時でも元の形状を保つことができること	無機質成形板、ロックウール、モルタル

＊れんが、石材は一般的には仕上材に分類されるが、ここでは炉や窯に使用する構造材として扱った。

▶▶▶耐火構造とは？

耐火構造とは、建築の主要部分が高熱に対して強く、火災鎮火後に補修程度で再利用できるような構造である。

壁・柱・床・はり・屋根・階段などの建築物の主要構造部のうち、耐火性能の基準に適合するもので、国土交通大臣が定めた構造方法を用いたものおよび認定を受けたものをいう。

耐火性能の基準とは「通常の火災による火熱がある一定の時間加えられた場合、構造耐力上支障のある変形、溶融、破壊その他の損傷を生じないものであること」とある。

一定の時間とは、建築物の部分と階によって30分、1時間、2時間、3時間といった耐火時間が指定されている。

具体的な構造として、鉄筋コンクリート構造、耐火被覆を施した鋼構造などがある。ただ、鋼構造では鋼材自身が耐火材料ではないため、被覆材の耐火性能により認定される（p.80 図4·21）。

耐火構造の建物は、隣接する建物の火災で簡単に延焼することがないことが求められる。

鋼構造、補強コンクリートブロック造などは、材料の組み合わせによって耐火構造となることができるが、一般の木造は耐火構造とすることはできない。

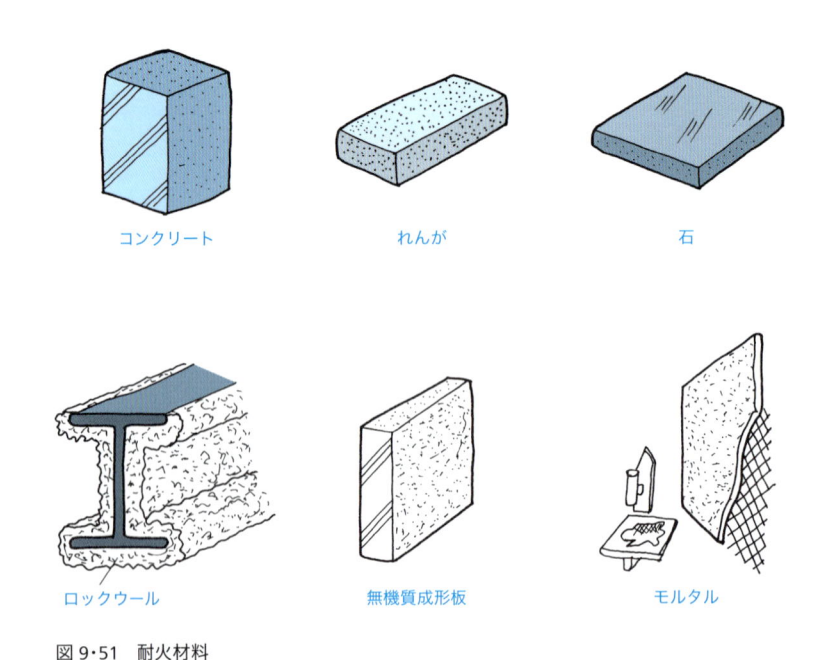

コンクリート　　れんが　　石

ロックウール　　無機質成形板　　モルタル

図9·51 耐火材料

8 断熱材料

断熱材料は、室内の熱が室外へ、室外の熱が室内へ伝わりにくいようにする材料のことである。冷暖房時における熱効率や、結露の防止などに対応した材料である。省エネルギー対策にもつながってくる（表9・7、図9・52）。

9 防音・吸音材料

■防音（遮音）材料

防音材料または遮音材料とは、外部から室内への音の侵入を防ぎ、室内から外部へ音が漏れることを防ぐ材料のことである。集合住宅の界壁や間仕切壁・床または楽器を使用する部屋などは高い遮音性能が求められる。壁・床の構造によって効果が異なる。

- ・質量の大きなものが良い
- ・鉛遮音板、コンクリート（図9・53）

表9・7 断熱材料

種類	特徴	材料
木質繊維系	軟質の木材繊維を主原料、吸水性あり、可燃性	軟質繊維板（インシュレーションボード）
無機質繊維系	吸水性あり（防湿材併用）、不燃性	ロックウール、グラスウール
発泡プラスチック系	吸水性なし、可燃性	ポリスチレンフォーム、硬質ウレタンフォーム

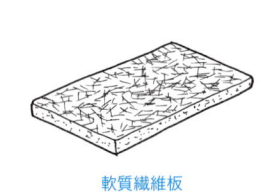
軟質繊維板

グラスウール

ポリスチレンフォーム

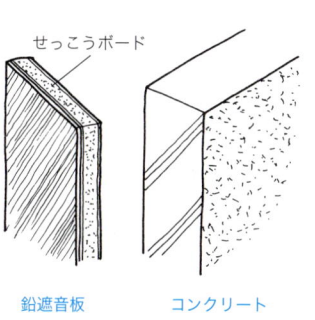
せっこうボード
鉛遮音板　コンクリート

図9・52　断熱材料

図9・53　防音材料

▶▶▶断熱材の使い分け

断熱材の種類は、大きく分けて3種類に分類される。すなわち、木質繊維系と無機質繊維系と発泡プラスチック系である。ひとつの建物において、これらの断熱材は使われる場所がそれぞれ異なる場合が多い。

例えば、無機質繊維系は不燃性のため、壁・天井などに使用されることが多いが、水分に弱いため1階の床下には一般には使用しない。また使用する場合、防湿材を併用する。

一方、発泡プラスチック系の断熱材は、水分には強いが、火災に弱いため、床下に使用される場合が多い。壁・天井に使う場合はせっこうボード等の不燃材を併用する。

木質繊維系は、水分にも火災にもあまり強くないために他の防火材料などの下地材として、断熱材を兼ねて使用されるケースが多い。

以上のように、ひとつの建物でも、断熱材は材質の特徴によってそれぞれ使い分けがされているのが一般的である。

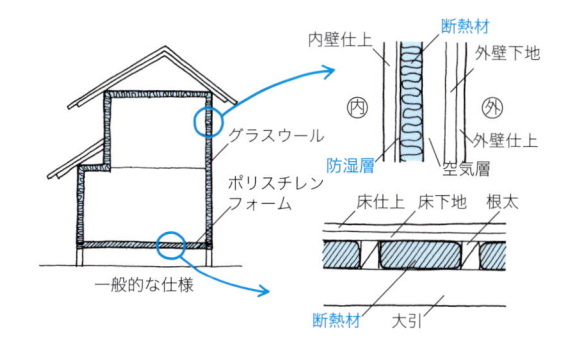
断熱材の使い分け（例）

◼2 吸音材料

　吸音材料とは、室内の音の反響を抑えたり、残響時間を調整して快適な音響空間をつくる材料のことである（表9・8、図9・54）。音楽ホールや放送室など、音響効果の必要な部屋に使われる（写真9・14〜16）。表面の仕上材や他の材料との組み合わせによって効果が異なる。

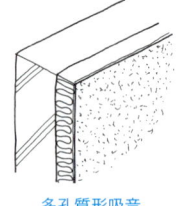 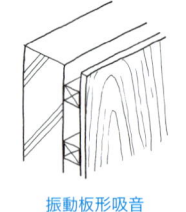 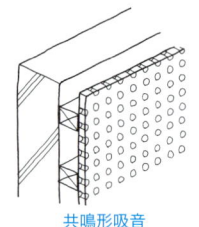

多孔質形吸音　　振動板形吸音　　共鳴形吸音

図9・54　吸音材料

表9・8　吸音材料

種類	特徴	材料
多孔質形吸音	空気層を多く含む材料で、音が空気層の振動エネルギーに変換されて吸収される	ロックウール、グラスウール、フェルト、軟質繊維版
振動板形吸音	コンクリートなどの剛な壁と仕上材間の空気層とで共振され音が吸収される	せっこうボード、合板、パーティクルボード、板
共鳴形吸音	板状の多く孔の開いた材料で、空気の共振により音が吸収される	孔あき合板、孔あきせっこうボード

写真9・14　放送室

写真9・15　音響スタジオ

写真9・16　音楽ホール

episode ❖「音響空間」つき学生アパートの設計

　住宅会社に勤務していた頃、ある大学の音楽専攻学生専用の木造アパートを設計したことがある。建築主がピアノ教師であることから、「楽器が使える環境を持つ」学生アパートを企画されたわけである。

　木造2階建・各2部屋（内ひとつが「音響空間」）・キッチン・バス・トイレ・洗面所付で計8戸という建築条件であった。

　設計に当たって、音響専門メーカーの担当者と「音響空間」について相談打ち合わせを行った。その空間の中で、グランドピアノの演奏も可能となるようなものをつくり上げることを目標とした。それには「遮音」と「音響効果」の両方の面で対応のできる空間としなければならない。

　そこで、一般の部屋と同様にまず建物の躯体をつくり、床を補強し、その内側に完全なユニットのような空間を仕上げることにした。床・壁・天井を二重にすることで、外部や他の部屋との「遮音」を図った。そして、そのユニットの中を「音響効果」のある材料で仕上げることで、その「音響空間」をつくり上げた。

　今では、カラオケボックスが盛んになり「音響空間」の設備が必要な商業建築が増えているが、住宅の中にしかもアパートにそのような設備がある建物はそれほど多くはないと思う。

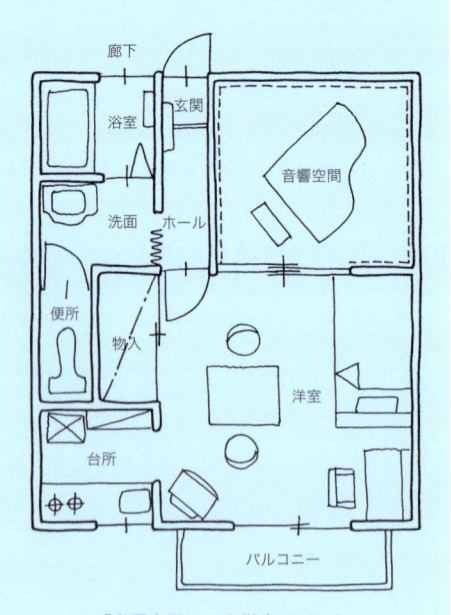

「音響空間」つき学生アパート

演習問題

下記の文章について、正・誤を答えよう。

構造材料

木材

1 木材の燃焼によってできた表面の炭化層は、木材の断面内部を燃焼しにくくする。

2 心材は、一般に辺材に比べて耐久性が小さく、虫害にもおかされやすい。

3 木材は、260℃程度で口火があれば発火する。

4 木材の繊維方向の基準強度の大小関係は、圧縮＞引張＞曲げ＞せん断である。

5 板目材は、乾燥すると木裏側に凹に変形する。

6 木材の乾燥収縮率（変形の大きさ）は繊維方向より繊維に直角方向の方が大きい。

7 木材の強度は、一般に含水率30%の時と比べて、15%の時の方が小さい。

8 木材の腐朽菌は、酸素・温度・栄養素の3つの要因が全て満たされた環境でなければ繁殖しない。

9 柱の背割りの目的は、あらかじめ樹心に達する割れを入れることで表面にひび割れが生じにくいようにするためである。

10 集成材とは、ベニヤ（薄板）を繊維方向を平行にして、幅および厚さ方向に集成・接着したものである。

11 CLT（直交集成板）とは、ラミナ（ひき板）を並べた層を板の方向が層ごとに直交するように重ねて接着した大型パネルである。

12 普通合板は耐水性により3つの種類に分類される。耐水性が最も大きいのは3類である。

13 日本産業規格（JIS）において、繊維板は密度によってインシュレーションボード、MDF、ハードボードに分類される。

14 パーティクルボードは、木材などの繊維を熱圧成型した板材で、吸水しても強度の低下は起こらない。

15 木材は、含水率が繊維飽和点から気乾状態の間で、膨張・収縮が起きる。

16 木材は、熱伝導率が小さく、熱が伝わりにくく、断熱効果が高い。

17 木材は、割れやすい性質があり、柱のどんな割れでも構造上の問題はない。

コンクリート

1 コンクリートは、水セメント比が大きいものほど、圧縮強度は大きくなる。

2 コンクリートの品質基準強度は、設計基準強度と耐久設計基準強度のいずれか大きい方の値とする。

3 コンクリートのひび割れは、単位セメント量が小さいものほど発生しやすい。

4 コンクリートの強度は圧縮強度が引張強度よりも大きい。

5 コンクリートに用いる細骨材及び粗骨材の粒径は、いずれもできるだけ均一なものが望ましい。

6 スランプとは、スランプコーンを静かに鉛直に引き上げた後のコンクリート頂部中央の下がった寸法をいう。

7 コンクリートの線膨張係数は、鉄筋の線膨張係数とほぼ等しい。

8 コンクリート中の塩化物量は、塩化物イオン量として $0.5\mathrm{kg/m^3}$ とした。

9 コンクリートの中性化は、水セメント比の小さなコンクリートほど早くなる。

10 セメントは、粉末の粒子が細かいほど水和反応が遅くなる。

11 ブリーディングとは、コンクリート打設後、水が表面に浮き上がってくる現象のことである。

12 コンクリートのアルカリ性は鉄筋がさびるのを防ぐ役割がある。

13 フレッシュコンクリートに含まれる空気量は、

圧縮強度が小さくなるのでできるだけ少ない方が良い。

14 コンクリートに用いる骨材は、できるだけ乾燥したものを使用するのが良い。

15 コンクリートに用いる細骨材は、5mmのふるいに重量で85%以上通過する骨材である。

16 コンクリートに用いる混和材料のうち、AE剤はコンクリートの強度を上げるために使用される。

17 高炉セメントを用いたコンクリートは、普通ポルトランドセメントを用いたコンクリートに比べて、化学抵抗性に優れる。

鋼材

1 鋼材の引張強さは、炭素の含有量が0.8%程度の状態で最大となる。

2 鋼材の引張強さは、500℃程度で最大となる。

3 鋼材の種類で、SN400Cとは溶接構造用圧延鋼材の一種である。

4 耐火鋼（FR鋼）は、一般の鋼材よりも高温時の強度を向上させ、600℃において常温強度の2/3を保障した鋼材である。

5 鋼材の種類で、SN400Cの400とは降伏点の値を示す。

6 鋼材は、炭素含有量が多くなると、一般に溶接性が低下する。

7 鋼材の引張応力度－ひずみ度曲線において、曲線の分岐点の順は、比例限度→弾性限度→下降伏点→上降伏点→最大引張強度→破断点である。

8 鉄筋等の小型の鋼材は、ひずみを防ぐために、高温で加工する。

9 鋼材を焼なましすると、伸びを調整することができる。

10 鋼材の種類で、SD295とは鉄筋コンクリート用異形棒鋼の一種である。

11 ステンレス鋼は普通鋼と同じ扱いとなり、構造材として使用しても良い。

12 建築構造用に使われている鋼材は、比較的炭素含有量の少ない硬鋼である。

13 鋼材のヤング係数は、SS400材よりもSN400材の方が大きい。

14 鋼材は、マンガンの含有量が多くなると、一般に溶接性が向上する。

15 最初の鉄骨建築は、「鉄とガラス」でできたクリスタルパレスとされている。

16 大型の鋼材は、正確な加工ができるので、300℃程度の温度で行うのが良い。

仕上材料

金属

1 銅板に鉄釘を使用した場合、雨等の水がかかる環境だと銅板が腐食する。

2 アルミニウムは融点が高いため、耐火性に優れている。

3 銅は炭酸ガス中で表面が変化し、緑青ができ耐食性が良くなる。

4 鉄柱にアルミサッシを取付けた場合、雨がかかるとアルミサッシが腐食する。

5 アルミニウムの比重は、鋼材の約1/2である。

6 ステンレス鋼は、鉄鋼に比べてさびにくく、安価であるため外装材としてよく使われる。

7 銅は、アンモニアに対して強いため、便所回りに使用しても問題ない。

8 黄銅（しんちゅう）は、耐食性が良いので建具金物等に使用される。

焼成品

1 陶器質タイルは、吸水率が小さいため外装タイルとして適している。

2 タイルのうわ薬には、表面からの吸水や透水を少なくする効果がある。

3 日本産業規格では、瓦の品質として、曲げ破壊荷重の規定はない。

4 れんがは、組積造であり耐震性に優れるため、構造材に適している。

5 瓦は、耐火性に優れるが、重いため耐震性には不利な屋根材料である。

6 磁器質タイルは、硬くて緻密なため、床用のタイルに使用される。

7 瓦は、重ね部分から雨水が入ることがあり、屋根勾配に注意が必要である。

8 タイルは、素地の種類により、せっき質→陶器質→磁器質の順に硬くなる。

ガラスと石

1 合わせ板ガラスは、破損による脱落や飛散を防ぐことができる。

2 花崗岩は、磨くと光沢が得られ、耐火性に優れている。

3 大理石は、磨くと光沢が得られるが、耐酸性に劣る。

4 網入り板ガラスは、割れると飛散するため、防火戸には認定されていない。

5 複層ガラスは、2枚の透明な板ガラスの間にフィルムを挟み圧着したもので、断熱性に優れる。

6 強化ガラスは、強度は大きいが、割れると破片が鋭角となり危険である。

7 花崗岩を床仕上げとする場合、滑り止めとしてジェットバーナー仕上げにすることが多い。

8 熱線吸収板ガラスは、着色したガラスで、太陽の輻射熱を抑えることができる。

左官材料・ボード類

1 せっこうボードは耐衝撃性に優れているため、廊下の床仕上げに適す。

2 ALCパネルは、軽量で耐火性に優れているので、鉄骨の耐火被覆材として用いられる。

3 せっこうボードは、火災時に結晶水が蒸発することによって熱を奪うので、防火性を有する。

4 化粧せっこうボードは、耐水性があるため、浴室の天井に使用される。

5 窯業系サイディングは、セメント質原料及び繊維質原料を成型したものであり、外装材として用いられる。

6 セメントモルタル塗りは、防火認定されていないため外壁には不向きである。

7 左官材料は、乾式工法のため、工期短縮に役立つ。

8 漆喰塗りは、ひび割れ防止や施工性を高めるために、のりやすさを加える。

9 ケイ酸カルシウム板は、耐水性・防火性がないので外装材に使用できない。

10 左官材料は、天然素材を使用するため環境に優しく、最近見直されてきている。

その他の材料

1 酢酸ビニル樹脂系の接着剤は、大工工事用の接着剤として用いられる。

2 合成樹脂調合ペイントは、耐アルカリ性に優れ、コンクリート面の塗装に使用される。

3 エポキシ樹脂系の接着剤は、コンクリートのひび割れ補修等に使用される。

4 FRPとは、ガラス繊維で補強された、強化プラスチックのことである。

5 フェノール樹脂系の接着剤は、耐水性に劣るため、耐水合板の製造には適さない。

6 合成樹脂エマルションペイントは、水溶性のため鉄部に使用される。

7 木材保護塗料は、木部の浸透・着色に使われるが、耐候性がないため外部には使用されない。

8 アクリル樹脂は、透過性が大きくガラスの代用品として利用される。

部位別・性能別材料

1 グラスウール断熱材は、吸湿によってグラスウ

ール表面が濡れても断熱性は低下しないため、防湿措置は不要である。

2　発泡プラスチック系の断熱材は、燃えにくいので、火気に注意する必要はない。

3　タイルカーペットは、フリーアクセスフロアなどの床仕上げ材に適している。

4　コルクタイルは、水に弱いので、水回りの部屋の床仕上げ材に不向きである。

5　火気使用室の垂壁に、可燃性の紙クロスを使用した。

6　塗膜防水は、小規模の床防水に適し、住宅のバルコニー等に適している。

7　防音材料として、せっこうボードに鉛を貼付けた、鉛遮音板が使用されることがある。

8　クッションフロアは、耐水性に優れるので、水回りの部屋の床仕上げ材に使用される。

演習問題・解答

構造材料

木材

1　○　▶ P29

2　×　心材は辺材に比べて、耐久性が大きく、虫害も受けにくい。▶ P31

3　○　▶ P29

4　×　木材の繊維方向の基準強度の大小関係は、曲げ＞圧縮＞引張＞せん断である。▶ P30

5　×　板目材は、乾燥すると木表側に凹に変形する。▶ P32

6　○　▶ P34

7　×　木材の強度は、含水率30％の時と比べて、15％の時の方が大きい。▶ P34

8　×　木材の腐朽菌は、水分・温度・酸素・栄養素の4つの要因が全て満たされた環境でなければ繁殖しない。▶ P36

9　○　▶ P40

10　×　集成材とは、ラミナ（ひき板）を繊維方向を平行にして、幅および厚さ方向に集成・接着したものである。▶ P42

11　○　▶ P43

12　×　普通合板の耐水性は1類が最も大きい。▶ P44

13　○　▶ P44

14　×　パーティクルボードは、木材小片を熱圧成型した板材で、吸水すると強度の低下が起こる。▶ P44,45

15　○　▶ P34

16　○　▶ P29

17　×　木材の柱の割れは、乾燥収縮によるものは構造上の問題はないが、荷重によるものは構造上の問題となり、取り替える必要がある。▶ P40

コンクリート

1　×　コンクリートは、水セメント比が大きいものほど、圧縮強度は小さくなる。▶ P59

2　○　▶ P62

3　×　コンクリートのひび割れは、単位セメント量が大きいものほど発生しやすい。▶ P60

4 ◯ ▶ P58

5 × コンクリートに用いる細骨材及び粗骨材の粒径は、いずれもできるだけばらついている方が望ましい。▶ P53

6 ◯ ▶ P56

7 ◯ ▶ P47

8 × コンクリート中の塩化物量は、塩化物イオン量として 0.3kg/m³ 以下とする。▶ P61

9 × コンクリートの中性化は、水セメント比の小さなコンクリートほど遅くなる。▶ P61

10 × セメントは、粉末の粒子が細かいほど水和反応が早くなる。▶ P50

11 ◯ ▶ P57

12 ◯ ▶ P47

13 × フレッシュコンクリートに含まれる空気量は、ワーカビリティー確保などのために 4 〜 5% くらいが適当である。▶ P56

14 × コンクリートに用いる骨材は、吸水率を 3% 以下とし、表乾状態のものを使用するのがベストである。▶ P52

15 ◯ ▶ P51

16 × コンクリートに用いる混和材料のうち、AE 剤はコンクリートのワーカビリティーと耐久性を改善するために使用される。▶ P55

17 ◯ ▶ P49

鋼材

1 ◯ ▶ P77

2 × 鋼材の引張強さは、250℃ 程度で最大となる。▶ P80

3 × 鋼材の種類で、SN400C とは建築構造用圧延鋼材の一種である。▶ P84

4 ◯ ▶ P85

5 × 鋼材の種類で、SN400C の 400 とは引張強度の値を示す。▶ P84

6 ◯ ▶ P77

7 × 鋼材の引張応力度－ひずみ度曲線において、曲線の分岐点の順は、比例限度→弾性限度→上降伏点→下降伏点→最大引張強度→破断点である。▶ P79

8 × 鉄筋等の小型の鋼材は、熱を加えないで、常温で加工する。▶ P78

9 ◯ ▶ P78

10 ◯ ▶ P84

11 ◯ ▶ P86

12 × 建築構造用に使われている鋼材は、比較的炭素含有量の少ない軟鋼である。▶ P77

13 × 鋼材のヤング係数は鋼の種類・強度に関係なく一定である。▶ P79

14 ◯ ▶ P77

15 ◯ ▶ P71

16 × 大型の鋼材は、正確な加工ができるので、1,000 〜 1,200℃ 程度の高温で行うのが良い。青熱ぜい性温度域（200 〜 400℃）では加工しない。▶ P78

仕上材料

金属

1 × 銅板に鉄釘を使用した場合、雨等の水がかかる環境だと鉄釘が腐食する。▶ P82

2 × アルミニウムは融点が低いため、耐火性に乏しい。▶ P88

3 ◯ ▶ P89

4 ◯ ▶ P83

5 × アルミニウムの比重は、鋼材の約 1/3 である。▶ P88

6 × ステンレス鋼は、鉄鋼に比べてさびにくいが、高価であるため使用部位に注意が必要である。▶ P87

7 × 銅は、アンモニアに対して弱いため、便所回りに使用しない方が良い。▶ P89

8 ◯ ▶ P90

焼成品

1 × 陶器質タイルは、吸水率が大きいため外装タイルとして適さない。▶ P93,94

2 ◯ ▶ P94

3 × 日本産業規格では、瓦の品質として、曲げ破壊荷重の規定がある。▶ P100

4 × れんがは、組積造であり耐震性に劣るため、構造材に適さない。▶ P96

5 ◯ ▶ P100

6 ◯ ▶ P94

7 ◯ ▶ P100

8　×　タイルは、素地の種類により、陶器質→せっき質→磁器質の順に硬くなる。▶ P93

ガラスと石

1　○　▶ P110

2　×　花崗岩は、磨くと光沢が得られるが、耐火性に劣る。▶ P118

3　○　▶ P119

4　×　網入り板ガラスは、割れても飛散しないため、防火戸に認定されている。▶ P110

5　×　複層ガラスは、2枚の板ガラスを一定間隔に保ち、周囲に枠をはめ、内部に乾燥空気を入れてつくる。断熱性に優れる。　▶ P111

6　×　強化ガラスは、割れた場合、破片が粒状となり凶器とならない。▶ P110

7　○　▶ P119

8　○　▶ P111

左官材料・ボード類

1　×　せっこうボードは耐衝撃性に劣るため、廊下の床仕上げには適さない。▶ P131

2　○　▶ P131

3　○　▶ P132

4　×　化粧せっこうボードは、耐水性が保障されないため、浴室の天井に使用されない。▶ P131

5　○　▶ P130

6　×　セメントモルタル塗りは、塗り厚 15mm 以上で防火認定されているため外壁に向いている。

　　　▶ P126

7　×　左官材料は、湿式工法のため、工期短縮には不向きである。▶ P123

8　○　▶ P129

9　×　ケイ酸カルシウム板は、耐水性・防火性があるので外装材に使用できる。▶ P130

10　○　▶ P125

その他の材料

1　○　▶ P141

2　×　合成樹脂調合ペイントは、耐アルカリ性がないため、コンクリート面の塗装に不向きである。

　　　▶ P139

3　○　▶ P143

4　○　▶ P134

5　×　フェノール樹脂系の接着剤は、耐水性があり、耐水合板の製造に適する。▶ P141

6　×　合成樹脂エマルションペイントは、水溶性のため鉄部に使用しない。▶ P139

7　×　木材保護塗料は、木部の浸透・着色に使われるが、耐候性があるため主に外部に使用される。

　　　▶ P138

8　○　▶ P137

部位別・性能別材料

1　×　グラスウール断熱材は、吸湿によってグラスウール表面が濡れると断熱性が低下するため、防湿措置が必要である。▶ P161

2　×　発泡プラスチック系の断熱材は、可燃性なので、火気に注意する必要がある。▶ P161

3　○　▶ P147

4　×　コルクタイルは、水に強いので、水回りの部屋の床材に適している。▶ P149

5　×　火気使用室の垂壁にクロスを使用する場合は、不燃クロスとする。▶ P153

6　○　▶ P157

7　○　▶ P161

8　○　▶ P146

索　引

参考文献

・国土交通省大臣官房官庁営繕部監修『公共建築工事標準仕様書（建築工事編）』令和4年版
・日本規格協会『JISハンドブック　建築I-1、建築I-2 材料・設備』2022
・萩原良一ほか著『建設業のISO14001』オーム社　2006
・金多潔監修　甲津功夫・吹田啓一郎著『これからの鉄骨構造』学芸出版社　2005
・〈建築のテキスト〉編集委員会編『改訂版　初めての建築材料』学芸出版社　2013
・廣瀬幸男ほか著『絵とき建築材料　改訂2版』オーム社　2002
・西田雅嗣・矢ヶ崎善太郎編『カラー版　図説建築の歴史』学芸出版社　2013
・日本建築学会『建築工事標準仕様書・同解説　JASS5　鉄筋コンクリート工事』2022
・本山卓彦・平山順一著『プラスチックの本』日刊工業新聞社　2003
・日本建築学会『構造用教材』2014
・西島一夫・蔦谷博著『図解建築施工』学芸出版社　1996
・三嶋清敬著『世界遺産を歩く』技術書院　2000
・小林一輔著『コンクリートが危ない』岩波新書　1999
・鋼材倶楽部編『新しい建築構造用鋼材』鋼構造出版　1994
・中井多喜雄・石田芳子著『イラストでわかる二級建築士用語集』学芸出版社　1998
・日本建築学会『建築材料用教材』2013
・若林實著『鉄骨の設計』共立出版　1998
・樫野紀元著『初学者のための建築材料入門』鹿島出版会　1997
・松本進・臼井博史著『改訂版 図説やさしい建築施工』学芸出版社　2020

●著者略歴

松本　進（まつもと・すすむ）
1951 年生。広島大学工学部建築学科卒業
住宅会社、広島工業大学専門学校教員を経て、
現在、松本寛之建築設計室所属
一級建築士
著書に『改訂版 図説やさしい建築施工』（学芸出版社、共著）

〈イラスト〉
野村　彰（のむら・あきら）
1958 年生。京都工芸繊維大学工芸学部住環境学科卒業
一級建築士

改訂版 図説 やさしい建築材料

2019 年 11 月 15 日　　第 1 版第 1 刷発行
2024 年 3 月 20 日　　第 2 版第 1 刷発行

著　者　　松本　進

発行者　　井口夏実

発行所　　株式会社 学芸出版社
　　　　　京都市下京区木津屋橋通西洞院東入
　　　　　〒 600-8216　電話 075-343-0811
　　　　　http://www.gakugei-pub.jp/
　　　　　E-mail info@gakugei-pub.jp

編集担当　　中木保代・中井希衣子

印刷　　創栄図書印刷
製本　　新生製本
装丁　　KOTO DESIGN Inc. 山本剛史

© MATSUMOTO Susumu　2019
ISBN978-4-7615-2727-3　　Printed in Japan